DAS KLIMA-PARADOX

EIN ROMAN AUS WAHREN GESCHICHTEN

RENAT HEUBERGER

STEVE ZWICK - MARCO HIRSBRUNNER

RedPenguin BOOKS

Stimmen aus unserer Leserschaft

Das Klima-Paradox ist nicht nur packend und leicht zu lesen – es ist auch wirklich innovativ. Indem es reale Paradoxe in eine spannende Geschichte einbettet, verändert es unsere Sicht auf die Herausforderungen der CO_2-Emissionen.

Prof. Gregor Dorfleitner, Professor für Finanzierung, Universität Regensburg, Deutschland

In dem Buch lernt man sehr viel über die wirtschaftlichen Herausforderungen im Klimaschutz und über die vielen Schwierigkeiten, die in konkreten Projekten zu bewältigen sind. Es lohnt sich, die Zeit aufzubringen, um das Buch gründlich zu studieren.

Prof. Dr. Dr. Dr. h.c. Franz Josef Radermacher, Leiter des Forschungsinstituts für anwendungsorientierte Wissensverarbeitung, Deutschland

Marco, Renat und Steve haben es auf beeindruckende Weise geschafft, nicht nur zusammenzufassen, wie Kohlenstoffmärkte funktionieren und welche Herausforderungen damit verbunden sind, sondern diese Informationen auch in Form eines Romans zu präsentieren, der sowohl leicht verständlich als auch spannend zu lesen ist.

Carolin Güthenke, German Biochar e.V., Deutschland

Verbindet Storytelling mit ökonomischen Einsichten, die selbst für Masterstudierende schwer verdaulich sind ... Eine wichtige und hochaktuelle Lektüre, die eine hoffnungsvolle Vision für die Bewältigung des Klimawandels bietet.

Prof. Charles E. Bedford, Hong Kong University of Science and Technology, China

Das Klima-Paradox ist ein genreübergreifender Triumph – Fiktion und tiefes Fachwissen verschmelzen, um die komplexe Realität der Klimafinanzierung sichtbar zu machen ... Ein unverzichtbarer, hoch-

aktueller Leitfaden, um Komplexität mit Mut und Hoffnung zu begegnen.

Prof. Dr. Fabrizio Ferraro, Professor für Strategisches Management, IESE Business School, Spanien

Es ist so verlockend, die ganze Nacht weiterzulesen – genau wie Ella, die Protagonistin … Mein erster Gedanke war: „Ich möchte das ins Vietnamesische übersetzen und veröffentlichen, damit so viele Menschen wie möglich es lesen können."

Dang Hanh, Mitgründerin und Geschäftsführerin von VNEEC, Vietnam

Ich hätte nie gedacht, dass eine Geschichte über junge Umweltaktivist*innen, die sich durch die technischen, politischen und philosophischen Untiefen der CO_2-Märkte schlagen, so fesselnd, informativ und hoffnungsvoll sein könnte. Die kleinen Siege und die wiederkehrenden Rückschläge wirken authentisch – das weiß ich aus eigener Erfahrung, Märkte und Wirtschaft im Sinne von Mensch und Planet zu nutzen.

Joshua Bishop, University of Sydney, ehemaliger Chefökonom bei IUCN, Australien

Unsere größte Herausforderung ist, dass Bäuerinnen und Bauern die Sprache der Finanzen nicht sprechen; die Finanzwelt versteht die Landwirt*innen nicht; und keine Seite versteht den COP-Fachjargon. Durch die Kraft des Storytellings schlägt dieses Buch Brücken – zwischen Kleinbauern und Investorinnen, zwischen globalem Norden und globalem Süden, zwischen Politik und Praxis – und genau das benötigen wir dringend.

Chiyedza Heri, Gründerin & CEO von Ubuntu Alliance, Simbabwe

Yin und Yang. Die Welt funktioniert ausschließlich auf der Basis von Paradoxen … In Form eines Romans verfasst, ist das ein frischer Ansatz. Unbedingt lesen!

Agus Sari, CEO von Landscape Group, Indonesien

Wer glaubt, dass es unmöglich sei, die Welt der CO_2-Märkte spannend und fesselnd darzustellen, sollte dieses Buch lesen: Zwick, Heuberger und Hirsbrunner ist das mit Bravour gelungen ... Teil Fabel, Teil Heldenreise, Teil Dokumentation und Teil Thriller. Ehrlich gesagt, ich weiß nicht, wie sie dieses „Chimären-Werk" geschaffen haben, aber es funktioniert.

Ricardo Bayon, Partner und Mitgründer von Encourage Capital und Lehrbeauftragter, Brown University, USA

Das Buch fängt perfekt die Träume, Absichten, Spannungen, Hoffnungen, Konflikte und den Willen zum Handeln angesichts von Unvollkommenheit ein ... So etwas Gutes habe ich bisher nicht gesehen.

Giulia Gervasoni, Executive Director, Sustainability & Climate Risk, UBS, Schweiz

Renat, Steve, Marco: Eure fünf Elemente geben uns den Kompass.

Juan Carlos Gonzalez Aybar, CEO, Fronterra, Peru

Das Klima-Paradox ist ein frischer, überraschend unterhaltsamer und inspirierender Ansatz, wie wir ins Handeln kommen können – eine wilde Fahrt, halb autobiografisches Gleichnis, halb Abenteuerroman. Ein MUSS, HEUTE zu lesen!

Lisa Neuberger Fernandez, Mitgründerin, SharpBrains Advisors und Professorin für Strategie, IE Business School, USA

Inhaltsverzeichnis

Teil Eins
Der Traum
Der Clip   3
Der Bungalow   10
Das Ethik-Paradox   18
Die Aktivisten   28
Die Visionärin   35
Die Vorlesung   43
Die Gala   53
Der Sprung   61

Teil Zwei
Das Projekt
Das Additionalitäts-Paradox   75
Das Natur-Paradox   83
Das Kontroll-Paradox   88
Das Dorf-Paradox   95
Das Referenz-Paradox   110
Das Wissenschafts-Paradox   116
Das Absichten-Paradox   125
Das Verlagerungs-Paradox   136

Teil Drei
Das Geld
Das Verschmutzer-Paradox   147
Das Ziel-Paradox   154
Das Schwarm-Paradox   161
Das Kompensations-Paradox   168
Das Versprechen-Paradox   177
Das Geschwindigkeits-Paradox   183
Das Erwartungs-Paradox   189
Das Vermeidungs-Paradox   199

Teil Vier
Die Gesellschaft

Das Freiwilligkeits-Paradox   215
Das Ideologien-Paradox   224
Das Perfektions-Paradox   233
Das Transparenz-Paradox   242
Das Qualitäts-Paradox   255
Das Neuheits-Paradox   265
Das Preis-Paradox   277
Das Markt-Paradox   283

Teil Fünf
Die Wiedergeburt des Traums

Der Anruf   295
Der Brief   305
Der Professor   312
Die Elemente   318
Das Festival   328
Die Wiedergeburt   338

Reflexionen   341
Danksagung   347
Über die Autoren   349

Teil Eins

***

Der Traum

Der Clip

Ihr Kopf taucht wieder aus den wilden, braunen Fluten auf. Hilflos rudert sie mit den Armen, wie ein Käfer auf dem Rücken. Ihr Gesicht ist verzerrt. Sie schnappt nach Luft. Ein lautloser Schrei.

Das Bild stockt – eine Sekunde lang scharf, dann wieder verschwommen.

Trümmerteile treiben vorbei. Ein Reifen. Ein Ast. Das geborstene Gerüst einer Brücke. Da ist ihr Kopf wieder. Jetzt treibt sie mit dem Gesicht nach unten im Wasser.

Jetzt versucht sie, ein Stück Holz zu fassen, doch sie greift ins Leere. Dann verschwindet ihr kleiner Körper hinter einem Felsen.

Robin starrte auf sein Handy. Er las die Bildunterschrift: „Tragischer Moment, als ein kleines Mädchen nach tagelangem Unwetter in Demba von einer Sturzflut mitgerissen wird."

Ein Schauer lief ihm den Rücken hinunter. „Ist das in Limata?", durchschoss ihn ein Gedanke. „Um Gottes willen, bitte nicht Limata!"

Er wandte seinen Blick von dem Horror auf seinem Handy ab. In seinem Schlafzimmer herrschte eine kreative Unordnung, wie Robin zu sagen pflegte. Hunderte farbenfroher Bücher reihten sich auf überfüllten Regalen. Auf dem Nachttisch stand sein weißer König immer noch Schach – Robin war letzte Nacht bei der vergeblichen Suche nach einer Lösung gegen den Computer eingeschlafen. Die alte Wanduhr seines Großvaters tickte unbarmherzig. Die Welt drehte sich weiter.

Wurde sie gefunden? Hat sie überlebt?

Pling.

Eine weitere Nachricht von Andy Lelong erschien auf seinem Display. Noch ein Link, dieses Mal zum Niburger Tagblatt, der größten Tageszeitung der Stadt.

LIMATA, Demba – Hunderte Menschen werden vermisst, nachdem sintflutartige Regenfälle im tropischen Dorf Limata verheerende Sturzfluten ausgelöst haben. Fast alle Häuser sind überflutet und die zentrale Brücke ist eingestürzt. Die Katastrophe ereignete sich nach rekordverdächtigen Niederschlägen in der Region und wirft Fragen nach dem Zusammenhang zwischen Klimawandel, Abholzung und wirtschaftlichem Druck auf.

Laut Behörden schwollen die umliegenden Flüsse durch den heftigen Regen sprunghaft an und überschwemmten die flussabwärts gelegenen Dörfer. Augenzeugen schildern chaotische Szenen, während Menschen verzweifelt versuchen, sich in Sicherheit zu bringen. Die Rettungsarbeiten gestalten sich äußerst schwierig. Rettungskräfte kämpfen gegen blockierte Straßen und steigendes Wasser. Zwei Flugzeuge aus Canland mit Erste-Hilfe-Gütern sind bereits unterwegs nach Demba.

„Dies ist eine unermessliche Tragödie", sagt Wanga Namira, Geschäftsführerin von Matipa, einer lokalen Stiftung. „Wir tun alles, was wir können, aber viele Familien suchen noch immer nach ihren Angehörigen."

Wissenschaftler betonen, dass die Regenfälle höchstwahrscheinlich mit dem Klimawandel in Zusammenhang stehen, da die Luft bei höheren Temperaturen mehr Feuchtigkeit aufnehmen kann. Eine direkte Zuordnung bleibt jedoch schwierig.

Der Clip

Namira betont, dass die Abholzung die Lage deutlich verschlimmert habe. „Wälder wirken wie natürliche Schwämme", erklärt sie. „Während der Regenzeit nehmen die Wälder Wasser auf. In der Trockenzeit geben sie das gespeicherte Wasser wieder ab und sorgen so für einen Ausgleich im Ökosystem vor Ort. Wenn Wälder gerodet werden, hält nichts mehr das Wasser zurück."

Robin starrte auf den Text.

Wanga Namira? War das nicht Andys Tante?

Das Handy glitt aus seiner Hand und landete mit dem Display nach unten auf dem weinroten Teppich.

Hat die Mutter dieses kleine Mädchen auch so gefunden, mit dem Gesicht nach unten im roten Schlamm?

Seine Gedanken wanderten zurück ins Dorf Limata zu den kreischenden Kindern, die an seinen Ärmeln zupften, ihm durchs Haar wuschelten und ihr Englisch mit ihm übten. Genau ein Jahr war es nun her, seit Andy ihn in seine Heimat Demba mitgenommen hatte.

„Hello, Sir!", rief eines.

„Hello!", antwortete er.

„How are you, my friend?"

„I'm good. How are you?"

„I'm fine!" – gefolgt von einem fröhlichen Gelächter, bis ein anderes Kind sich wagte, die magische Formel aufzusagen, die es im Englischunterricht gelernt hatte.

Robin hob das Telefon auf und tippte auf Andys Namen.

„Hast du den Clip gesehen?", fragte Andy.

„Hab ich. Es ist verrückt." Robin stockte. „Deine Familie? Geht es ihnen ...?"

Das Klima-Paradox

„Ihnen geht's gut. Aber Robin, das ist Limata. Wir standen letztes Jahr auf dieser Brücke!"

Robin schluckte schwer. „Ich weiß. Dieses kleine Mädchen ... vielleicht haben wir sogar mit ihr gesprochen ..." Seine Stimme brach ab.

„Es ist eine Katastrophe", sagte Andy. „Und es macht Matipa kaputt."

„Matipa?"

„Die Stiftung meiner Tante. Erinnerst du dich, Wanga Namira? Eigentlich wollten sie Deiche bauen mit dem Geld aus der letzten Spendenaktion. Und jetzt? Jetzt fischen sie Leute aus dem Fluss. Sie hat grad meiner Mama geschrieben."

Robin dachte an die zerstörten Wälder zwischen Limata und Duiba, wo Andys Mutter geboren worden war. Noch vor wenigen Jahren verband die beiden Dörfer nur ein Trampelpfad durch den Dschungel.

„Wenn sie die Deiche nicht fertigstellen können, werden die nächsten Überschwemmungen noch schlimmer", sagte Andy. „Aber sie haben kein Geld mehr."

Robin zögerte. „Kommt deine Tante trotzdem zur Klimakonferenz nach Canland?"

„Ich glaub schon. Sie kommt mit der dembanischen Delegation. Sie wollte sich eigentlich für schärfere Klimaziele einsetzen. Aber jetzt geht's nur noch ums Fundraising. Sie brauchen dringend Geld."

„Es ist verrückt, Andy. Können wir irgendwas tun? Vielleicht können wir unser Kino irgendwie nutzen? Vielleicht können wir auch eine Spendenaktion starten?" Er hielt kurz inne. „Hör zu, Ella hat gerade Feierabend in der Bibliothek. Eigentlich wollte ich sie im Bungalow treffen. Ich sag ihr ab und komm zu dir!"

„Nein. Ich hocke hier schon den ganzen Tag herum. Ich muss unbedingt mal raus. Ich treff euch beide in der Bar."

6

Der Clip

Robin leitete das Video an Ella weiter mit der Nachricht:

Das ist Limata, wo Andy und ich letztes Jahr
unterwegs waren. Er kommt auch rüber ins
Bungalow.

Robin pedalte entlang der Gleise in Richtung Altstadt und passierte die Brücke über den früheren Fischerhafen, vorbei an den alten Backsteinfassaden der Speicherhäuser, die sich längst in Cafés, Galerien und Designstudios verwandelt hatten. Obwohl die Sonne schon tief stand, schleuderte ihm der heiße Asphalt noch immer mit voller Wucht seine gespeicherte Energie entgegen. Gleich hinter dem Niburger Hauptbahnhof bog er in den Stadtpark ein, wo die Temperatur plötzlich einige angenehme Grad tiefer war. *Die Bäume betreiben die Alchemie der Photosynthese trotz der Trockenheit*, dachte Robin. *Wie dankbar ich ihnen dafür doch bin...*

Und da flimmerten sie schon wieder durch seinen Kopf, die furchtbaren Bilder der zerstörten Bäume. Und von dem Mädchen, das in den Fluten trieb. Und dann war sie weg, verschwunden hinter dem Fels. Er fuhr schneller, als könnte er so seinen Gedanken entkommen.

Hinter dem Stadtpark lag das Gelände der Universität Niburg. Altehrwürdige Gebäude säumten den zentralen Platz der Wissenschaften, über dessen Kopfsteinpflaster Robins Fahrrad nun ratterte. Vom anderen Ende des Platzes führte eine unscheinbare Gasse zum Hafen hinunter, die sich seit den Kolonialzeiten nicht verändert hatte. Und dort lag es, das Herz des Studentenlebens: Brigittes Bungalow.

Unter den Studierenden hatte Brigitte längst Kultstatus erreicht. Ein Blumenkind aus den Sechzigerjahren, danach überzeugte Sozialdemokratin, jetzt mit silbergrauen Haaren und Lachfalten, hatte Brigitte sämtlichen „städtebaulichen Aufwertungen" getrotzt.

Der Bungalow war das letzte Überbleibsel der einst mächtigen Textilindustrie, die unter ihrem Urgroßvater floriert hatte, damals in der

Das Klima-Paradox

Kolonialzeit, als rauchende Kamine noch für Fortschritt und nicht für Umweltzerstörung standen. Noch heute hing in der Bar ein altes Foto, auf dem ein mit Baumwolle beladenes Handelsschiff zu sehen war, das gerade am Hafen anlegte. Damals war der Bungalow ein Zollhaus gewesen, umgeben von einem kleinen Garten. Die Fabrik gleich hinter dem Hafengelände musste schließen, als die Textilproduktion nach Demba verlagert wurde.

Brigittes Vater ließ das leere Gerippe zu schicken Wohnungen mit Hafenblick ausbauen, doch Brigitte weigerte sich, das kleine Grundstück zu verkaufen, das sie selbst geerbt hatte. Stattdessen verwandelte sie das verfallene alte Zollhaus in einen Magneten für Außenseiter, Träumerinnen und Rebellen mit halb gelesenen Philosophiebüchern im Rucksack. Ein Metallschild prangte über der Bar: „Alle Geschlechter, Hautfarben und Altersgruppen willkommen – keine Toleranz für Intoleranz!" Daneben hing stolz ein vergilbtes Jimi-Hendrix-Poster mit ausgefransten Rändern. Zum Leidwesen der Nachbarn in den Hafen-Lofts hatte Brigitte die Bewilligung erhalten, einige Tische in der Gasse vor der Bar aufzustellen. Der Hinterhof, einst Lagerplatz für beschlagnahmte Schmuggelware wie illegal importiertes Elfenbein, war hingegen zu einem Abstellplatz für leere Bierkisten verkommen.

„Hey, Brigitte", sagte Andy eines Tages, während er den von Unkraut überwucherten Hof betrachtete, „ich glaub, mit dem Platz hier hinter der Bar könnten wir echt was Cooles anfangen!"

Und so wurde die Idee ihres Earth Cinema geboren, eines improvisierten kleinen Freiluftkinos, mit dem Andy und Robin das studentische Publikum mit den großen Themen der Menschheit beglückte: Klimawandel, Biodiversität, soziale Gerechtigkeit, Kulturkampf. Es wurde das erste richtige soziale Unternehmen der beiden Jungs – und es schrieb rote Zahlen.

„Es ist ein Paradox", sagte Robin eines Abends, während sie Popcorn von den rissigen Betonplatten fegten. „Wenn's für einen guten Zweck ist, verlierst du garantiert Geld damit."

Andy stampfte mit dem Besenstiel auf den Boden wie ein Ritter mit seiner Lanze. „Es lebe hoch, das Paradox!", rief er.

Der Clip

Robin liebte Paradoxe seit dem Tag, an dem sein Philosophie-Lehrer an die Tafel gekritzelt hatte:

Diese Aussage ist falsch.

„Das ist das Lügner-Paradox", hatte der Lehrer erklärt. „Wenn die Aussage wahr ist, muss sie falsch sein. Aber wenn sie falsch ist, muss sie wahr sein."

„Wenn du keine Paradoxe lösen kannst, verlierst du jede Schachpartie", pflegte Robin zu sagen. Wohin er auch ging, entdeckte er Paradoxe. „Brigitte, auf dem Schild über deiner Theke hängt das Toleranz-Paradox", meinte er eines späten Abends, worauf sie ihm verblüfft einen Whiskey aufs Haus ausgab. Dann entdeckte er die paradoxe Welt der Quantenphysik. Ella brachte ihm eines Tages eine ausgemusterte Biografie von Niels Bohr aus der Bibliothek, in der sie einen Satz unterstrichen hatte, der sich in sein Gehirn einbrannte:

Wie wunderbar, dass wir auf ein Paradox gestoßen sind. Nun haben wir Hoffnung, Fortschritte zu machen.

Bohr hatte es auf den Punkt gebracht. Paradoxe waren keine Hindernisse. Sie waren Einladungen.

Robin bog in die kleine Gasse ein, bremste ab und stieg von seinem Fahrrad. Dann sah er sie.

Ella saß draußen vor Brigittes Bungalow an einem der schattigen Tische zwischen der Eingangstür und der Gasse. Sie entdeckte ihn und hob die Hand. Neben ihr stand ein Mann, der heftig gestikulierend auf sie einredete.

Als Robin sein Rad abgeschlossen hatte, war der Mann verschwunden.

Der Bungalow

„Hast du den Clip gesehen?", fragte Robin und ließ sich in den Stuhl neben Ella fallen.

„Es gibt noch Üblere", antwortete sie leise und reichte ihm ihr Handy.

Weitere Schreckensbilder flackerten über den Bildschirm. Noch mehr Chaos war zu sehen. Menschen klammerten sich mit entsetzten Gesichtern an lose Balken. Schreiende Kinder. Tote Ziegen trieben im Fluss. Robin scrollte schweigend, dann legte er das Handy auf den Tisch und einen Arm um Ellas Schulter.

Schließlich deutete er auf die Straße. „Und ... wer war dieser Typ da eben?"

„Mein Bruder", sagte sie leise.

„Ach so, Simon?", fragte Robin. „Er machte einen ziemlich ange-pissten Eindruck."

„Ja. Er ist immer noch sauer, dass ich letztes Jahr ausgezogen bin. Er glaubt, ich genieße mein Leben, während er bei Papa festsitzt."

Robin betrachtete sie. Ihren klaren, graugrünen Augen schien nichts zu entgehen. Über ihre Haut verstreuten sich ein paar Sommerspros-sen, und ihr kastanienbraunes, lockiges Haar löste sich immer wieder aus dem hastig gebundenen Knoten. Ihr Outfit war typisch Ella: ein sonnenblumengelbes Kleid und abgetragene weiße Sneaker – lässig, aber mit genau jener Sorgfalt gewählt, die zu allem an ihr passte.

„Für seinen Scheiß habe ich gerade einfach keine Nerven", murmelte sie und starrte wieder auf ihr Handy.

„Weißt du, was ich wirklich krass finde an diesen Überschwemmungen?" Ihre Stimme klang plötzlich angespannt. „Wie ich darauf reagiere. Ich habe die News aus Demba heute Morgen im Radio gehört. Ich habe sie den ganzen Tag in der Bibliothek gelesen, überall, auf allen Kanälen. Aber es war irgendwie doch nur ein Rauschen im Hintergrund. Wieder eine Flut. Wieder eine Tragödie. Wieder ein Kind, das es nicht geschafft hat. Ich hab's genau gesehen, und doch hat's mich nicht wirklich berührt. Erst als du mir diesen Clip geschickt hast, ist mir das Ganze so richtig eingefahren. Und warum? Nur weil du und Andy genau da wart. Plötzlich hatte auch ich einen Bezug dazu. Ist das nicht schräg?"

Robin nickte stumm und zog seine Hand zurück. „Ich glaube, ich kenne sie. Also, vielleicht habe ich sie getroffen. Das kleine Mädchen aus dem ersten Video, weißt du. Im Dorf. Glaube ich. Es gab damals eines, das ihr total ähnlich sah." Er schluckte. „Aber du hast sowas von recht. Warum sollte das was ausmachen? Warum macht es einen Unterschied, ob ich sie vielleicht einmal gesehen habe?" Seine Stimme zitterte. „Ich hoffe immerzu, dass es nicht sie war. Dass es irgendein anderes kleines Mädchen war, das ich nie getroffen habe, das mich nie getroffen hat. Aber warum sollte das einen Unterschied machen? Warum soll das dann weniger schlimm sein?"

Ella legte beruhigend eine Hand auf seinen Arm.

Wie damals am Gymnasium, dachte Robin.

„Es ist krass", sagte sie. „Wir haben das mal in einer Verhaltensökonomie-Vorlesung gelernt: Man nennt es den ‚circle of moral concern' ... Das hat mit Evolution zu tun. Stammesdenken, Verwandtschaft, Vertrautheit und so. Wir kümmern uns stärker um das, was uns nah ist. Was wir berührt, gesehen, festgehalten haben. Völlig irrational, eigentlich, aber paradoxerweise auch wieder völlig rational."

Robin musterte sie. Sie hatte dieses ruhige, natürliche, selbstbewusste, jedoch zu leichter Melancholie neigende Auftreten. Doch bei ihr war es keine Social-Media-Inszenierung. Sie war einfach so; sie war schon immer so, seit er sich erinnern konnte. Seit die Lehrerin ihn in der ersten Klasse neben dieses Mädchen mit dem braunen Wuschelhaar gesetzt hatte.

Ella hatte früh ihre Mutter verloren, musste danach mit Vater und Bruder in einen trüben Sozialbau am Stadtrand ziehen und dann mitansehen, wie ihr Vater langsam im Wodka ersoff.

Sie rückte auf ihrem Stuhl hin und her. „Also, Robin. Starten wir eine Spendenaktion? Ich will etwas tun. Wir können nicht einfach schockiert sitzenbleiben."

Über Ellas Schulter sah Robin, wie Andy aus der Bar trat, drei Biere unsicher in den Händen balancierend. Mit seinem muskulösen Körper, dem dunklen dembanischen Teint und dem perfekt sitzenden Hemd wirkte er älter und gelassener, als seine 22 Jahre vermuten ließen.

Seit dem Kindergarten waren Andy und Robin beste Freunde, und doch waren sie gegensätzlich wie Proton und Elektron. Der bleiche und schmächtige Robin mit den hellen Augen, stets mit verbeulten Jeans und zerzaustem blondem Schopf unterwegs, liebte die klaren Muster des Schachspiels. Andy hingegen, konzentriert und ruhig, mit korrekt sitzender Kleidung und sauber gekämmtem dunklem Haar, blühte im Bluff und Chaos des Pokers auf.

„Ja, wir müssen was tun", sagte Robin, als Andy näher kam. „Vielleicht könnten wir an den Kinoabenden Spenden sammeln für Limata?"

Andy stellte die Biere mit einem Knall auf den Tisch.

„Ja, ja, machen wir was", sagte er. „Sammeln wir ein paar Kronen, spenden wir ein paar Zelte und Wasserfilter. Bumm – Problem gelöst."

„Hey", erwiderte Robin vorsichtig, „wir wollen doch nur helfen. Oder was schlägst du vor? Was meint deine Mutter?"

Der Bungalow

Andy umarmte die beiden kurz, ließ sich in den dritten Stuhl fallen und trank das halbe Bier in einem Zug.

„Ich bin doch nicht wütend auf euch", sagte er schließlich. „Ich bin wütend auf das Ganze. Diesen ganzen verdammten Scheiß. Bei jeder Katastrophe werfen die Leute ein paar Kronen hin und machen weiter wie bisher. Sie fressen Steaks und kaufen Tropenholz aus Demba ... Meine Tante kommt nächste Woche zur Niburg Climate Week. Sie und meine Mutter haben monatelang daran gearbeitet, große Unternehmen für nachhaltige Investitionen zu gewinnen." Seine Finger schlossen sich um das Glas. „Und jetzt? Jetzt geht's nur noch darum, in einem sinkenden Schiff ein weiteres Loch zu stopfen."

Er hielt einen Moment inne. „Es ist leicht, nach einer Katastrophe Geld zu sammeln. Die Leute sind schockiert und spenden großzügig für Medikamente, Decken und Chlortabletten. Aber es ist fast unmöglich, Geld für den Katastrophenschutz zu beschaffen. Dämme. Warnsysteme. Schutzwälder. Auf lange Sicht wäre das viel wirksamer und günstiger. Aber halt nicht sexy. Deshalb kratzt das kein Schwein."

Robin nickte langsam. „Ein Paradox", murmelte er. „Je schlimmer die Krise ist, desto schwerer fällt es, auf Prävention zu fokussieren." Spender wollen sofortige Ergebnisse sehen. Aber vielleicht ..." Seine Augen leuchteten auf. „Vielleicht ist es genau das, was wir tun sollten! Eine Kampagne für Prävention statt für Nothilfe. Geld sammeln für Projekte in Demba, die die Ursachen bekämpfen."

Andy presste die Lippen zusammen. „Wanga versucht das seit Jahren, aber sie kämpft gegen Windmühlen. Klar, seit Jahrzehnten gibt's die canländische Entwicklungshilfe. Aber von dem Geld fließt die Hälfte wieder zurück nach Canland, und der Rest verschwindet mehr oder weniger direkt in den Taschen lokaler Beamter. Echte, dauerhafte Veränderung braucht langfristige Investitionen. Und dazu ist einfach keiner bereit."

Das klang wie aus einer von Wangas Reden.

„Sie sagt immer, das Problem liegt im Wirtschaftssystem selbst",
fügte er hinzu. „Gefällte Bäume sind nun mal mehr wert als lebende.
Deshalb braucht es keine weiteren Spenden, sondern Investitionen.
Eine Übergangsfinanzierung, die eine ganz neue Wirtschaft in Gang
setzt."

Ella richtete sich auf. „Ah!", rief sie. „Du sprichst von Externalitäten
– Arthur Pigou!"

„Pig-wer?"

„Pigou!", sagte sie. „Ein Ökonom. Wenn die Verschmutzer ihren
Müll kostenlos entsorgen dürfen, sparen sie Geld, aber wir alle tragen
die Kosten. Das ist nicht nur schädlich, sondern ökonomisch
gesehen auch völlig ineffizient. Seine Idee: Die Entsorgungskosten
müssen direkt auf die Produktionskosten abgewälzt werden. Wer den
Schaden verursacht, der bezahlt auch dafür. Ratet mal, wann er das
gesagt hat?"

Andy und Robin zuckten die Schultern.

„Vor hundert Jahren!"

„Und wir sind keinen Schritt weiter", knurrte Andy. „Tja, wenn man
das konsequent umsetzen würde, könnte sich wohl keiner mehr
einen Hamburger leisten."

„Mein Volkswirtschaftsprofessor, Dieter Turman, sprach noch von
etwas anderem – von Zahlungen für Ökosystemleistungen", fuhr
Ella fort. „Man bezahlt jemanden dafür, die Natur zu schützen. Viele
Länder bezahlen insbesondere Landwirte dafür, dass sie bestimmte
Arten schützen, obwohl das kurzfristig unprofitabel ist. Und dann
gibt es noch die CO_2-Zertifikate. Verschmutzer zahlen dafür, dass
Emissionen anderswo reduziert oder sogar aus der Luft entfernt
werden. Wenn ein Bauer in Demba Bäume pflanzt, kann er damit
Geld verdienen, weil die Bäume Kohlenstoff binden."

„Stimmt, Wanga hat das mal erwähnt", sagte Andy. „Sie meinte, so
könnten die lokalen Bauern den Umweltschutz als Dienstleistung
anbieten, statt dass sie nur als Bittsteller und Hilfeempfänger auftre-

ten. Mann, wenn das funktionieren würde. Da könnte man wirklich was bewegen. Das wäre der Traum."

Noch bevor jemand antworten konnte, knallte eine Tequilaflasche auf den Tisch. Die Hand, die sie in fingerlosen Lederhandschuhen servierte, gehörte einem Cowgirl mit Shotgläsern im Patronengurt und Schnapsflaschen in den Holstern. Ihr Name war Remy Selnass. Tagsüber war sie eine von Turmans besten und ambitioniertesten Wirtschaftsstudentinnen, zwei Jahre weiter als Ella. Remy war besessen von einer einzigen Frage: Welches System könnte den Kapitalismus ablösen und endlich Wohlstand für alle bringen? Nachts aber verwandelte sie sich in eine Performancekünstlerin. Mal trat sie als schüchternes Schulmädchen auf. Mal als Ballerina. Mal als reiche Gattin eines Öl-Milliardärs. Und manchmal hatte sie Seile und Peitschen dabei. Remy war unberechenbar.

Daneben war sie Brigittes offizielle Barkeeperin und Marketingfrau. Sie sprang ein, wenn Brigitte fehlte, verhandelte mit der Stadtverwaltung über Sonderbewilligungen und mit den Filmverleihern über Gratislizenzen. Und zur großen Freude von Robin und Andy machte sie Werbung für antikapitalistische Filme im Earth Cinema, während sie im Laguna Club Platten auflegte. Doch in letzter Zeit hatte sich ihr Ton verändert: weniger verspielt, dafür direkter und ungeduldiger – als seien die Themen, die früher Teil ihres Spiels gewesen waren, plötzlich eine Frage über Leben und Tod geworden.

„Ich dachte, du legst freitags im Laguna auf?", fragte Andy.

„Laguna ist bei der Hitze halb leer. Ich fange heute spät an. Shots?"

Bevor jemand antworten konnte, zerriss ein Blitz den Himmel, und ein scharfer Windstoß fegte durch die Gasse.

Mit dem Handy in der Hand kam Brigitte aus dem Büro gestürzt.

„Kinder, Kinder!", rief sie und fuchtelte aufgeregt mit dem Handy in der Luft. „Schaut mal auf das Wetterradar!" Von Westen her wälzte sich ein bedrohlicher Schwall aus Rot und Orange heran und zog zielstrebig auf die Niburger Altstadt zu. Noch fünfzehn Minuten, wenn überhaupt. Dann wandte sie sich an Remy: „Möchtest du abrechnen, Süße? Im Laguna werden sie dich gleich brauchen."

15

Remy folgte Brigitte in die Bar. Ella, Robin und Andy schoben einige zerknitterte Kronenscheine unter den Aschenbecher und stürmten zu ihren Fahrrädern.

Der Laguna Club war eine Institution mit Kultstatus. Tagsüber war es ein elegantes Hafencafé, in dem die Niburger Schickeria ihre Matcha-Lattes schlürfte. Abends jedoch öffnete sich die Rückwand zu einem riesigen Dancefloor in einem umgebauten ehemaligen Pferdestall, auf dessen alter Futterkrippe nun das DJ-Pult stand.

Der Platzregen ließ das junge Publikum in Scharen ins Laguna strömen. Ella, Robin und Andy standen bereits in der Warteschlange, als Remy pudelnass auf der Hafenpromenade erschien. Sie winkte ihnen zu und schleuste sie mit ihrem Staff-Badge an den Türstehern vorbei. Ella deponierte ihren Rucksack mit dem Laptop an der Garderobe und verschwand sogleich auf der Tanzfläche. Remys Freund Luke stand hinter der Bar und mixte mit eindrucksvollen Showeinlagen Cocktails. Er nickte den Jungs zu und winkte Remy, die nun in die DJ-Kanzel stieg.

Am Rand der Tanzfläche sahen sie Ella, die sich elegant und mit halb geschlossenen Augen zur Musik bewegte. Die beiden sahen ihr eine Weile zu. „Verstehst du dieses CO_2-Zeug, von dem Ella vorhin geredet hat?", rief Andy gegen Remys wummernde Bässe an. „Verschmutzer sollen Bauern in Demba dafür bezahlen, dass sie Bäume retten und Fluten verhindern? Klingt ziemlich abgefahren, oder nicht?"

Robin zuckte mit den Schultern und rief zurück: „Vielleicht. Wir werden sehen." Dann nickte er zur Tanzfläche. „Keine Chance in diesem Lärm. Reden wir morgen früh bei mir, um Punkt zehn. Und lass uns Ella informieren, bevor sie komplett abdriftet."

„Ihr wollt eine Spendenaktion für Demba starten? Wie cool!", ertönte plötzlich eine helle Stimme direkt hinter Andy. Er drehte sich um und blickte in ein Paar blaue, forschende Augen, die ihn mit einem herausfordernden Blick fixierten. Wie lange hatte sie schon dort gestanden und ihn beobachtet?

„Beatrix!", rief Andy. „Woher weißt du das?"

„Saß vorhin am Tisch hinter euch bei Brigitte", erwiderte sie mit einem leicht spöttischen Lächeln.

Beatrix Lemore hatte die Parallelklasse am Gymnasium besucht und das Kunststück vollbracht, die biedere Schülerzeitung in ein stadtbekanntes Magazin für Ausgehtipps zu verwandeln. Sie hatte außerdem die Gabe, immer dann aufzutauchen, wenn sie keiner erwartete – und sie wusste genau, wie man Andy in Verlegenheit brachte. In vielen Pokernächten war sie die einzige Frau am Tisch, und nur zu oft hatte sie ihn dazu verleitet, all-in zu gehen, wenn er die Karten besser hingeschmissen hätte.

„Deine Heimat, Andy, stimmt's?", fuhr sie fort und senkte den Blick. „Krass, diese Flut war brutal. Ich find's wirklich cool, dass ihr was macht. Wenn ihr loslegt, sagt mir Bescheid. Ich hab nämlich ein Praktikum beim Niburger Tagblatt gelandet. Vielleicht kann ich euch ein bisschen Presse verschaffen!"

Andy grinste, küsste sie auf die Wange und ließ sich zurück Richtung Bar driften, wo Luke wie ein Artist jonglierte – Schnapsflaschen klirrten, Cocktailgläser flogen durch die Luft.

Nach vier Stunden ließ der Regen nach. Robin fand Andy auf einem Barhocker, in Gedanken versunken. „Los, hauen wir ab. Wo ist Ella?" Sie suchten die Tanzfläche ab. Ella war verschwunden.

Das Ethik-Paradox

Robin rannte die mittelalterliche Promenade entlang. Der Regen hatte aufgehört, die Sterne leuchteten am Himmel, doch der Boden bebte. Eine quecksilberartige Flüssigkeit strömte vom Niburger Berg herab und schoss durch die alten Steingassen ins Meer. Über tausend Jahre lang hatte diese Promenade die Stadt geschützt, hatten hier tausende Holzschiffe angelegt und tausende Liebespaare sich Treue geschworen. Und tausendmal war Robin schon hier entlanggegangen. Doch jetzt war alles anders. Sogar das ruhige Meer hatte sich in einen wogenden, tosenden Strom verwandelt. Robin blickte nach rechts und erstarrte.

Der Fluss drohte, die Promenade zu verschlingen. Unbarmherzig wälzte sich das schlammige Wasser über die alten Steinplatten und traf dort mit lautem Zischen auf die silbrige Flüssigkeit. Erste Häuser begannen zu wanken. Dachziegel stürzten in die Fluten. Dann hörte er einen dumpfen Schrei in den Fluten. Ein Mädchenkopf tauchte auf, dunkle Locken klebten an ihrem Gesicht. Sie kämpfte verzweifelt gegen die Strömung und klammerte sich an einen zerbrochenen Holzbalken. Eine weitere silberne Welle riss sie fort. Robin stockte der Atem.

„Ella!", brachte er heiser hervor, unfähig zu schreien. Seine Beine waren wie gelähmt, die Hände wie gefesselt. Er sah, wie sie lautlos seinen Namen rief. *Robin!*

Dann hörte er inmitten des tosenden Flusses eine Glocke, zuerst weit weg, dann immer klarer und eindringlicher. Es war die Türklingel, die ihn aus den Tiefen des Traums holte. Blinzelnd richtete er sich auf und schob die silbrige Flüssigkeit zur Seite, die sich als Bettdecke entpuppte. Er rieb sich die Augen und schaute auf die Uhr: 10:01 Uhr. *Echt jetzt? War Andy für einmal pünktlich? Das wäre am Gymnasium nie passiert.*

Robin tappte barfuß und mit brummendem Kopf die Treppe hinunter.

Er ging am „Homeoffice" seiner Eltern vorbei. Auf dem einstigen Esstisch stapelten sich nun Berge von Rechtsgutachten, Anklageschriften, Gesetzbüchern und handgeschriebenen Notizen. Robins Eltern waren vor einigen Monaten auf die glorreiche Idee gekommen, gemeinsam zu Hause zu arbeiten, statt der täglichen achtzehn Stunden in ihren Anwaltskanzleien. Dieser Versuch, ihre Ehe zu retten, war nur dank der hohen Dokumentenberge, die ausreichend Sichtschutz boten, noch nicht vollständig gescheitert, fand Robin.

Andy lugte durch die Glasscheibe der Haustür. Neben ihm stand Ella, im selben Sommerkleid wie am Abend zuvor, doch mit deutlichen Schatten unter den Augen. In einer Hand hielt sie eine Papiertüte von Lilla Bread, der Kultbäckerei gleich gegenüber dem Platz der Wissenschaften.

Robin öffnete die Tür.

„Lilla Bread?", sagte er zu Ella. „Hast du bis Sonnenaufgang durchgemacht? Wir haben dich irgendwie aus den Augen verloren."

„Nicht ganz", lächelte Ella. „Ich habe die Nacht mit dem Laptop verbracht, meinem neuen Liebhaber. Der Sound im Laguna war schräg. Ich hatte irgendwie keinen Bock mehr drauf. Bin dann raus und wollte mein Rad holen, aber dann war das Lilla noch offen. Ich bestellte einen Matcha-Latte, klappte meinen Laptop auf und begann, im Internet herumzusurfen. Ich sag's euch, die CO_2-Zertifikate haben mich völlig eingesogen. Plötzlich war's sechs Uhr und sie drückten mir frische Croissants in die Hand. Hab sie mit nach Hause genommen, bin ins Bett gekippt – und gerade erst aufgewacht."

„Bravo, Ella!", lachte Andy und griff sich eins aus der Tüte. „Und, was hast du rausgefunden? Können wir mit diesen CO_2-Zertifikaten die Welt retten? Oder wenigstens Projekte in Demba finanzieren? Oder starten wir doch besser eine Spendenaktion?"

Ella steuerte auf den Esstisch zu und suchte vergeblich nach einer freien Ecke. Doch Robin lotste sie hinaus in den überwachsenen Garten. Unter einem alten Nussbaum befand sich sein Lieblingsplatz: eine uralte schmiedeeiserne Bank an einem Tisch, dessen Lack längst abgeblättert war. Der Tag, an dem die rostige Bank endgültig zusammenbrechen würde, war offensichtlich nicht mehr fern, doch brachte es niemand übers Herz, dieses Erinnerungsstück an die Großmutter zu entsorgen. Sonnenlicht fiel durch das dürre, durch die Sommerhitze frühzeitig gelb verfärbte Laub, und die Luft roch nach frischem Gras, Kaffee und Croissants.

„Ich bin unterdessen zum Schluss gekommen", begann Ella und klappte ihren Laptop auf, „dass CO_2-Zertifikate Demba tatsächlich helfen könnten. Aber es ist kompliziert. Ich versteh's auch noch nicht genau." Robin und Andy schauten sie gespannt an, als würde sie ihnen gleich die Singularität erklären.

„Also, ich glaube, es funktioniert so", erklärte sie. „Ein CO_2-Zertifikat ist im Grunde eine Belohnung dafür, dass du dem Klima was Gutes tust. Du kannst CO_2-Emissionen an der Quelle reduzieren oder aus der Luft holen. In beiden Fällen bekommst du ein Zertifikat. Für jede Tonne eins. Man kann sich das Ganze wie eine neue Währung vorstellen oder eine Art Gutschein. Die Idee ist einfach: Je mehr CO_2 du vermeidest, desto mehr Zertifikate bekommst du. Du kannst etwa Bäume pflanzen oder ein Kohlekraftwerk durch eine Solaranlage ersetzen. Oder du ersetzt deinen Benziner durch ein Elektroauto."

„Soso", meinte Andy. „Dann bekomme ich also CO_2-Zertifikate fürs Radfahren? Ich brauch nämlich gar kein Auto!"

„Nein, das geht nicht, weil du das ohnehin schon tust. Bezahlt wird nur für den Wechsel vom Schlechten zum Guten, nicht für das, was schon immer in Ordnung war."

„Das ist unfair!", protestierte Andy. „Das bestraft ja alle, die schon jetzt das Richtige tun –"

„Ich weiß", unterbrach sie ihn und hob die Hand. „Das nennt man ‚Additionalität', und darüber habe ich mir die halbe Nacht den Kopf zerbrochen. Das Internet ist voller Artikel dazu. Ist offenbar ein wichtiger Grund, warum diese CO_2-Zertifikate so komplex sind. Aber wie dem auch sei. Wichtig für Demba ist was Anderes: Man kann Zertifikate auch dadurch erzeugen, dass man einen Wald wiederaufforstet, weil der CO_2 speichert. Und man sollte ebenfalls Zertifikate erhalten, wenn man bestehende Wälder vor der Abholzung rettet. Eine weitere Option wäre noch der Einsatz von modernen Kochherden, sodass weniger Feuerholz oder Holzkohle gebraucht wird in den Küchen. All das könnte also in Demba theoretisch funktionieren."

„Oder man könnte Solarpanels einsetzen statt all der Dieselgeneratoren, die in den Dörfern knattern, weißt du noch, Robin? Morgens um sechs ging der Lärm jeweils los", warf Andy ein.

„Genau", fuhr Ella fort. „Kurz gesagt: Es gibt viele Arten von Projekten. Das mit Abstand größte Potenzial liegt wohl im Waldschutz. Jedes Jahr verschwinden riesige Flächen – und damit auch unersetzliche Lebensräume. Damit solche Projekte eine Chance haben, musst du sowohl mit den großen Waldbesitzern zusammenarbeiten als auch mit den Bauern vor Ort. Und genau hier wird es spannend: Die Bauern können vom Naturschutz direkt profitieren – zum Beispiel, indem sie auf regenerative Landwirtschaft umstellen. Diese Maßnahmen tragen sich zwar langfristig selbst, doch oft dauert es lange, bis sich die Investitionen lohnen. In den meisten Fällen fehlt das Kapital, um überhaupt damit zu beginnen. Genau dafür gibt es CO_2-Zertifikate: Sie ermöglichen es, Projekte zu finanzieren, die sonst nie umgesetzt worden wären."

Das Klima-Paradox

„Und was ist mit den Kühen?", fragte Andy. „Alle reden von CO_2, aber Methan ist achtzigmal schlimmer fürs Klima. Kühe rülpsen und furzen das andauernd in die Luft."

„Methan, ja ...", fuhr Ella fort, etwas irritiert von Andys ständigen Einwürfen. „Man kann sicher auch für die Reduktion von Methan Zertifikate bekommen. Ich glaub, es gibt Futterzusätze für die Kühe, damit sie weniger rülpsen. Die könnte man mit Zertifikaten finanzieren." – „Vielleicht könnte man die Rülpser auch auffangen und als Treibstoff nutzen – und dann Kuhrülpser-Zertifikate verkaufen?", lachte Robin. „Ehrlich gesagt", sagte Ella, „ich glaube, das könnte man tatsächlich... Das würden die Leute wenigstens verstehen!"

Andy stöhnte. „Oh Mann, das klingt wie eine Rube-Goldberg-Maschine. Wir könnten auch einfach aufhören, Fleisch zu essen! So wäre das Methanproblem auch gelöst."

„Natürlich könnte man das. Man könnte noch vieles", entgegnete Ella. „Wir könnten weniger fliegen, weniger Fleisch essen, weniger unnötigen Schrott kaufen. Keine Frage. Aber wie bringst du Millionen Menschen dazu, ihr Verhalten zu ändern? Sei mal ehrlich, die meisten Leute reagieren doch nur auf eins, und zwar aufs Geld. Genau deshalb könnten Zertifikate funktionieren. Damit kann man genau diejenigen belohnen, die Emissionen reduzieren."

Sie war jetzt richtig in Fahrt gekommen.

„Und genau deshalb, glaube ich, müsste das für Demba spannend sein. Wir könnten sogar Projekte finden, die nicht nur Emissionen senken, sondern gleichzeitig die Dörfer auch widerstandsfähiger machen. Je mehr Emissionen sie reduzieren, desto mehr Geld gibt's. Im Grunde ist die Sache eigentlich recht logisch, oder?"

Robin zog die Augenbrauen hoch. „Und wer bezahlt das alles?"

Ella lächelte. „Das ist das Beste daran. Die Verschmutzer zahlen. Das ist zumindest die Idee. Unternehmen messen ihre Emissionen – und für jede Tonne, die sie ausstoßen, müssen sie ein Zertifikat kaufen. So kommt das Geld zusammen."

Robin zögerte. „Ehrlich gesagt, ist das irgendwie paradox. Wenn ich das richtig verstehe, läuft das so: Je mehr wir in Canland verschmutzen, desto mehr müssen wir zahlen – und desto mehr Geld kommt für Demba zusammen."

Ella nickte.

Robin hakte nach: „Also, je mehr wir verschmutzen, desto mehr Geld gibt es, um Demba zu helfen. Das ist doch verrückt!"

„In der Theorie ist das absurd", entgegnete Ella. „In der Realität ist es doch umgekehrt. Wie gesagt, lass uns hier ehrlich sein. Die Verschmutzung gibt's nun mal. Und solange das so ist, ist es doch besser, wenn die Verschmutzer dafür bezahlen. So haben sie wenigstens einen Anreiz, weniger zu verschmutzen, denn die Verschmutzung kostet was."

Andy und Robin nickten nachdenklich.

Nach einer langen Stille holte Andy tief Luft. „Mal noch eine andere Frage", sagte er zögerlich. „Du sagst, Zertifikate geben Bäumen eine Art Preisschild. Du wirst bezahlt, wenn du einen pflanzt. Du wirst bezahlt, wenn du einen rettest. Es ist ... quasi ein Preis für die Natur."

„Ja", antwortete Ella vorsichtig. Sie war unsicher, worauf genau Andy hinaus wollte. „Das ist die Idee."

Andys Stimme wurde fester. „Also, wie hoch soll denn dieser Preis sein? Ist ein alter, hoher Baum mehr wert als ein junger, nur weil er mehr Kohlenstoff speichert? Ist ein Baum mit einem Vogelnest wertvoller als einer mit einem Bienenstock? Was, wenn ein Wald Trinkwasser für ein Dorf reinigt und ein anderer bedrohte Tiere schützt? Welcher verdient mehr Geld?"

Er war jetzt in Fahrt gekommen. „Können wir dem Leben wirklich einen Preis geben? Die Natur bewerten? Und wenn ja, wie viel ist denn ein Menschenleben wert? Das Mädchen aus Limata im Video zum Beispiel: Ist ein Jahr ihres Lebens genauso viel wert wie ein Jahr meines? Mehr? Weniger? Verstehst du, was ich meine?"

Einen Moment lang herrschte Stille unter dem Nussbaum.

„Können wir die Natur wirklich auf Zahlen in einer Tabelle reduzieren?", fragte er dann leise.

Ella holte tief Luft. „Ich verstehe dich. Die Natur und das Leben, all das können wir eigentlich nicht bewerten. Aber hier liegt das Dilemma: Wenn wir der Natur keinen Preis geben, dann hat sie eben doch einen. Nämlich null. Und null heißt wertlos. Null heißt Zerstörung."

Andy verwarf die Hände. „Das ist doch der Wahnsinn! Genauso funktioniert der Kapitalismus. Alles hat einen Preis, alles ist Geld. Deshalb haben wir doch die ganze Umweltzerstörung, all das sinnlose Wachstum, all das Unrecht. Und jetzt soll genau dieser Kapitalismus den Wald retten? Das ergibt doch keinen Sinn. Wir müssen aufhören mit diesem elenden Streben nach Wachstum. Das ist doch die einzige Lösung!"

Ella lehnte sich zurück. „Ich seh den Punkt schon. Aber was willst du tun? Der Kapitalismus ist nun mal das System, in dem wir heute leben. Willst du den Kapitalismus überwinden? Womit genau willst du ihn denn ersetzen? Und wie lange soll das dauern? Uns läuft die Zeit davon, Andy. Wir können nicht auf das perfekte System warten."

„Die Regierungen müssen handeln", sagte Andy entschlossen. „Abholzung verbieten. Das muss schlicht und einfach illegal sein! Wir wissen doch alle, warum die Flut halb Limata weggespült hat. Weil's da keine Bäume mehr gibt! Alle weg, alle abgeholzt. Und als dann der Regen kam, war kein Baum mehr da, um das Wasser aufzuhalten. Eine verdammte Tragödie ist das!"

Ella nickte. „Ja, die Regierung könnte das verbieten. Aber glaubst du wirklich, Demba kann das allein stemmen? Ihre Wirtschaft hängt am Rohstoffexport. Palmöl und Soja, das ist ihr Lebensnerv. Wir in Canland waren auch nicht besser. In den letzten paar tausend Jahren haben wir hier fast alle Wälder abgeholzt. Waldschutz in Demba funktioniert nur, wenn alle mitmachen. Genau dafür gibt's die CO_2-Finanzierung."

Ein Vogel zwitscherte im alten Baum. Andy schnippte eine halb verfaulte Nuss vom Blechtisch. „Stimmt schon", meinte er nach einer Weile. „Warum sollten die Dembaner allein für eine Krise zahlen, die sie nicht verursacht haben? Aber es ist trotzdem absurd. In Canland haben wir unseren Wohlstand auf Kohle und Erdöl aufgebaut. Und jetzt bezahlen wir Länder wie Demba dafür, unsere Verschmutzung wieder auszugleichen, während wir weiterhin CO_2 in die Luft blasen. Sollten wir nicht erst mal den Dreck vor unserer eigenen Haustüre aufräumen? Sollten wir nicht zuerst hier in den Klimaschutz investieren, bevor wir die Verantwortung einfach auf Demba abwälzen?"

Ella zögerte und strich mit den Fingerspitzen über den Laptopdeckel. „Klar, Länder wie Canland haben den Schaden angerichtet. Aber Länder wie Demba leiden am meisten und zahlen den höchsten Preis dafür. Wir können uns schützen vor dem Klimawandel. Demba nicht. Also jetzt mal ernsthaft. Ist es nicht genau fair, wenn wir zuerst in Demba investieren? Außerdem importieren wir massenweise Rohstoffe aus Demba, deren Gewinnung dort Treibhausgasemissionen verursacht. Weshalb sollen wir dann nicht genau in Demba Emissionen reduzieren?"

Robin hatte die ganze Zeit über nachdenklich geschwiegen. „Es gibt da noch ein anderes Thema", begann er nun. „Aus wissenschaftlicher Sicht ist es egal, wo genau CO_2 ausgestoßen und wo es eingespart wird. Ob in Demba oder in Canland, der Klimaeffekt ist derselbe. Denn das Gas verteilt sich rasch um den Erdball. Also ergibt es doch Sinn, Emissionen dort zu reduzieren, wo es am günstigsten ist, oder? Wenn hundert Dollar in Demba zehn Tonnen sparen, aber in Canland nur eine, da ist die Rechnung doch schnell gemacht."

„Das hat Professor Turman auch gemeint, in der Ressourcenökonomik-Vorlesung", murmelte Ella.

Andy sah sie an. „Ist Turman noch da? Oder schon in den Ferien? Es wär spannend, mal mit ihm zu sprechen."

„Ich glaub, er ist noch da", sagte Ella. „Ich sehe ihn gelegentlich auf dem Weg zur Bibliothek."

„Wann ist deine nächste Schicht?"

„Montagnachmittag."

„Könntest du ihn vorher abpassen? Er hat sich doch bestimmt Gedanken über all diese Fragen gemacht. Wir kommen so nicht weiter."

„Ich kann's versuchen", sagte sie, und ein Lächeln kehrte auf ihre Lippen zurück. „Er hat übrigens kürzlich Flyer verteilt für diese Vorträge zu Climate Leadership. Die organisieren sie auf dem Campus während der großen Klimakonferenz. Rate mal, wer da auftreten soll. Die Umweltministerin von Demba! Turman meinte, sie sei eine Wucht."

„Amina Keita heißt sie", sagte Andy. „Meine Mom hat von ihr erzählt. Aber ich hab gehört, sie kommt vielleicht doch nicht, wegen der ganzen Flutkatastrophe."

Robin stand auf und streckte sich. „Kommt, lasst uns eine Runde spazieren gehen – mein Hirnmuskel braucht mal ein bisschen Bewegung."

Robin dachte nach, während sie durch das Wäldchen hinter dem Haus seiner Eltern schlenderten.

Was für ein Paradox, dachte er. *Das Ethik-Paradox. Also eigentlich sind es sogar drei Paradoxe.*

Darf man der Natur einen Preis geben? Ist das ethisch richtig? Aber tut man das aus ethischen Gründen nicht, ist dann der Preis, paradoxerweise, nicht einfach bei Null?

Dann der Kapitalismus. Dasselbe System, das die Klimakrise mitverursacht hat, soll sie nun lösen? Das klingt absurd. Aber ist es nicht ebenso absurd, den mächtigen Kapitalismus genau NICHT für den Klimaschutz zu nutzen, jetzt, wo uns die Zeit davonläuft?

Und dann wäre noch das Thema der Gerechtigkeit. Ärmeren Ländern wird Geld gezahlt, damit sie das Klimaproblem lösen, das sie gar nicht verursacht haben. Ist das nicht ethisch fragwürdig? Aber wäre es denn besser, das Geld nur in Canland zu investieren? Gerade Länder wie Demba sind am stärksten vom Klimawandel betroffen und können Emissionen oft schneller und günstiger senken, als wir es hier können. Außerdem können die Menschen von den Projekten profitieren, die vor Ort umgesetzt werden. Ist es, paradoxerweise, ethisch nicht ebenso fragwürdig, das Geld genau nicht in Demba zu investieren?

Die Aktivisten

Doch Ella wartete vergebens auf Professor Turman. Sein Büro blieb an jenem Montag geschlossen, zunächst für eine Woche, dann bis auf Weiteres. Dies war eine Sicherheitsmaßnahme der Uni, denn eine erdrückende Hitzewelle hatte die Stadt Niburg im Griff. Da die meisten Gebäude keine Klimaanlage hatten, wurden Siestas zum Trend. Das öffentliche Leben kam praktisch zum Erliegen. Selbst der Laguna Club musste schließen, nachdem zwei Raver mit Hitzeschlag ins Krankenhaus eingeliefert worden waren. Am Stadtrand von Niburg boten einige karge Kiesstrände etwas Abkühlung, doch die halbstündige Busfahrt dorthin war kaum zu ertragen. Die Schwimmbäder der Stadt waren entweder wegen Wasserknappheit geschlossen oder hoffnungslos überfüllt. Statt Entspannung fand man dort auch nur Lärm und Hitze.

Die unter dem Nussbaum begonnenen Gespräche gingen jedoch weiter. Ella, Andy und Robin schickten sich Textnachrichten mit relevanten Links zu, lasen sich in komplexe Dokumente ein und versuchten, aus der verwirrenden Welt der Klimafinanzierung schlau zu werden. Welche Projekte kämen infrage? Konnte man Klimaschutzprojekte in Demba überhaupt ethisch rechtfertigen? Waren sie auf dem richtigen Weg mit der Idee, ein Geschäftsmodell auf Basis geretteter Bäume zu entwickeln? Waren CO_2-Zertifikate eine echte Lösung gegen den Klimawandel oder doch eher eine unnötige, wenn nicht sogar schädliche Ablenkung vom Wesentlichen, nämlich der CO_2-Reduktion direkt in Canland? Aber wenn nicht mit CO_2-Zertifikaten, wie sonst wäre die Abholzung zu stoppen?

Sie debattierten, sie stritten, sie drehten sich im Kreis. Doch irgendwann fielen sie in eine Apathie, denn die Hitze saugte ihre Energie und Begeisterung langsam aus. Tag für Tag brannte die Sonne vom Himmel, und der einzige Zufluchtsort blieb Brigittes Bungalow, wo vom Hafen her eine stetige, leichte Brise wehte, die die Außentische und das Earth Cinema im Hinterhof bis tief in die Nacht mit Leben erfüllte. Robin und Andy zeigten eine Reihe von Dokumentarfilmen – über die Ausbeutung in der Kolonialzeit, radikale Entwürfe für postkapitalistische Gesellschaften und natürlich Science-Fiction-Streifen, in denen KI die Klimapolitik steuerte und den Planeten wahlweise rettete oder zerstörte. Es waren schwere Filme, die mehr Fragen aufwarfen als beantworteten, und die man danach jeweils mit Cocktails sowie weiteren geeigneten Substanzen hinunterspülen musste.

Zum Glück war da noch Ellas Job als Assistentin in der Universitätsbibliothek. Im Gegensatz zu Robin und Andy, die das Earth Cinema aus Überzeugung und nicht aus Geldsorgen betrieben, hatte Ella kein soziales Sicherheitsnetz. Sie arbeitete, um die Miete ihres kleinen Studios zu bezahlen, in das sie nach einem nächtlichen Streit mit ihrem betrunkenen Vater geflüchtet war. Die Universitätsbibliothek war Tag und Nacht klimatisiert, um die wertvollen Archive zu schützen. Die Jungs behaupteten, sie wollten Forschung betreiben, doch in Wahrheit ging es ihnen vor allem darum, Ella in den kühlen Räumen Gesellschaft zu leisten und ihre Langeweile zu vertreiben.

Ella aber hatte dieses Herumgehänge bald satt, und sie befahl ihnen, sich nun endlich mal ernsthaft mit Klimawissenschaft und Klimapolitik zu beschäftigen. Jeden Morgen legte sie ihnen einige Artikel vor, und was sie bald entdeckten, verschlug ihnen die Sprache: Der Klimawandel war keineswegs unbewiesen und unerforscht. Ganz im Gegenteil, die Theorie dazu war genauso alt wie Charles Darwins „Entstehung der Arten". Eunice Foote hatte den Treibhauseffekt bereits 1856 nachgewiesen, und John Tyndall bestätigte ihn experimentell um 1859. Bereits 1896 veröffentlichte Svante Arrhenius sein

Modell, wie CO_2 die Erdtemperatur beeinflusst. Aber wenn die Theorie doch seit 150 Jahren bekannt war, weshalb um Himmels Willen eierte dann die Politik bis heute herum?

Eines Nachmittags hielt Andy ein vergilbtes Papier hoch. „Hey, schaut euch das mal an. Der Text stammt von 1976. ‚Die langfristige Antwort auf den Klimawandel muss darin bestehen, die Verbrennung fossiler Brennstoffe zu beenden ... Stattdessen muss ein Umstieg auf Geothermie, Solar- und Nuklearenergie erfolgen ... Aber das kann nicht über Nacht geschehen. Und deshalb ...' wartet mal, hier: ‚Ein Notprogramm für Pflanzenwachstum könnte CO_2 absorbieren, während der Übergang weg von fossilen Energieträgern läuft.'" Andy sah auf. „Das ist doch verrückt! Die haben's vor 50 Jahren längst geschnallt. Fossile Brennstoffe müssen weg, dafür müssen Bäume her, um Zeit zu gewinnen!"

Robin griff nach einem dicken schwarzen Band. „Warte, hier ist was noch viel Krasseres. Der Schinken hier, das sind die *Proceedings of the World Climate Conference: A Conference of Experts on Climate and Mankind.*"

Andy lachte. „So so, wenn das mal kein bescheidener Titel ist..."

Robin grinste. „Ganz im Stil der Siebzigerjahre. Aber jetzt stell dir das mal vor. Das war in Genf, im Jahr 1979. Die UNO versammelte dort führende Wissenschaftler aus aller Welt. Und sie waren sich alle einig: Der Klimawandel ist eine ernste Bedrohung. Sie listeten hier sogar die Hauptursachen auf: fossile Brennstoffe, Abholzung, Änderungen der Landnutzung... Ich sag's dir, Andy. Es war alles längst bekannt. Die Ursachen und die Lösungen. Man weiß alles seit Jahrzehnten, und doch passiert genau nichts!"

In dem Moment rollte Ella ihren Bücherwagen heran und bekam das Ende des Gesprächs mit.

„Ich habe gestern etwas noch Verrückteres gefunden", meinte sie. „Da war ein langer Artikel, und es ging ums Ozonloch. 1985 wurde es bestätigt, und 1987 hatte die Welt bereits das Montreal-Protokoll verabschiedet, um das Problem zu lösen."

Andy schüttelte den Kopf. „Wie ist denn das möglich? Beim Ozonloch dauerte es zwei Jahre, aber beim Klimawandel geschieht nichts? Das ergibt einfach keinen Sinn."

Ella beschloss, zu dem Thema einen Blog zu schreiben, den sie auf der Website des Earth Cinemas veröffentlichte. Sie schrieb eine pointierte Analyse über die unglaubliche Lethargie der Klimapolitik und stellte die Frage in den Raum, ob marktwirtschaftliche Instrumente wie CO_2-Zertifikate, von denen letztlich alle profitieren würden, die politische Blockade durchbrechen könnten. Andy leitete den Text an seine Tante Wanga Namira weiter und fragte sie ganz direkt, ob ihrer Meinung nach CO_2-Zertifikate in Demba funktionieren könnten, oder ob eine klassische Spendenaktion sinnvoller wäre. Und ob sie vielleicht Zeit für ein Treffen hätte, wenn sie in einigen Wochen nach Niburg zum Klimagipfel käme. Doch Wanga antwortete nicht.

Und so zog sich der Sommer dahin, mit interessanten Texten in der Bibliothek, kühlen Bieren im Bungalow, aber ohne wirklichen Plan.

Eines Abends, eine Woche vor dem Klimagipfel, als Andy nach der Vorstellung gerade die Holztür vor seinem Earth Cinema abschließen wollte, trat unverhofft Brigitte aus dem Schatten.

„Hey, Andy, ich muss kurz mit dir sprechen!"

Überrascht drehte er sich zu ihr um.

„Hör zu, vorhin war die Polizei da", sagte sie und holte tief Luft. „Anscheinend kommt unsere Bar in den schicken Wohnungen da oben nicht besonders gut an. Lärmklagen, besoffene Leute in der Gasse, du weißt schon ..." Sie zuckte leicht mit den Schultern. „Sie drohen, unseren Laden dichtzumachen, wenn wir nicht einen Gang zurückschalten. Sie wollen ab sofort keine Tische mehr draußen haben, zumindest bis die verdammte Hitzewelle vorbei ist." Sie hielt kurz inne. „Das heißt ... ähm, wie soll ich das sagen, Andy, aber wir müssen euer Earth Cinema für den Moment pausieren. Es tut mir leid. Aber der Hinterhof ist derzeit unsere einzige Option, wo wir noch Tische aufstellen können. Bei der Hitze will niemand in die Bar rein."

Andy nickte nur stumm. Er mochte nicht protestieren und spürte stattdessen plötzlich ein prickelndes Gefühl in sich aufsteigen. Es war richtig so! Die Zeit war gekommen. Wenn sie ehrlich waren, hatte das Earth Cinema seinen Zauber längst verloren. Abend für Abend dieselben Gesichter, dieselbe Empörung – und danach dieselben Debatten beim selben Bier. Viel Gerede, viel „man müsste unbedingt", aber kein Ziel und kein Plan. Längst waren sie doch alle zum K. in Kafkas Schloss geworden. Mittlerweile waren sie überzeugt, dass die wirklichen Antworten auf die großen Fragen der Welt jenseits der Bibliothek lagen, jenseits der Gespräche, jenseits all der Studien und Dokumente. Eine Ära ging zu Ende, etwas Neues konnte beginnen. Der Klimagipfel stand kurz bevor, und am Abend zuvor hatte Andys Handy endlich eine lange ersehnte Nachricht angezeigt. Es war Wanga.

> Hey, mein Sohn, wie schön, von dir zu hören! Ich freue mich, dass du etwas für dein Heimatland tun willst. Wir haben harte Zeiten hier. Ich habe ein paar Ideen. Ich komme nächsten Dienstag um sieben in Niburg an. Wir sehen uns bald. Grüße an deine Mom.

Vielleicht würde der Klimagipfel Antworten liefern? Oder zumindest einen Hinweis?

Zwei Tage vor dem großen Event begann Robin, das Earth Cinema abzubauen.

Er staubte den ramponierten Projektor ab, rollte die rissige Leinwand zusammen und steckte die alte Popcornmaschine aus, die so viele Sommernächte lang die hungrigen Mäuler der debattierenden Revolutionäre gestopft hatte. Hinter der Bar spülten Remy und Luke die Gläser.

„Wo ist die Hülle des Projektors?", fragte Robin.

„Im Schrank, ganz unten", gab Remy zurück.

Robin kniete sich hin und griff hinein – und stieß dabei auf eine riesige schwarze Kiste.

„Hey, was ist denn das?", fragte er und zog sie mühsam aus dem Schrank. Remy erstarrte, als sie sich umdrehte, doch Robin hatte bereits den Deckel aufgeklappt. In der Kiste fand er Klappmesser, Tuben mit Sekundenkleber, Spraydosen, Taschenlampen. Ein Megafon. Vorhängeschlösser. Ketten. Und zuhinterst entdeckte er Fahnen mit dem unverkennbaren Symbol der *Climate Warriors*.

Sein Herz setzte einen Schlag aus. „Ist das dein Zeug?", fragte er leise.

Remy schaute ihm eine Weile lang direkt in die Augen. Luke spülte weiterhin seine Gläser.

„Ja", sagte sie dann langsam.

Robin starrte sie an. „Du bist den Climate Warriors beigetreten?"

„Wir *sind* die Climate Warriors", sagte sie. „Jemand muss es tun. All das Gerede, all der Bullshit, all eure Filme... Dekarbonisierung, Netto-Null, Pilotprojekte, blablabla. Lass uns doch ehrlich sein. Nichts bewegt sich. Alles nur Opium fürs Volk!" Sie zeigte auf die Kiste. „Also bewegen *wir* halt was."

Robin legte den Deckel auf die Theke. „Echt jetzt? ... Ihr zerstecht Autoreifen? Klebt euch auf die Autobahnen? Glaubst du ernsthaft, das hilft dem Klima?"

Sie verschränkte die Arme, doch ihre Stimme blieb ruhig. „Robin, erzähl mir keinen Scheiß. Du weißt genau, worum's geht. Wie lange gibt es diese unsäglichen Klimagipfel schon? Wie oft haben sie Reformen versprochen, und dann passierte doch nichts? Es ist fünf nach zwölf, Robin. Ein Projekt hier, eine Innovation da – das bringt doch nichts. Die streuen uns doch nur Sand in die Augen. Wir brauchen einen Neustart. Eine radikale Wende. Ein neues System. Wir müssen die Leute endlich aufrütteln, verdammt nochmal!"

Robin versuchte, ruhig zu bleiben. „Remy, glaub mir, nach all den beschissenen Filmen bin ich noch frustrierter als du. Aber all dieser

Krawall? Damit erreichst du doch genau das Gegenteil. Die Leute sind angepisst und –"

„Das Klima kollabiert, Robin", unterbrach ihn Remy unbeeindruckt. „Und die Menschen stecken im Tiefschlaf. Wir brauchen Aufmerksamkeit. Und die kriegst du nun mal einzig und allein mit Action. Du kennst die Medien. Die interessiert's nur, wenn's Drama und Ärger gibt. Deine Spendenaktion für Demba ist ja eine nette Idee. Aber was bringt's? Die Reichen und Mächtigen spenden ein paar Kronen an die armen Dembaner? Dieselben Dembaner, die wir über Jahrhunderte hinweg kolonisiert haben? Deren Reichtum wir gestohlen haben? Damit willst du die Welt retten – oder was?"

„Es ist ein Anfang", entgegnete er.

„Es ist *dein* Anfang", sagte sie sanft. „*Meiner* sieht anders aus."

Luke warf das Geschirrtuch in die Spüle. „Wir stehen auf derselben Seite, Robin. Nur an unterschiedlichen Fronten."

Robin sah die beiden an und schüttelte dann langsam den Kopf. „Aber passt auf. Versprecht es mir!"

„Keine Versprechen", sagte Remy und lächelte nun sanft. „Ich verspreche nur, dass ich weiterkämpfen werde. Für uns alle."

Robin hievte die Kiste zurück in den Schrank. „Dann kämpfen wir eben alle weiter. An unterschiedlichen Fronten."

Remy nickte nur und deutete auf ein verblichenes Poster, das über einer Sammlung kubanischer Rumflaschen hing. „Venceremos!", lächelte Che Guevara ihnen entgegen.

Die Visionärin

Robin erwischte gerade noch die erste Tram um 6:04 Uhr und ließ sich, wie üblich mit zerzaustem Haar, ausgebeulten Jeans und einem weißen T-Shirt, auf einen der unbequemen Holzsitze fallen.

Noch im Halbschlaf erblickte er zwei Haltestellen später Andy und dessen Vater Omar Lelong, die in fast identischen schicken Trainingsanzügen im selben Moment ihre Zigarettenstummel wegschnippten.

Zwei der fittesten Typen, die ich je getroffen habe, dachte Robin. *Und dabei qualmen sie wie Schlote.*

Omar hatte Andys Mutter, Midela Bahari, vor etwa dreißig Jahren an der Universität Niburg während eines durch ein Stipendium der Dembanischen Regierung finanzierten Auslandsjahres kennengelernt. Es war Liebe auf den ersten Blick. Fortan waren die beiden unzertrennlich und planten bald ihre gemeinsame Zukunft in Demba und Canland. Beiden gelang eine fulminante Karriere. Omar gründete bereits wenige Jahre nach seinem Abschluss mit einem Studienkollegen die PR-Firma Brunswick Lelong, die bald darauf landesweit bekannt wurde mit einer spektakulären Kampagne gegen die prekären Verhältnisse dembanischer Hausangestellter in Canland. Derweil schlug Midela den akademischen Pfad ein, erhielt schnell eine ordentliche Professur und wurde schließlich zur jüngsten Dekanin ihrer Alma Mater gewählt.

Um 6:34 Uhr trafen sie am Niburger Hauptbahnhof ein, wo Ella bereits unter der großen Anzeigetafel wartete. Statt ihres üblichen Sommerkleids trug sie eine schlichte Leinenbluse und weite, marineblaue Hosen. Für diesen großen Tag hatte sie das eleganteste Outfit gewählt, das ihr kleiner Kleiderschrank hergab.

„Morgen", sagte Omar mit seinem warmen, unverkennbar dembanischen Akzent, als sie ihm die Hand entgegenstreckte. „Du musst die Chefin sein!"

Ella grinste. Sie hasteten durch das Chaos und ergatterten vier Plätze im Intercity zum Flughafen.

Wanga Namira sollte in etwa dreißig Minuten landen, und die drei Studierenden hatten vor, ihr auf der Rückfahrt ein paar Fragen zu stellen. Sie reiste Jahr für Jahr zum canländischen Klimagipfel, und zwar nicht wegen all der Reden und Versprechungen, die sie schon hundertmal gehört hatte, sondern einzig und allein fürs Fundraising. Der Gipfel war ihr Jagdrevier; er war ein Ort, um den Mächtigen die Hand zu schütteln, um in den Kaffeepausen mögliche Spender abzupassen und auf Podien sowie bei Benefizveranstaltungen immer wieder auf das Leid der ländlichen Bevölkerung in Demba hinzuweisen. So konnte sie jedes Jahr fast die Hälfte des Budgets ihrer Organisation Matipa erwirtschaften.

Über die Jahre hatte Wanga durch ihre Auftritte fast eine Art Kultstatus erworben. Sie wurde von den canländischen Aktivisten dafür gefeiert, dass sie kein Blatt vor den Mund nahm und sich traute, den Eliten die Leviten zu lesen – mit Wärme, Überzeugung und der richtigen Dosis Humor. Für Andy aber war sie einfach Tante Wanga.

„Als ich klein war, durfte ich stets auf ihren Schultern sitzen bei unseren Familienbesuchen in Duiba", erzählte er. „Sie nannte mich ihren Schatten, weil ich ihr überallhin folgte." Er stockte. „Erst dieses Jahr habe ich angefangen, ihre Reden wirklich zu lesen. Ich schwör's euch, sie weiß, wovon sie spricht!"

Die Visionärin

Robin erinnerte sich noch genau an Wanga. Sie hatte seine Unsicherheit sofort gespürt, als er in Andys Heimatdorf Duiba zum ersten Mal vom Lärm, der Begeisterung und der dampfenden Hitze empfangen wurde. Sie hatte ihn sanft, aber bestimmt am Arm genommen und ihn mitten über den pulsierenden Marktplatz geführt. „Einmal meinte Wanga, deine Tanten hätten für mich gebetet", lachte Robin. „Ich war verwirrt. Dann ergänzte sie: ‚Sie baten Gott, mich zu beschützen und mir eine reiche Ernte zu schenken.'"

Ella hob eine Augenbraue. „Welche Ernte?"

Robin grinste. „Ich verstand's zuerst auch nicht. Aber Wanga sah mir tief in die Augen und sagte: ‚Du bist ein Bauer.' Dann fügte sie hinzu: ‚Wir alle sind Bauern. Jeder Mensch baut etwas an. Die einen im wörtlichen und die anderen im übertragenen Sinn.'"

Ella nickte nachdenklich. „Ja, sie ist felsenfest davon überzeugt, dass jeder Mensch zu jeder Zeit einen Beitrag leisten kann für das Wohl aller. Vor einigen Jahren erlebte ich sie bei einem Vortrag an der Uni. Sie erzählte unglaubliche Geschichten. Witzige und herzzerreißende Geschichten. Aber am tiefsten in Erinnerung blieb mir der Schluss."

Instinktiv nahm Ella Wangas Haltung an und blickte mit lächelnder, aber bestimmter Miene in die Runde. „Sie stand da und sah ins Publikum, als würde sie jedem Einzelnen in die Augen blicken. Dann hob sie den Finger und rief: ‚Ihr Leute von Canland, ihr braucht die Menschen der Wälder genauso, wie wir die Menschen der Städte brauchen. Gemeinsam, als Partner, können wir viel erreichen!'" Ella machte eine kurze Pause, ehe sie fortfuhr: „Einige im Publikum begannen zu klatschen und zu jubeln, doch Wanga war noch nicht fertig. ‚Ob in Demba, in Lomba oder in jedem anderen Land des globalen Südens – wir, die Leute aus den letzten großen Wäldern der Erde, sind eure beste Verteidigung gegen den Klimawandel. Aber wir können das nicht länger alleine und umsonst tun. Ihr habt die Mittel. Wir haben das Wissen. Wir müssen zusammenarbeiten.'"

Das Klima-Paradox

Als der Zug in den Flughafenbahnhof einfuhr, spendeten Andy, Robin und Omar spontan Applaus.

Terminal 2 des Flughafens Niburg glich einem gigantischen Klassentreffen. Zehntausende Delegierte aus aller Welt strömten durch die Zollkontrolle. Wohin man auch blickte, sah man lachende Menschen, die sich küssten und umarmten, froh, einander nach einem Jahr voller zermürbender Video-Calls wiederzusehen. Alle waren sie nach Canland geflogen, um die Zukunft des Planeten zu diskutieren: die Unterhändler, Regierungsberaterinnen, Klimaaktivisten, Doktorandinnen, Wiederaufforstungs-Evangelisten, Blockchain-Prophetinnen und Erdölfirmen-Anwälte. Die Ankunftshalle glich einem großen TED-Talk mit unzähligen Rollkoffern.

Vor dem Terminal lenkten Freiwillige in T-Shirts mit aufgedrucktem *Canland-Climate-Summit*-Logo die Menschenmassen zu ihren Shuttles. Unauffällig im Hintergrund stand derweil ein großes Aufgebot an stämmigem, kurz geschorenem Sicherheitspersonal, das mit stoischer Miene das bunte Treiben beobachtete, stets nach möglichen Unruhestiftern ausschauend. Plötzlich ging ein Raunen durch die Menge, und Polizisten bahnten hastig einen Weg durch den Trubel. Am Ende der Halle öffnete sich eine diskrete Tür, aus der eine Formation aus ernst dreinblickenden Beamten marschierte. Dahinter folgte eine große, bildhübsche Frau in einem eleganten, reich verzierten Belé-Kleid, das im Neonlicht des Ankunftsterminals schimmerte.

„Dort kommt Wanga!", rief Ella und zeigte hinüber. „Schaut mal – wow, dieses Outfit! Genau wie damals bei ihrer Rede an der Uni!"

Omar lachte. „Haha, nein, Ella, das ist nicht Wanga. Da kommt Ministerin Amina Keita aus dem VIP-Ausgang. Sie saß wohl im selben Flugzeug aus Demba, allerdings eher in der First Class."

Da spürte Omar, wie ihm jemand auf die Schulter tippte.

Eine ebenso elegante, sanft lächelnde Frau stand vor ihnen, in bequemen Hosen, einem schlichten Sakko über einer leicht zerknitterten Bluse sowie einem hastig um den Hals geknoteten Schal. Ihr Haar war von der langen Nacht auf ihrem Sitz in der Economy Class etwas zerzaust, und die dunklen Schatten unter ihren Augen erinnerten an lange Flüge, lange Arbeitstage und lange Einsätze irgendwo in den dembanischen Dörfern. Wanga und Omar sahen sich einen Moment lang in die Augen, dann fielen sie sich wortlos in die Arme – wie Geschwister, die eine lange, schwere Geschichte miteinander teilen.

Dann löste sich Wanga lachend, wandte sich Andy zu und drückte ihm einen Kuss auf die Stirn. „Wanga, erinnerst du dich an Robin?", fragte Andy. „Damals in Duiba, mit Onkel Duolo ... Und das hier ist Ella!"

„Ella!", rief Wanga, und ihre Augen leuchteten auf. „Du hast also diesen Blog über das Potenzial von CO_2-Zertifikaten in Demba geschrieben. Nicht schlecht! Und jetzt versuchst du, diese Jungs ins Abenteuer mit reinzuziehen?"

Bevor Ella antworten konnte, ergriff Wanga ihren Unterarm, sanft, klar und bestimmt, genau wie Robin erzählt hatte. Und sie fragte leise: „Denkst du, die beiden sind bereit dafür?" Die Frage bedurfte keiner Antwort, doch ihre Bedeutung war klar: *Du, Ella, du bist bereit. Du musst.*

„Danke, Frau Namira", sagte Ella schüchtern.

„Bitte, nenn mich Wanga", sagte sie und lachte herzhaft.

Der Zug glitt fast lautlos zurück nach Niburg. Wanga schaute aus dem Fenster und wandte sich dann, etwas müde lächelnd, an Robin. „Diese Fahrt ist dann doch etwas angenehmer als eure rumpelige Reise auf dem Pickup von Duiba nach Limata, oder?"

Andy knurrte: „Genau, und so wird es auch bleiben, solange Demba Kakaobohnen, Palmöl und Kaffee nach Canland schickt, um dann aus Canland Schokoriegel, Fertiggerichte und Espresso zurückzukaufen."

Wanga neigte den Kopf. „Und was glaubst du, warum das so ist?"

„Das weißt du doch", entgegnete Andy. „Der Kolonialismus hat Demba zerstört, und der Kapitalismus ist der neue Kolonialismus!" Sie sah ihn mit müden Augen an. „Aha, das *weiß* ich?", entgegnete sie und zog eine Augenbraue hoch.

Andy zögerte. Ihm war unklar, worauf Wanga hinauswollte.

„Andy, was glaubst du, was hatten wir in Demba vor dem Kolonialismus?", fragte Wanga nun eindringlich.

„Na ja, soweit ich weiß, lebten die Menschen früher im Dschungel von Demba friedlich und in Harmonie zusammen, waren in großen Clans organisiert und halfen einander."

„Hör zu, Andy. Viele Leute in Canland glauben und lieben diese Geschichte. Das friedliche Dorf. Der edle, wilde, starke, freie Dembaner. Aber dieses Bild ist leider nur die halbe Wahrheit, wenn überhaupt."

Sie machte eine kurze Pause. „Das Leben in Demba war hart. Brutal hart. Menschen starben jung. Viele Mütter überlebten die Geburten nicht. Stammesfehden überzogen das Land über Jahrhunderte hinweg. Es gab keine Krankenhäuser, keine Sicherheit. Als die Kolonialherren kamen, wurden sie von großen Teilen der Gesellschaft willkommen geheißen! Man erhoffte sich ein moderneres und besseres Leben."

Andy nickte langsam. „Die Kolonisten brachten Waffen, Stahl und Straßen. Aber auch Krankheiten und Ausbeutung. Und Lügen."

„Nicht nur Lügen", erwiderte Wanga leise. „Sie brachten eben auch Träume, Chancen, Hoffnung und die Illusion eines besseren Lebens."

Sie schaute kurz aus dem Fenster, wo jetzt ein ganzer Wald aus modernen Windkraftanlagen vorbeiflog, die Canland vor etwa zehn Jahren für den Umbau des Energiesystems in Auftrag gegeben hatte. „Natürlich waren diese Träume nie für uns gedacht. Natürlich hat der Kolonialismus uns letztlich ausgehöhlt und abhängig gemacht von billigen Rohstoffexporten. Und auch wenn wir heute politisch unabhängig sind, hat sich am zugrunde liegenden Wirtschaftssystem und all den Abhängigkeiten bis heute kaum etwas geändert. Aber es hilft uns auch nicht, an Fantasien eines gestohlenen Paradieses festzuhalten. Wenn wir ein Paradies erschaffen wollen, müssen wir es uns hart erarbeiten."

Robin und Ella blieben still.

Andy wechselte das Thema. „Wanga, wie geht's deiner Organisation Matipa? Wir haben von euch in den Zeitungen hier gelesen. Ihr koordiniert den Wiederaufbau von Limata, oder? Wie schlimm ist's? Wie kommt ihr voran?"

Wanga lächelte schwach.

„Matipa ist nicht mehr als ein Pflästerchen auf einer riesigen Wunde", meinte sie dann. „Wir sind von Spenden abhängig. Wie immer. Momentan fließt alles in die Soforthilfe in Limata. Unsere langfristigen Projekte mussten wir alle auf Eis legen. Wir wollten eigentlich Rückhaltebecken bauen und Wälder wieder anpflanzen, um die Dörfer vor der nächsten Flut zu schützen."

Sie sah Andy in die Augen. „Und, was glaubst du, mach ich heute Abend? Da werde ich auf der Cresta-Gala sein. Ich werde lächeln. Geschichten aus Demba erzählen. Mit den Reichen und Mächtigen anstoßen. Und ich werde um Geld betteln. Das ist mein Job. Weißt du, manchmal denke ich, die Welt will gar nicht gerettet werden. Sie will einfach so weitermachen und sich nur etwas besser fühlen"

Andy schüttelte den Kopf. „Das ist doch verrückt. Du solltest nicht betteln müssen. Was ist denn jetzt mit diesen CO_2-Zertifikaten? Hast du dir das überlegt? Könnten die funktionieren? Könnte man die Wälder retten, wenn man Bäumen einen Preis gäbe?"

Wanga antwortete nicht sofort. Sie schaute nun wieder aus dem Fenster.

„Vielleicht", sagte sie schließlich. „Vielleicht. Lass uns morgen darüber sprechen. Heute verfolge ich ein ziemlich einfaches Ziel. Ich muss dafür sorgen, dass reiche Leute großzügig spenden, um meinem Volk zu helfen. Und dafür brauche ich jetzt einige Stunden Schönheitsschlaf."

Einen Moment lang schwieg die Gruppe. In der Zwischenzeit hatten die Windräder den endlosen Vorstadtblocks Platz gemacht. Der Zug fuhr langsam über ein Gewirr von Weichen in den Niburger Hauptbahnhof ein.

Da kehrte das Leuchten in Wangas Augen zurück. „Übrigens, ich habe noch drei Gratistickets für die Gala heute Abend. Wollt ihr mitkommen? Versucht euer Glück! Dort trefft ihr die Leute, die an den Schalthebeln der Macht sitzen. Hört ihnen zu und lernt, was ihnen wichtig ist. Erlebt, wie die Welt wirklich funktioniert. Und testet eure Idee mit den CO_2-Zertifikaten!"

Es war keine Einladung. Es war eine Herausforderung.

Die Vorlesung

Omar brachte Wanga zum Taxistand und ließ Ella, Andy und Robin auf dem Bahnsteig zurück.

Sie sahen einander ungläubig an, in einer Mischung aus Unbehagen und aufgeregter Vorfreude. Was war da grad geschehen? Hatte Wanga sie etwa zur Niburg-Cresta-Gala eingeladen? Das war nicht einfach irgendeine Gala – es war *die* Gala. Das war der legendäre und sagenumwobene Auftakt zum Canland Climate Summit, der jedes Jahr am Vorabend der offiziellen Eröffnung stattfand. Die Cresta Gala bot eine glitzernde Mischung aus Reichtum, Schönheit, Einfluss, Goldketten und maßgeschneiderten Anzügen, veranstaltet von der mächtigen Firma Cresta Software unter dem edlen Slogan *„doing well by doing good"*, was nichts anderes bedeutete, als das Netzwerk mit wichtigen Leuten zu pflegen und dabei Geld für gute Zwecke zu spenden. Die Gala-Tickets waren seit jeher äußerst begehrt, und es rankten sich viele Gerüchte um die Frage, wer genau, wie und warum in den Besitz eines solchen gelangte. Dieses Jahr bot die Gala noch eine zusätzliche Attraktion: eine angenehm eingestellte Klimaanlage.

„Meine Fresse, und ich besitz nicht einmal einen Anzug", platzte es aus Andy heraus. „Geschweige denn eine Krawatte! Oder sonst was, das auch nur entfernt –"

Ella schnitt ihm das Wort ab. „Andy, halt die Klappe. Leih dir was von deinem Vater! Ihr seht doch aus wie Zwillinge!"

„Ich hasse Anzüge", brummte Robin. „Ich seh darin aus wie ein Idiot."

Ella lachte lakonisch. „Jungs, ihr kriegt das auf die Reihe. Ich glaube fest an euch! Schnallt ihr eigentlich, was das bedeutet? Wir könnten Leute treffen, die vielleicht CO_2-Zertifikate kaufen, und Wanga könnte uns mit Organisationen bekannt machen, die gute Projekte umsetzen!"

Andy grinste. „Hast ja recht. Und das alles direkt nach Ministerin Keitas Vorlesung – wie cool ist das denn? Alles, worüber wir seit Wochen schwatzen, fügt sich plötzlich wie ein Puzzle zusammen!"

Zur Vorbereitung auf den aufregenden Tag setzten sich Ella, Robin und Andy zum Frühstück ins Laguna Café, das im Gegensatz zum Club noch immer geöffnet war, bummelten dann am Hafen entlang und vergaßen dabei die Zeit. Schließlich erreichten sie verspätet, außer Atem und leicht verschwitzt den Platz der Wissenschaften.

Amina Keitas Gesicht grüßte mit ernster und bestimmter Miene von einem riesigen Plakat, das in der Eingangshalle der Universität angebracht war und in großen Lettern ankündigte: *The Climate Leadership Series at Niburg University – Sixth Lecture: The History of International Climate Finance. Delivered by Her Excellency, the Minister of Environment of Demba, Dr. Amina Keita.*

Die drei schlüpften durch die ehrwürdigen Pforten ins randvolle Auditorium Maximum, das mit Spannung den großen Auftritt der Ministerin erwartete. Mit Mühe fanden sie drei Plätze in der vorletzten Reihe. Andy grinste und flüsterte: „Wie damals am Gymnasium. Immer zu spät, immer ganz hinten."

Ella ließ den Blick durch den Raum schweifen. „Ich habe viel über diese Frau gelesen. Früher war sie die Delegationsleiterin der Entwicklungsländer an den Klimakonferenzen. Sie wurde von

Freund und Feind gleichermaßen geehrt und gefürchtet. Sie war bereits bei den Verhandlungen zum Montrealer Protokoll in den Achtzigern dabei, damals noch als Vertreterin der Jugendverbände!"

Eine vertraute Stimme unterbrach Ellas Geschichtslektion: „Guten Tag, Frau Andersson."

Ella drehte sich überrascht um und sah direkt in das Gesicht ihres Professors, Dieter Turman. Das graue, etwas lichte, zu einem Scheitel gekämmte Haar, das gebügelte Sakko mit den Ellbogen-patches – alles an ihm strahlte die stille Würde eines Akademikers aus, der ganz in seiner Welt zu Hause war. Auf seinen Lippen lag ein gutmütiges, verschmitztes Lächeln. Er hatte schon zahlreiche Studie-rende kommen und gehen sehen, doch in diesem Moment schien er sich ehrlich zu freuen, dass Ella seinem Rat gefolgt war und nun hier im Auditorium saß.

„Ich freue mich, Sie hier zu sehen", sagte er. „Sie werden es nicht bereuen, das verspreche ich Ihnen. Frau Keita ist einer der erfah-rensten Köpfe im Bereich der Klimafinanzierung. Eine brillante Entscheidung des Präsidenten von Demba, sie zur Umweltministerin zu ernennen."

„Wir haben viel über sie gelesen", antwortete Ella beflissen. „Wir haben die Geschichte der Klimaverhandlungen studiert, mit all den tiefen Gräben, die sich zwischen den verschiedenen Interessen-gruppen aufgetan haben. Über Jahrzehnte hat man an einer politi-schen Lösung gearbeitet und ist doch kaum weitergekommen."

„Genau", nickte Turman. „Und ohne die Geschichte ergibt die Gegenwart keinen Sinn."

Ella stand auf und deutete auf Andy und Robin. „Das sind meine Freunde aus dem Gymnasium. Andys Mutter ist Midela Lelong. Die Flut letzte Woche verwüstete ein Dorf ganz in der Nähe ihres Geburtsorts." Sie zögerte, dann fügte sie hinzu: „Glauben Sie, dass CO_2-Zertifikate Demba helfen könnten? Wir überlegen uns, damit vielleicht Projekte zu finanzieren."

Turman lächelte sanft. „Dann hören Sie jetzt gut zu", flüsterte er. „Und lassen Sie sich von all den Fachausdrücken nicht einschüchtern. Und Herrn Lelongs Mutter werden wir gleich auf der Bühne sehen!"

Das Licht wurde gedimmt. Ein gespanntes Schweigen legte sich über den Saal. Ein Scheinwerfer erleuchtete das Rednerpult. Ein dunkelroter Vorhang öffnete sich, und heraus trat Professorin Midela Lelong, die Dekanin der Universität Niburg. Andys Mutter.

„Ihre Exzellenz, die Umweltministerin von Demba, Amina Keita, sehr geehrte Damen und Herren, liebe Kollegen. Es ist mir eine Ehre, Sie zu dieser Vorlesung in unserer Reihe ‚Climate Leadership' begrüßen zu dürfen", sagte sie mit deutlicher, jedoch ein wenig zitternder Stimme.

„Heute erleben Sie eine Persönlichkeit, deren Einfluss in der Klimawissenschaft kaum zu überschätzen ist. Sie ist eine Pionierin, eine Mentorin und eine Freundin. Lange bevor der Begriff ‚Klimapolitik' Eingang in unser Vokabular fand, legte sie mit ihrer Arbeit und ihrem Verhandlungsgeschick dessen moralisches und intellektuelles Fundament. Wir haben Frau Keita eingeladen, über die Geschichte und den heutigen Stand der Klimapolitik zu reflektieren, und uns einen Ausblick zu geben, wohin wir in den kommenden Jahren steuern. Doch leider ...", Midela stockte und wischte sich mit einem Taschentuch kurz über die Augen, „leider hat uns der Klimawandel auf brutalste Weise eingeholt. Wie Sie wissen, wurde die Republik Demba vor Kurzem von verheerenden Überschwemmungen heimgesucht. Sie stockte erneut und biss sich auf die Zunge, um die Fassung zu bewahren. „Überschwemmungen, die Hunderte das Leben gekostet und Tausende vertrieben haben. Dies sind keine Statistiken oder Zahlen aus einer Wahrscheinlichkeitsrechnung. Wir alle haben Freunde, Kollegen und Gemeindemitglieder verloren. Meine Damen und Herren, es gibt keinen Zweifel mehr: Der Klimawandel ist keine Theorie, die möglicherweise die Zukunft unserer Enkel betrifft. Er ist da. Er ist real. Und er verändert die Welt, wie wir sie kannten."

Sie machte eine kurze Pause. „Und nun lade ich Sie ein, unsere heutige Rednerin zu begrüßen: Willkommen in Niburg, Amina Keita!" Einen Augenblick lang herrschte Stille, dann erklang Applaus. Der Saal war tief berührt.

Und da war sie wieder. Die Frau, die wenige Stunden zuvor mit Polizeischutz durch den Terminal 2 eskortiert worden war, schritt nun auf die Bühne. Ihr Gewand war eine schillernde Kombination aus tiefem Blau und goldenen Mustern, auf welche die Symbole der traditionellen fünf Elemente des Belé-Volkes gestickt waren: Himmel, Tiere, Berge, Wald und Ozean. Keita bewegte sich mit bedächtiger Anmut, nickte Midela lächelnd zu und trat anschließend ans Rednerpult. Sie blickte in den Saal und zog sogleich die ungeteilte Aufmerksamkeit auf sich.

„Danke, Midela. Danke, Dekanin Lelong", sagte sie mit einer überraschend tiefen, warmen Stimme. „Und danke Ihnen allen. Ich danke Ihnen dafür, dass Sie sich heute in diesem historischen, zugleich schmerzvollen Moment hier eingefunden haben. Als wir diese Vorlesung planten, hatte ich gehofft, mit etwas Humor zu beginnen, vielleicht mit einer Anekdote aus den Klimaverhandlungen. Ich sage Ihnen, es gibt unzählige davon. Doch dann kamen die Fluten. Und mit ihnen kam die Trauer." Man hätte im Saal nun eine Stecknadel fallen hören. „Heute spreche ich zu Ihnen nicht nur als Wissenschaftlerin oder Ministerin, sondern als eine Tochter unserer Erde."

Sie holte tief Luft und ließ ihren Blick durch die Reihen gleiten.

„Meine Damen und Herren, wir sind nicht hier, um zu trauern und zu verzweifeln. Wir sind hier, um zu verstehen, und um zu handeln. Die Wissenschaft spricht seit Jahrzehnten eine klare Sprache. Wir haben bereits viel Zeit verloren, es ist aber noch immer möglich, das Steuer herumzureißen, wenn wir jetzt zusammenstehen und gemeinsam, koordiniert und bestimmt handeln."

Auf der Leinwand hinter ihr erschien nun eine gezackte rote Linie, die sich über ein blasses Diagramm zog wie eine Narbe, oder vielleicht eher wie das EKG eines Herzschlags.

„Dies ist die Aufzeichnung des atmosphärischen Kohlendioxids, gemessen über die vergangenen sechzig Jahre." Sie sah zu der roten Zickzacklinie auf. „Sie sehen den Trend. Die CO_2-Konzentration steigt stetig an. Aber schauen Sie sich diese Zacken an, die sich Jahr für Jahr wiederholen. Das ist sozusagen der Atem des Planeten. Dies ist unsere Vegetation, die im Nordsommer einatmet und im Winter wieder ausatmet. Ist das nicht wundervoll?"

Was folgte, war teils wissenschaftliche Vorlesung, teils Geschichtsstunde – eine schnelle, energiegeladene Zeitreise durch Klimawissenschaft und Klimapolitik. Keita spickte ihren Vortrag mit Fragen und ließ das Publikum jahrhundertealte Zusammenhänge erkennen.

Die Zeitreise spielte sich in schwindelerregendem Tempo ab, von der industriellen Revolution mit all ihren neuen Kohlekraftwerken und Dampfmaschinen über das unglaubliche Wirtschaftswachstum, das die fossilen Brennstoffe erst möglich machten, bis zu den ersten Mahnungen aus der Wissenschaft und den ersten Versuchen, den Klimawandel politisch in den Griff zu bekommen.

Nach etwa der Hälfte ihres Vortrags änderte Keita ihren Tonfall. Ihre Stimme wurde noch eindringlicher. Sie sprach nun über die 1980er Jahre, als Öl- und Gaskonzerne zunächst noch Klimaforschung finanzierten und Politiker auf allen Seiten des Spektrums offen über eine globale Zusammenarbeit redeten – bevor dann alles in Einzelteile zerfiel.

„Diese Energieunternehmen haben sich auf leisen Sohlen davongeschlichen und unbemerkt die Strategie gewechselt", rief sie mit erhobenem Finger ins Auditorium. „Sie starteten Desinformationskampagnen und finanzierten gezielt universitäre Lehrstühle, die den Klimawandel leugneten oder seine drohenden Folgen verharmlosten. Es gelang ihnen, die statistischen Unsicherheiten der Klimaforschung als grundsätzliche Zweifel am Klimawandel zu deuten – und so der Klimapolitik den Wind aus den Segeln zu nehmen."

Keita kam dann auf das Ozonloch zu sprechen. „Damals hörten wir auf die Wissenschaftler und handelten. 1985 wurde das Ozonloch entdeckt. 1987 wurde das Montrealer Protokoll unterzeichnet. Wir sagten: ‚Lasst uns aufhören, Chemikalien zu verwenden, die die Ozonschicht zerstören. Und lasst uns gemeinsam sichere Alternativen finden.' Wie war das möglich? Wie schafften wir es damals, entschieden, gemeinsam und global zu handeln? Und warum tun wir das heute nicht, angesichts des Klimawandels?"

Die Vorlesung

Ella, Andy und Robin saßen gespannt auf ihren Sitzen. Genau diese Frage hatten sie in der Bibliothek diskutiert.

„Ein Teil der Antwort ist einfach. Das Ozonproblem war kleiner und leichter zu lösen. Es betraf nur ein paar Chemikalien, und Alternativen standen schon bereit. Der Klimawandel ist viel umfassender. Er betrifft praktisch die gesamte Wirtschaft auf der gesamten Welt, die Energie, die Ernährung, die Produktion und den Transport. Und die daran beteiligten Industrien sind äußerst mächtig."

Sie hielt kurz inne. „Aber da gibt es noch etwas – etwas Entscheidendes. Während der Ozonkrise arbeiteten Regierungen, Industrie und Zivilgesellschaft Hand in Hand. Die Regierungen setzten klare Regeln, die Industrie reagierte mit Innovationen und neuen Produkten, und die Öffentlichkeit in fast allen Teilen der Welt unterstützte den Wandel. Industrieländer wie Canland übernahmen die Führung und beschlossen, die schädlichen Substanzen sofort zu verbieten. Ärmere Länder wie Demba erhielten mehr Zeit, zusätzliche Unterstützung und finanzielle Hilfen für die Umsetzung.

Das, meine Damen und Herren, ist das Prinzip der *gemeinsamen, aber differenzierten Verantwortung*. Es ist ein Grundsatz, der auch in der Klimapolitik von herausragender Bedeutung ist. Alle Nationen tragen Verantwortung – aber nicht im gleichen Maß und nicht im gleichen Tempo. Klimagerechtigkeit bedeutet Ausgleich, nicht Schuldzuweisung. Diejenigen, die am meisten zum Klimawandel beigetragen haben, müssen vorangehen. Und die am stärksten verwundbaren Länder müssen unterstützt und dürfen nicht zurückgelassen werden."

Sie hatte das Rednerpult längst verlassen und sprach nun ganz frei.

„Nach dem Erfolg in Montreal versuchten die Politiker einen noch größeren Wurf. Die UNO-Klimarahmenkonvention erblickte 1992 das Licht der Welt. Bereits im Jahr 1997 folgte das Kyoto-Protokoll. Dieses war aus zwei Gründen historisch. Erstens enthielt es rechtlich verbindliche CO_2-Reduktionsziele für Industrieländer, jedoch zunächst nicht für Entwicklungsländer. Zweitens schuf es einen Finanzmechanismus, mit dem alle Länder zusammenarbeiten konnten, nämlich den sogenannten *Clean Development Mechanism*.

Stellen Sie sich das vor. Eine Bäuerin in Demba und ein Energiever-
sorger in Canland konnten nun gemeinsam Klimalösungen
entwickeln!"

Sie hob den Finger.

„Und so begann das Zeitalter der CO_2-Zertifikate. Im Kyoto-Protokoll hießen sie *Certified Emission Reductions*. Es war eine revolutionäre Idee. Klimafinanzierung sollte nicht mehr am Tropf der
Spenden oder der Entwicklungszusammenarbeit hängen, sondern
im Rahmen einer Partnerschaft auf Augenhöhe erfolgen. Durch
CO_2-Zertifikate sollte der Klimaschutz fest in den Wirtschaftskreis-
lauf integriert werden. Somit wäre ein dembanischer Bauer kein
Hilfsempfänger mehr, nein, er würde als Beschützer und Pfleger des
kostbaren Bodens zu einem Anbieter von Ökosystemleistungen."

Nach einer kurzen Pause fuhr sie fort:

„Aber der Clean Development Mechanism erwies sich noch aus zwei
weiteren Gründen als historisch. Erstens wurden die Methoden zur
Berechnung von Emissionsminderungen nicht sozusagen ‚von oben'
diktiert. Alles war öffentlich und transparent. Wissenschaftler, Bera-
terinnen, Organisationen, Unternehmen – Hunderte Fachleute
krempelten die Ärmel hoch und entwickelten Methoden, Monito-
ring-Systeme und Prüfprotokolle. Sie diskutierten, widersprachen
sich, testeten Annahmen, verbesserten Ansätze. Sie erstellten Fach-
gutachten, schickten sie zur öffentlichen Konsultation und bauten
die Rückmeldungen anschließend in die nächste Version ein. Es war
eine inspirierende Übung, quasi eine globale Gemeinschaft auf der
Suche nach den besten Lösungen, um diesen neuen Mechanismus
zum Laufen zu bringen."

„Und zweitens", fuhr sie fort, „war die Teilnahme nicht nur Regierungen oder Unternehmen vorbehalten, die rechtlich zu Emissionsminderungen verpflichtet waren. Der Clean Development
Mechanism stand allen offen. Jeder Firma. Jeder Einzelperson. So
konnte ein zusätzlicher freiwilliger Kohlenstoffmarkt entstehen.
Plötzlich wirkte der Traum einer globalen Währung für den Klimaschutz nicht mehr abwegig, sondern schien zum Greifen nah."

Sie hielt kurz inne und nahm einen Schluck Wasser.

„Doch dann, gerade als das Kyoto-Protokoll Fahrt aufgenommen und die Preise für Zertifikate angezogen hatten, brach die globale Finanzkrise über uns herein. Politiker waren plötzlich mit ganz anderen Themen beschäftigt und konnten sich nicht darauf einigen, wie das Kyoto-Protokoll nach seiner ersten Verpflichtungsperiode verlängert werden sollte. Und ja, auch der Clean Development Mechanism bekam Probleme. Einige Berechnungsmethoden erwiesen sich als ungenau oder unzureichend. Wie bei jedem neuen Konzept versuchten einige, legale Schlupflöcher auszunutzen. Viele Regierungen verabschiedeten sich von ihren Verpflichtungen. Die Nachfrage nach Zertifikaten brach ein. Viele Projekte steckten fest und fanden sich nun plötzlich ohne Finanzierung und Zukunft wieder."

Sie hielt inne. „Nach diesem abrupten Zusammenbruch blieb nur der freiwillige Markt. Einige Unternehmen kauften weiterhin Zertifikate. Nicht weil sie das mussten, sondern weil sie weiterhin etwas für den Klimaschutz tun wollten. Doch dieser freiwillige Markt war klein; jedenfalls weit von unseren ursprünglichen Erwartungen entfernt."

Ihr Blick schweifte durch den Saal.

„Heute bietet uns das Pariser Abkommen eine neue Chance. Zwar fehlt ihm die rechtliche Klarheit, die das Kyoto-Protokoll noch auszeichnete, doch es eröffnet einen neuen Weg – einen Weg, der auf Kooperation baut. Das Abkommen stellt die CO_2-Märkte in seinem Artikel 6 ausdrücklich unter die Überschrift ‚Kooperative Ansätze' und anerkennt, dass Länder gemeinsam, über Grenzen hinweg, ihre Klimaziele effizienter erreichen können. Die Forschung lässt keinen Zweifel: Wenn Länder zusammenarbeiten und öffentliche sowie private Sektoren Hand in Hand agieren, können die Kosten für Klimaschutzmaßnahmen um die Hälfte reduziert werden."

Sie machte eine kurze Pause, um die Bedeutung ihres nächsten Satzes zu unterstreichen.

„Das bedeutet, wir erhalten doppelt so viel CO_2-Einsparung. Doppelt so viele Bäume. Doppelt so viel Widerstandskraft. Und all das zum gleichen Preis!"

Ella, Robin und Andy hörten gebannt zu. Doppelte Wirkung zum gleichen Preis. Zusammenarbeit statt Geldspenden. Wie war es nur möglich, dass sich die CO_2-Zertifikate nicht schon längst weltweit durchgesetzt hatten?

Die Gala

Einige Stunden später radelte Robin den großen Boulevard entlang zum Niburger Kongresszentrum. Rechts und links säumten bunte Banner die Straße, auf denen immer wieder dieselbe Botschaft zu lesen war: „Cresta Software. Wir entwickeln, was Sie bewegt."

Robin erspähte einen passenden Laternenpfahl in Sichtweite des Haupteingangs und sprang vom Rad. Da hörte er das unverkennbare Geräusch reißenden Stoffs. Seine schlecht sitzende schwarze Anzughose hatte sich in der Kette verfangen, und ein hässlicher Riss zog sich zehn Zentimeter die Wade hinauf. Hinter ihm brach Gelächter aus. Robin fuhr herum – und da stand Andy, elegant wie James Bond, im Smoking seines Vaters, während Robin sich fühlte wie ein Zauberer, dem gerade der doppelte Boden aus dem Hut gefallen war.

In diesem Augenblick erblickten sie Ella und mussten erst mal die Augen zusammenkneifen. In ihrem grün-goldenen Abendkleid funkelte das Licht der Abendsonne magisch.

„Benehmt euch!", zischte sie mit blitzenden Augen. „Wanga ist gleich da."

Sie drehten sich um und sahen Wanga über den Platz schreiten, nun ebenfalls in eine traditionelle Belé-Robe gekleidet, wie die Ministerin vorhin. Das war nun die Wanga, wie man sie aus dem Fernsehen kannte. Die „Prinzessin von Belé", wie die Presse sie nannte. Andy hasste diese Bezeichnung, denn Wanga war viel mehr als nur eine hübsche Prinzessin. Sie war blitzgescheit und führte die Organisation Matipa, die nach der Flutkatastrophe die humanitäre Hilfe koordinierte. Aber die elegante Dame, die nun über den Vorplatz des Kongresszentrums glitt, erfüllte Andy nun doch mit Stolz – auf Demba, und auf seine Familie.

„Da seid ihr ja, meine lieben Brüder und liebe Schwester!", rief Wanga und winkte ihnen zu. „Kommt mal zu mir!"

Neben ihr stand ein großer Mann in dunkelblauem Anzug, dessen zurückgekämmtes, silbergraues Haar und kaum merkliches Lächeln ihm eine natürliche Autorität verliehen.

„Doktor Cresta, dürfte ich Ihnen meine Freunde vorstellen? Das ist Andy, mein Neffe. Professor Lelong ist seine Mutter und meine Schwester. Sie ist Dekanin an der Universität Niburg."

Andy streckte schüchtern die Hand aus, doch die Worte blieben ihm im Halse stecken. Er brachte nur ein Nicken und ein ersticktes „Guten Ab –" hervor, bevor er wieder verstummte. Ella hingegen setzte ihr Lächeln auf, mit dem sie jede Debatte gewinnen konnte, bevor diese überhaupt begonnen hatte. „Guten Abend, Herr Dr. Cresta", sagte sie fröhlich. „Es ist mir eine große Freude, Sie kennenzulernen. Mein Name ist Ella Andersson. Wir arbeiten an Umweltprojekten zur Reduzierung von Treibhausgasemissionen. Wir –"

„Wunderbar", unterbrach sie Cresta und schielte auf seine Uhr. „Eine ganz wichtige Sache ist das. Der Klimawandel ist außer Kontrolle, wie wir alle wissen. Da sprechen Sie am besten mit Matt." Er deutete auf einen braun gebrannten Mittdreißiger mit perfekt getrimmtem Schnäuzchen, der einige Meter abseits stand und, wie Robin sofort bemerkte, in seinem Smoking und den silbernen Manschettenknöpfen hervorragend aussah. „Matt leitet die Nachhaltigkeitsstrategie unserer Firma."

Matt trat näher, während Cresta sich bereits einem schmächtigen Mann zuwandte, der von zwei Bodyguards umgeben war.

Robin kniff die Augen zusammen. „Ist das nicht unser Umweltminister?"

„Paul Becker, ja", sagte Andy. „Und schau – dort steht auch Ministerin Keita. Unglaublich. Hat die eigentlich unendliche Energiespeicher?" Matthew Carter begrüßte Ella mit lässiger, gespielter Gleichgültigkeit. In Wirklichkeit hatte er das grün-goldene Abendkleid und die darin steckende junge Frau seit Längerem aus den Augenwinkeln beobachtet.

Ella ließ sich keine Sekunde irritieren, sondern begann sofort mit ihrer Präsentation: der Klimawandel, die CO_2-Zertifikate, die lokale Bevölkerung in Demba, die langfristige Vision. Andy und Robin standen sprachlos wie Schuljungen daneben. Hatte Ella etwa die nachmittägliche Rede von Keita heimlich aufgenommen und auswendig gelernt? Matt hörte aufmerksam zu, mit leicht geneigtem Kopf. Er war sichtlich beeindruckt, und zwar nicht mehr nur von Ellas Abendkleid.

Und offensichtlich fühlte er sich herausgefordert. „Cresta ist schon seit fünf Jahren klimaneutral", sagte er stolz. „Wir kaufen nämlich CO_2-Zertifikate aus aller Welt, und damit sind wir der erste Technologiekonzern, der diesen Pfad beschritten hat. Du kannst mir glauben, ich musste gegen ziemlich viel Widerstand ankämpfen! Wir wollen in jedem Land, in dem wir eine Niederlassung haben, mindestens ein Projekt unterstützen. Nun ja, das ist jedenfalls meine Vision!" Er lachte kurz und fügte hinzu: „Du musst unbedingt auch Ross Murphy kennenlernen. Er ist der CEO von Rower, der riesigen Ölfirma, die vor der Küste Dembas bohrt."

Alle drei erstarrten. „Ich weiß, was ihr denkt", lachte Matt. „Öl und Gas, die Bösewichte. Aber ich sag's euch, Murphy ist auch ein großer Philanthrop!" Dann senkte er seine Stimme: „Er hat unglaublich viel Kohle. Er finanziert Waisenhäuser, Krankenhäuser, Schulhäuser, alles Mögliche. Heute Abend hält er die Hauptrede, er kommt gleich nach Wangas Eröffnungsworten aufs Podium. Wenn einer euch die CO_2-Zertifkate abkaufen soll, dann ist Murphy eure beste Wette!"

Die Schlange vor den Metalldetektoren war schier endlos. Überall stand bewaffnetes Sicherheitspersonal herum. Nach einer gefühlten Ewigkeit standen sie im großen Saal, der dezent, aber stilvoll geschmückt war. An den Wänden waren riesige Fotografien aus Demba angebracht, die das wunderschöne Land und seine anscheinend stets lächelnde und frohe Bevölkerung zeigten. Auf den runden Festtischen waren üppige Blumenbouquets drapiert, und das Glitzern der riesigen Kronleuchter spiegelte sich in den polierten Marmorböden. Kellner in Anzug und Fliege wuselten wie schwarzweiße Ameisen im Saal und boten den geladenen Gästen exquisite Häppchen an. An einer großen Bar gleich beim Eingang wurden farbenfrohe Cocktails mit Schirmchen in den Farben der dembanischen Flagge gereicht. In dem ganzen Treiben entdeckten sie plötzlich ein vertrautes Gesicht hinter der Bar.

„Luke!"

Der zwinkerte Andy verschmitzt zu – und kurz darauf hielten sie vier perfekte Cocktails in den Händen. Ella nippte an ihrem Drink und verschluckte sich beinahe. „Booah", flüsterte sie und stellte das Glas zurück auf die Bar. „Meine Fresse, ist der stark!"

Matt drehte sich amüsiert zu ihr: „Haha, ja, das machen sie mit Absicht! Die Herren spenden großzügiger, wenn ihre besseren Hälften leicht beschwipst sind." Ella schaute ihn leicht angewidert an und war froh, dass ein Platzanweiser sie nun nach ihrem Ticket fragte. Ihre Tischnummer 27 lag ganz am Ende des Saals, während Matt ein Platz am Nachbartisch 26 zugewiesen wurde.

Nun wurde die Saalbeleuchtung gedimmt, und die Hintergrundmusik verstummte langsam, ebenso das Murmeln im Saal. Die Kellner stellten sich in Reih und Glied an den Wänden auf, belächelt von den riesigen dembanischen Kinderköpfen über ihnen. Zwei prächtige Kandelaber auf der Bühne flankierten das Rednerpult, das in einem warmen, fast romantischen Kerzenlicht erstrahlte.

Da erschien Luke wieder. Er stand nicht an der Wand, wie das restliche Personal, sondern an Wangas Seite und führte sie galant auf die Bühne.

Die Gala

Robin hob eine Augenbraue. „Echt jetzt? Luke, unser Revoluzzer? Wenn das seine Climate Warriors wüssten!"

Andy unterdrückte ein Lachen. „Immerhin macht er seine Sache gut. Auch ein Rebell braucht irgendwoher Kohle für den Kampf."

Beim Rednerpult angekommen, blickte Wanga kurz in die Menge und betrachtete die Botschafter, CEOs, Minister und all die versammelten Reichen und Schönen.

„Ministerin Keita, Minister Becker, Exzellenzen, Botschafter, Direktoren, sehr geehrte Damen und Herren, meine Schwestern und Brüder", begann sie ihre Eröffnungsrede. „Es ist mir eine Ehre, Sie heute Abend im Namen unseres Landes Demba willkommen zu heißen. Mögen unsere fünf Elemente Sie inspirieren – der Himmel, die Tiere, die Berge, der Wald und der Ozean!"

Höflicher Applaus erscholl, der jedoch schon bald vom Klirren des Bestecks und den leisen Gesprächen übertönt wurde, die wieder aufkamen. Wanga fuhr unbeirrt fort und erzählte nun von Limata, von den fürchterlichen Überschwemmungen, von der dringend nötigen humanitären Soforthilfe, und natürlich auch von den Erfolgen, die sie dank all der großzügigen Spenden bereits erzielen konnten.

Ella runzelte die Stirn. „Niemand hört Wanga zu", zischte sie.

Matt am Nebentisch hatte sie gehört. „Das werden sie schon noch", zischte er zurück. „Wart nur. Als Nächstes kommt Ross. Er wird mit seinen neuen Spitälern prahlen und sich dafür feiern lassen. Dann kommt Becker. Klug, aber langweilig. Danach wird Wanga ihm danken, dass er sich die Zeit genommen hat, und dann setzt sie sich mit Ross an den Tisch da vorn."

Er zeigte auf zwei leere Plätze am Tisch eins, direkt vor der Bühne.

„Sie sitzen dort bis zum Hauptgang, und vor dem Dessert kommt dann Keitas Keynote. Vorausgesetzt, dass sie bis dahin noch nicht eingeschlafen ist. Aber dann tritt Thomas Cresta wieder auf und bittet Wanga nochmals auf die Bühne – und dann wird sie den Sack zumachen. Dembanische Tänzer werden rumhopsen, Künstler herumturnen, und Wanga wird die große Auktion ankündigen. Dann geht's rund, ich versprech's dir. Sie versteigern antiken Schmuck aus Demba, exklusive VIP-Safaris, teure Gemälde und private Dinners mit Prominenten. Glaub mir, kein erfolgreicher Ehemann kommt hier ungeschoren davon."

Zwei ältere Damen blickten Matt verärgert an und warfen ihm ein langgezogenes „Psssst!" entgegen. Matt lachte nur trocken und freute sich über Ellas ungläubiges Gesicht.

Die drei saßen jetzt unruhig auf ihren Stühlen.

In der Zwischenzeit hatte Wanga ihre Rede beendet. Luke geleitete sie vom Podium und stellte sich neben eine der uniformierten Sicherheitskräfte, während sie mit Canlands Umweltminister Paul Becker kurz ein paar Worte wechselte.

Andy blickte zur anderen Seite des Podiums, wo nun eine Hostess Ross Murphy die Hand reichte und ihn die Treppe hinaufführte.

„Krass, die haben das Personal wohl aus einem Modekatalog bestellt", murmelte Robin. Andy kniff die Augen zusammen. „Mannomann, Robin. Das ist Remy! Mit dem Öl-Boss an der Hand! Ich glaub, ich spinn!" Sie trug eine spektakuläre Frisur und hatte dickes Make-up aufgetragen – aber es war zweifellos Remy.

Ross Murphy trat ans Rednerpult, während von der Decke zwei große Banner herabgelassen wurden. „DANKE, ROWER!", verkündeten sie in Großbuchstaben.

Der Öl-Boss begann seine Rede genau so, wie Matt vorhergesagt hatte. Kliniken. Bäume. Waisenkinder. Armut. Großzügigkeit. Hoffnung. Zukunft. Er hörte sich an wie ein Prediger in einem evangelischen Gottesdienst. Das Publikum hörte ihm einigermaßen gebannt zu und spendete immer wieder spontan Applaus. Bis sich plötzlich zwei weitere Banner von der Decke herabsenkten. Ebenfalls mit Großbuchstaben beschrieben.

Auf dem einen stand: CLIMATE

Auf dem anderen: WARRIORS

Die Gala

Remy und Luke sprangen nun auf die Bühne, die geballten Fäuste in der Luft.

„What do we want?", brüllte Remy in den vor Schreck erstarrten Saal hinein.

„Climate Justice!", donnerte Luke zurück.

„When do we want it?"

„NOW!"

Zwei Sicherheitsleute bewegten sich bereits auf die Bühne zu, hielten jedoch inne. Sie kannten die Instruktionen: Geduldig warten, bis die Aktion vorbei ist, die Störenfriede anschließend höflich hinausbegleiten und an die Polizei übergeben.

Doch Ross Murphy zitterte am ganzen Körper. Schweißperlen traten auf seine Stirn. Das Mikrofon glitt ihm aus der Hand, knallte auf den Boden und rollte direkt vor Remys Füße. Ohne zu zögern hob sie es hoch wie einen Pokal.

Lukes Gesicht wirkte angespannt. Nervös drückte er auf dem Display seines Smartphones herum.

„Zum Teufel!", flüsterte Ella. „Was macht er da?"

Bumm!

Alle Lichter erloschen. Nur die flackernden Flammen der mächtigen Kandelaber warfen einen gespenstischen Schein über die Bühne.

Leute schrien. Gläser zersprangen. Panik brach aus.

Die grünen Notausgangsschilder leuchteten wie die Augen von Monstern in der Nacht. Remys Stimme, jetzt verstärkt durch das gekaperte Soundsystem, hallte durch den Saal:

„CLIMATE JUSTICE NOW! Rower, stop drilling! Rower, stop killing!"

Jetzt sprangen zwei Sicherheitsleute auf die Bühne. Jetzt galt der Notfallplan.

„Rower, stop drilling! Rower, stop –" Remys Stimme verstummte abrupt mit einem dumpfen Knall. Der eine Sicherheitsmann hatte sie am Arm gepackt und ihr das Mikrofon entrissen.

Der zweite stürmte auf Luke zu. Dieser wich aus und streifte dabei den rechten Kandelaber. Eine der Kerzen kippte langsam zur Seite und berührte dabei das Ende des „WARRIORS" Banners.

Die Sprayfarbe fing sofort Feuer wie eine in Raketentreibstoff getränkte Plastik-Piñata. Der Ballsaal füllte sich mit Rauch. Der Vorhang über dem Banner ging in Flammen auf. Sirenen heulten, und die Sprinkleranlagen legten mit einem Getöse los, als wollten sie das ganze Chaos feierlich taufen.

Das Sicherheitspersonal warf Remy und Luke zu Boden. Weitere schwer bewaffnete Männer in Kampfmontur stürmten hinzu und zerrten die beiden von der Bühne.

„Evakuierung! Evakuierung!", hallte eine Durchsage durch den Saal.

Die Bodyguards von Keita und Becker hatten längst reagiert. Ebenso die von Murphy. Sie packten ihre Schützlinge an den Armen und kämpften sich zu den Notausgängen, eine Hand an der Pistole, bereit für alles. Weitere Sicherheitsleute sprangen umher und retteten ihre jeweiligen Würdenträger.

Und mitten im Durcheinander stand Wanga. Allein. Ohne Schutz. Ohne Rückhalt. Allein mit der großen Last, die sie auf ihren Schultern trug.

Der Sprung

Die Morgensonne hatte Andys Wohnzimmer bereits wieder derart aufgeheizt, dass jegliche Debatte über offene versus geschlossene Fenster zwecklos erschien. Auf dem Couchtisch lag ein halb zerrissener Katalog mit dem hoffnungsvollen Titel *„Hope For Demba – The Cresta Gala Auction"* neben Robins zwei leeren Kaffeetassen. Kostbare dembanische Masken sowie Auszeichnungen für und Zeitungsausschnitte über besonders erfolgreiche Kampagnen von Brunswick Lelong Partner, Andys Vaters Firma.

„Was für eine unglaubliche Shitshow war das denn", sagte Andy leise, den Kopf in die Hände gestützt. „Ein voll klimatisierter Raum in dieser Scheißhitze. Eine Belé-Prinzessin bettelt um Geld für die Flutopfer. Ein Öl-Boss spielt den großen Wohltäter. Und dann crashen Remy und Luke die ganze Party. Keine Gewinner. Nur Verlierer."

Ella saß im Schneidersitz auf dem Boden mit ihrem Laptop und scrollte durch die Schlagzeilen. „Das Chaos im Kongresszentrum dominiert alle Kanäle. Festnahmen, Proteste, Polizei und Feuerwehr. Keine Sau interessiert sich dafür, warum Wanga überhaupt dort war." Sie tippte auf ihrem Bildschirm herum. „Hey, hört euch das an! Luke und Remy sitzen jetzt im Schönwerd-Gefängnis. Die Stadt will sie und die Climate Warriors verklagen."

„Na dann viel Glück damit", knurrte Robin. „Klar, Remy und Luke haben sich wie Idioten verhalten, aber Luke wollte sicher nicht gleich das ganze Ding abfackeln. Das war doch eher ein dummer Unfall. Ich glaube kaum, dass die lange sitzen werden. In jedem Fall haben die beiden in ihrer Szene massiv an Street-Credibility gewonnen."

„Und ihren Enkeln haben sie dann mal eine geile Geschichte zu erzählen", ergänzte Andy.

Es klingelte. Wanga stand vor der Tür, die andere Wanga, die unermüdliche Arbeiterin in Jeans und T-Shirt. Ein Verband lugte unter ihrem Kopftuch hervor. Wenig später saß sie auf dem Sofa neben Robin.

„Die jungen Demonstranten tun mir leid", sagte sie leise. „Ich kann ihre Frustration vollständig verstehen. Und, ehrlich gesagt, haben sie im Grunde ja recht. Aber wie weiter jetzt? Die Fundraising-Gala ist gescheitert, und mir fehlt etwa die Hälfte des Budgets fürs nächste Jahr."

Sie atmete tief durch, ließ sich aufs Sofa fallen und nahm dann einen Schluck vom Kräutertee, den Andy ihr zubereitet hatte. Dann kam sie direkt zum Punkt. „Hört zu, ihr habt mich doch gefragt, ob ich Projekte in Demba kenne, für die ihr Geld sammeln könnt, und die Antwort ist: Ja. Es gibt viele. Katastrophenhilfe. Bildung. Lokale Gesundheitszentren. Es gibt sehr vieles, was man unterstützen könnte."

Ihr Blick schweifte aus dem Fenster. „Es ist nur... ganz ehrlich ...", begann sie und verstummte dann.

„... dass wir uns im Hamsterrad drehen und all diese Spenden genau nichts verändern", beendete Ella den Satz.

„Genau. Das tun sie nicht. Das ist leider so", bestätigte Wanga. „Wir mühen uns jahraus, jahrein ab, aber treten auf der Stelle. Eine Katastrophe kommt – die Spenden fließen. Einige bekommen Geld, andere nicht. Dann geht das Leben irgendwie weiter, bis die nächste Katastrophe kommt. Ihr habt doch gestern Ministerin Keita zugehört, oder?"

Sie nickten.

„Sie muss über internationale Klimafinanzierung gesprochen haben. Darüber, wie man Klimaschutz zu einem Geschäftsmodell machen könnte. Wie jeder Bauer, jede Projektentwicklerin, jeder Unternehmer in Demba eine echte Chance erhalten könnte – nicht als arme Spendenempfänger, sondern als Geschäftspartner. Indem man sie dafür bezahlt, dass sie für uns den Wald pflegen, unsere grüne Lunge. Genau das wäre die Idee mit den CO_2-Zertifikaten."

„Die doppelte Wirkung erzielen mit jeder eingesetzten Krone. Jobs schaffen, Chancen eröffnen. Den Menschen Respekt zollen. Ja, davon hat sie gesprochen", flüsterte Ella eher zu sich selbst.

Wanga seufzte. „Leider hat sich die Idee bisher nicht wirklich durchgesetzt."

Andy rückte auf seinem Stuhl hin und her. „Schaut mal, ich war bisher eher skeptisch gegenüber diesen ganzen Zertifikaten. Ich bin auch nach wie vor der Meinung, dass das Konzept einige Probleme mit sich bringt und einige fundamentale Fragen überhaupt nicht beantwortet sind. Aber wir haben uns jetzt wochenlang damit herumgeschlagen, und nach letzter Nacht muss ich ehrlich sagen... Ich glaube, es gibt hier kein ‚richtig' oder ‚falsch'. Ich finde, wir sollten der Sache eine Chance geben. Wagen wir den Sprung ins kalte Wasser. Ich bin sicher, dass wir da was bewegen können. Auf jeden Fall bin ich es leid, einfach nur rumzuhocken und zu lamentieren!"

Ella und Robin sahen ihn überrascht an.

„Das denke ich auch", sagte Wanga ruhig. „Ihr könnt nicht viel verlieren dabei. Wir von Matipa brauchen unbedingt einen Partner in Canland. Wenn's die alten Säcke bisher nicht auf die Reihe gekriegt haben, warum denn nicht eine Gruppe Studierende?"

„Genau meine Meinung!", rief Ella. „Wer sonst soll's denn versuchen, wenn nicht wir? Die Frage ist aber", fuhr sie fort und schaute Wanga an, „womit wir beginnen sollen. Wanga, gibt es konkrete Projektideen, die wir mit CO_2-Zertifikaten unterstützen könnten?"

„Das", antwortete Wanga, „ist in der Tat die entscheidende Frage. Ich schlage vor, euch zunächst einen kurzen Überblick über die Situation in Demba zu geben. Wenn wir die Probleme und die Prioritäten in Demba besser verstehen, haben wir auch bessere Chancen, die richtigen Ansätze zu finden."

Ella, Robin und Andy hörten gespannt zu, wie Kinder bei einer Märchenstunde.

„Die meisten Leute kennen Matipa nur aus dem Fernsehen: als Koordinatorin der Soforthilfe." Dabei sind unsere großen Programme alle auf die langfristige Entwicklung unseres Landes ausgerichtet. Wir bauen etwa Dämme und Rückhaltebecken, um die Dörfer vor möglichen Überschwemmungen zu schützen. Für den geplanten Damm in Limata haben uns jedoch bisher die Mittel gefehlt. In unserem größten Programm unterstützen wir die Bauern dabei, auf nachhaltige Landnutzung umzustellen, da die Böden immer weniger hergeben. Dazu gehören Agroforstwirtschaft, Rotationsweiden oder ökologische Schädlingsbekämpfung. Ein wichtiges Ziel ist es, den verbliebenen Wald zu schützen."

Sie sah allen kurz in die Augen. „Aber glaubt mir, beim Waldschutz und bei der Aufforstung geht es im Grunde gar nicht um den Wald. Sondern um die Menschen. Du kannst keinen Wald retten, wenn du nicht genau verstehst, warum er überhaupt in Gefahr ist. Und du kannst auch keinen Wald anpflanzen, wenn du nicht die volle Unterstützung der lokalen Bevölkerung hast. Sonst werden die Bäume sofort wieder gefällt."

Sie lehnte sich zurück. „Ihr müsst euch über eins im Klaren sein. In Demba treiben die großen Holzkonzerne und die Palmölplantagen die Abholzung voran. Aber nicht nur sie. Auch arme Bauern brennen Wälder ab. In Demba hat der Ackerbau durch regelmäßige Brandrodung sogar Tradition. Wenn dem Wald genügend Zeit gelassen wird, um sich zu erholen, ist diese Art des Ackerbaus sogar sehr umweltschonend. Das Problem ist jedoch, dass den traditionellen Bauern immer weniger Platz bleibt, gerade weil immer mehr Wald für Palmölfelder gerodet wird. Und so kommt es, dass eben auch die traditionelle lokale Landwirtschaft immer mehr zum Problem für die Wälder wird."

„Das ist ziemlich verzwickt", meinte Ella. „Du versuchst, ein Problem zu lösen, und schaffst damit sogleich ein neues."

„Man nennt das auch ein Paradox", fügte Robin hinzu.

„Genau", fuhr Wanga fort. „Ein großer Akteur in Demba ist die Firma Walmera. Das ist ein riesiges Konglomerat, das einer mächtigen Nolé-Familie gehört. Sie produzieren Palmöl, Soja, Kautschuk und Zuckerrohr. Sie haben Holzkonzessionen im ganzen Land. In den letzten Jahrzehnten wurde ein Großteil von Dembas Wäldern in Ackerland umgewandelt. Eine Ausnahme ist jedoch die Region Coltra East. Die ist so abgelegen, dass sich die Produktion von Palmöl bisher einfach nicht gelohnt hat. Aber auch dort hält Walmera Konzessionen. Und von der Küste im Norden her ist eine neue Zufahrtsstraße geplant."

Ihre Stimme wurde leiser. „Und jetzt kommt der springende Punkt. Genau hier könnte sich eine große Chance eröffnen. Ich kenne den CEO von Walmera gut. Er heißt Hubert Spencer. Er hat mir vor einigen Wochen im Vertrauen gesagt, dass sie eventuell bereit wären, die Konzessionen in Coltra East aufzugeben. Stattdessen könnte man dort den kleinen Nationalpark erweitern. Aber sie würden das nur tun, wenn jemand den entgangenen Profit ausgleicht."

„Verstehe. Die Idee wäre also, CO_2-Zertifikate zu verkaufen, um diese Verluste auszugleichen", fragte Ella.

„Genau. Sie sind bereit, einen Teil des Waldes an Matipa zu verpachten, wenn wir dafür die CO_2-Finanzierung sichern. Im Gegenzug würden sie alle Entwicklungspläne stoppen und uns dabei unterstützen, das gesamte Gebiet in einen Nationalpark umzuwandeln."

Andy runzelte die Stirn. „Moment mal. Wie soll das gehen? Also zahlen wir Walmera dafür, dass sie den Wald nicht zerstören? Das ist doch keine Klimafinanzierung. Das ist reine Erpressung!"

„Das Beste wäre, Walmera würde die Konzessionen einfach an die Regierung zurückgeben", stimmte Ella zu. „Aber das wird wohl eher nicht passieren. Sie haben dafür bezahlt. Ihre Aktionäre erwarten einen Profit dafür. Und Enteignungen sind auch keine Option, die treiben ein Land direkt in eine Finanzkrise. Da würde keine Sau mehr investieren."

„Richtig", sagte Wanga. „Das ist mal der eine Teil des Problems. Aber es geht noch weiter. Ihr werdet das ungern hören, aber viele lokale Bauern profitieren ebenfalls von den Palmölfeldern. Denn erstens ist der Dschungel gefährlich und stellt eine ständige Bedrohung für ihre Dörfer dar. Und zweitens haben in Coltra West viele Menschen eine ordentlich bezahlte Arbeit auf den Feldern gefunden und können sich nun ein richtiges Haus oder sogar ein Motorrad leisten. Das heißt, selbst wenn es uns gelingen sollte, die Konzessionen zu übernehmen und das Gebiet in einen Nationalpark umzuwandeln, bräuchten wir immer noch einen gut durchdachten, langfristigen Plan für den Wald, der die lokale Bevölkerung unbedingt einbindet."

Robin spürte, wie sich am Horizont ein faszinierendes Paradox abzeichnete – aber jetzt war nicht der Zeitpunkt, darüber nachzudenken. „Wanga, du hast vorhin auch über Aufforstung gesprochen", warf er ein. „Die Überschwemmung in Limata war doch vor allem deshalb so schlimm, weil der Wald auf den umliegenden Hügeln verschwunden ist, oder? Könnten wir nicht ein Projekt starten, um die Bäume wieder anzupflanzen?"

Wangas schenkte ihm ein Lächeln. „Ja. Genau. Das wäre eine zweite Möglichkeit. Und diese liegt mir persönlich ganz besonders am Herzen."

Robin nickte begeistert. „Ein Projekt auf den Lester Hills? Das wäre stark. Andy und ich waren letztes Jahr dort trekken."

„Die Lester Hills, genau", antwortete Wanga. „Sie ziehen sich von Duiba bis rüber nach Limata. Als ich ein Kind war, waren diese Wälder voller Magie. Früher wuchs dort dichter Dschungel. Aber mein Onkel kannte die geheimen Pfade. Wir beobachteten Tiere, fischten im Fluss und lernten alles über die heilenden Pflanzen. Oft nahm er uns mit auf seine Streifzüge, und einmal baute er uns sogar ein Baumhaus mitten im Urwald, stellt euch das mal vor. Aber eines

Der Sprung

Morgens wachten wir auf und hörten den grauenhaften Lärm von Kettensägen und Bulldozern. Es dauerte knapp zwei Monate. Dann war alles weg."

Sie wischte sich mit einem Taschentuch über die Augen. „Der Fluss färbte sich schwarz. Rauchschwaden hingen wochenlang über den Hills. Alles wurde kahl und öde. Später wurden dann Zuckerrohr, Tabak und Palmöl angebaut, alles für den Export. Man versprach uns große Gewinne und ein besseres Leben. Eine Zeit lang funktionierte das auch. Aber schon nach wenigen Jahren bemerkten die Bauern, dass die feine Humusschicht, die Jahrhunderte lang den Urwald genährt hatte, zu erodieren begann. Der Regen schwemmte sie einfach weg. So sanken die Erträge. Die Plantagenbesitzer zogen den Hang hinauf und rodeten jetzt auch noch die steilen Teile der Lester Hills. Noch mehr Wald verschwand, und es kam zu weiteren Überschwemmungen. Bald gab's auch keine Fische mehr. Und jetzt hat eine Sturzflut halb Limata fortgespült."

Robin schüttelte den Kopf. „Wahnsinn. Die Abholzung sollte die Menschen reich machen. Aber sie machte sie noch ärmer."

„Ja. Auch auf den Lester Hills besitzt Walmera die meisten Konzessionen. Für Ölpalmen ist das Land unterdessen aber zu ausgelaugt. Und jetzt eröffnet sich eine ähnliche Gelegenheit wie bei Coltra East. Walmera würde das Land gerne verpachten, um wenigstens Teile des Waldes zurückzubringen. Sie sehen unterdessen auch, dass das so keine Zukunft hat."

„Mann, das ergibt Sinn", rief Andy begeistert. „Man könnte den Lebensraum wiederherstellen und gleichzeitig Kohlenstoff speichern."

„Auch das wird alles andere als einfach", warnte Wanga. „Bäume zu pflanzen ist das eine. Baumpflanzaktionen hat's schon einige gegeben in Demba. Großfirmen senden da jeweils ein paar Dutzend Freiwillige und posten dann Fotos von Managern mit schmutzigen Händen und stolzen Gesichtern auf ihren Social-Media-Kanälen. Nach wenigen Wochen werden die Bäume jeweils wieder ausgegraben, oder sie verdorren. Wenn der Boden einmal kaputt ist, braucht es viel Wissen und Geduld, um den Wald wieder aufzuforsten. Und noch viel schwieriger ist es, die Bäume langfristig am Leben zu halten und den Menschen damit ein Auskommen zu ermöglichen. In den neuen Wäldern könnten die Bauern unter anderem Beeren oder Honig produzieren. Damit sich das lohnt, könnte die langfristige Finanzierung durch CO_2-Zertifikate tatsächlich einen wichtigen Beitrag leisten."

„Und wie überzeugen wir die Bauern davon?", fragte Ella.

„Indem wir genau *nicht* versuchen, sie von irgendwas zu überzeugen", antwortete Wanga mit einem Lächeln auf dem Gesicht. „Sondern indem wir ihnen einfach mal zuhören. Verstehen, wie sie denken. Wo ihre Prioritäten liegen. Und dann die Möglichkeiten aufzeigen, die eine Klimafinanzierung bieten könnte. Übrigens, wie viel wisst ihr über Dembas Geschichte?"

„Öhm, nicht sehr viel", antwortete Robin, „außer dem, was wir im Zug vom Flughafen diskutiert haben."

Wanga machte ein nachdenkliches Gesicht. „Dann lasst mich kurz ausholen. Um die Zukunft zu planen, müssen wir die Vergangenheit verstehen. Also. Demba als Land wurde eigentlich nie kolonisiert. Sondern es wurde durch den Kolonialismus überhaupt erst geschaffen! Unsere heutigen Landesgrenzen wurden von den Kolonialmächten völlig willkürlich festgelegt. Das Gebiet der Belé und Nolé reichte weit ins heutige Lomba hinein. Damals lebten die Stämme von Brandrodung und Viehzucht. Zunächst rodeten sie ein Waldstück und verbrannten die Überreste. Die Asche diente als Dünger für Gemüse und Obst, und auf den gerodeten Flächen wuchs Gras für Ziegen, Kühe und Schafe. Gab der Boden nach einigen Jahren weniger her, zogen sie weiter und ließen den Wald sich erholen. Damals war der Bevölkerungsdruck noch gering, und obwohl diese Form der Landwirtschaft sehr ineffizient war, erwies sie sich als durchaus nachhaltig. Die Männer der Sippen gingen auch auf die Jagd. Unser Onkel Duolo ist damals noch mit seinem Großvater mitgezogen; er hat oft davon erzählt."

„Der gute alte Onkel Duolo ... Ich kann's mir genau vorstellen ...", grinste Andy.

Der Sprung

„Andy, du hast doch im Zug von dem romantischen, ursprünglichen Demba gesprochen", fuhr Wanga fort. „Ein Körnchen Wahrheit steckt natürlich schon drin. Über viele Jahrhunderte hinweg kannten die Stämme der Belé und Nolé gar keinen Landbesitz. Zumindest nicht so, wie wir Besitz heute verstehen. Die beiden Völker waren in kleinere Stämme und Clans unterteilt, und die Idee war, dass jeder Clan das Land nutzte, das er zum Leben brauchte. Bei Konflikten kamen die Ältestenräte zusammen, um den Streit zu schlichten – was nicht immer gelang. Belé und Nolé haben leider eine lange Geschichte brutaler Auseinandersetzungen, nicht unähnlich derjenigen der europäischen Völker. Es gibt grauenvolle Legenden von Flüssen, die sich rot färbten vom Blut der Kämpfe…

Vor etwa zweihundert Jahren ankerten dann die ersten canländischen Kolonisatoren vor Dembas Küste. Sie brachten Waffen, Stahl und Krankheiten, wie Andy ja gestern sagte. Und sie erkannten bald, dass sie die ständigen Fehden zwischen Belé und Nolé geschickt zu ihrem Vorteil nutzen konnten. Sie machten dem Ältestenrat der Nolé ein schlaues Angebot. Die Nolé sollten den Kolonisatoren erlauben, offizielle Besitzer eines neu geschaffenen Landes Demba zu werden. Dafür versprachen diese, in dem neuen Land eine Nolé-Regierung einzusetzen, und zwar nicht nur auf den Stammlanden der Nolé, sondern auch in den Gebieten der Belé. Die meisten Nolé jubelten. Sie glaubten, den jahrhundertealten Konflikt gegen die Belé endlich gewonnen zu haben. Also halfen sie den Kolonisatoren, das ganze Land zu unterwerfen."

Ihre Stimme wurde scharf. „Es kam, wie es kommen musste. Die sogenannte Nolé-Regierung entpuppte sich als leere Hülle. Ein reines Marionettenkabinett, völlig abhängig von den Entscheidungen der Kolonialherren. Sie war zudem intern zerstritten und von Machtkämpfen zerfressen. Sie zerfiel binnen weniger Jahre. Als die Kolonisatoren vor fünfzig Jahren schließlich gegen die dembanischen Unabhängigkeitskämpfer verloren und aus dem Land verjagt wurden, hinterließen sie nichts als Chaos. Belé- und Nolé-Regierungen haben einander seither abgelöst, doch keine hat wirklich Frieden und Fortschritt gebracht. Jede hat sich vor allem darauf konzentriert, dem eigenen Clan Regierungsaufträge zuzuschieben. Schaut euch mal unsere beiden Autobahnen an. Sie führen parallel durchs Land und sind nicht mal richtig miteinander verbunden. Die eine wurde von Belé-, die andere von Nolé-Firmen gebaut. Es ist tragisch."

Sie nahm einen Schluck Tee.

„Die Bevölkerung hat sich längst an die ständigen Machtkämpfe gewöhnt. Grundsätzlich traut niemand mehr irgendwelchen Versprechen, schon gar nicht von der Regierung. Die meisten Menschen sind es längst gewohnt, nur für sich selbst zu schauen und ihre Geschicke in die Hand zu nehmen, so gut es eben geht. Und warum erzähle ich euch diese ganze Geschichte? Weil ihr eins unbedingt verstehen müsst: Wenn ihr die Unterstützung der Bevölkerung wollt, müsst ihr genau aufzeigen können, wieso der Vorschlag einen direkten Nutzen bietet. Und zwar nicht in der Theorie, sondern in der Realität."

Sie machte eine kurze Pause. „Damit komme ich nun zur dritten Projektidee. Ein zentrales Problem für viele Dorfbewohner ist die katastrophale Stromversorgung. Viele Haushalte haben überhaupt keinen Strom, und selbst diejenigen, die ans Netz angeschlossen sind, leiden unter ständigen Stromausfällen. Als deine Mutter und ich Kinder waren, Andy, lag Duiba nach Sonnenuntergang im Dunkeln. Wir hatten kein Licht, keinen Fernseher, nichts. Pünktlich vor den Wahlen kamen dann jeweils die Regierungsbeamten vorbei und versprachen Elektrizität für alle. Doch lange passierte nichts. Irgendwann wurden ein paar Kabel verlegt, aber die Versorgung blieb unzuverlässig, bestenfalls gab es ein paar Stunden Strom am Tag. Irgendwann tauchten erste Generatoren im Dorf auf, die sich jedoch nur die Wohlhabendsten leisten konnten. Der Lärm, der Rauch und der Dieselgestank waren unerträglich. Also, hört zu: Das dritte Projekt könnte darin bestehen, den Dorfbewohnern Solarmodule für ihre Dächer zu finanzieren. Damit könnten sie auf Dieselgeneratoren verzichten – und gleichzeitig den CO_2-Ausstoß reduzieren. Das würde ein echtes Problem lösen und direkt Wohlstand schaffen."

Der Sprung

„Genau!", rief Ella. „Sogar unser Volkswirtschaftsprofessor Turman hat das Beispiel der Solarenergie herangezogen, um CO_2-Zertifikate zu erklären. Schmutzige durch saubere Energie ersetzen. Das würde sich für die Familien lohnen. Aber ohne Startfinanzierung funktioniert das nicht."

„Klingt doch alles nicht schlecht, oder?" Wanga lachte. „Aber vergesst nicht: Demba ist kein einfaches Pflaster. Viele haben es versucht, viele sind gescheitert. Immer läuft etwas schief, immer passiert etwas Unerwartetes. In Demba passieren die unglaublichsten Geschichten."

„Unsere fünf Elemente haben uns letzte Nacht kein Glück gebracht", fuhr Wanga fast feierlich fort. „Aber ich versuche es noch einmal: Mögen die Elemente der Belé euch auf der Reise begleiten – der Himmel, die Tiere, die Berge, der Wald und der Ozean!"

Für einen Moment verstummten alle. Hatte Wanga da gerade einen Segen gesprochen?

Ella, Andy und Robin beschlossen, sich noch am selben Nachmittag im Bungalow zu treffen, um die nächsten Schritte zu besprechen. Nun galt es, keine Zeit zu verlieren. Die Semesterferien dauerten noch einige Wochen – perfekt, um ihr Projekt voranzubringen.

Später, in der Tram auf dem Weg zu Brigittes Bungalow, überkamen Ella plötzlich Zweifel. Den ganzen Sommer über hatte sie in der Bibliothek Überstunden geschoben, um sich nach Semesterbeginn finanziellen Spielraum zu verschaffen. *Und jetzt wollten sie einfach so einen Sprung ins Unbekannte wagen und ein neuartiges Konzept mit CO_2-Zertifikaten ausprobieren? In einem Land wie Demba, voller unverständlicher Geschichten und Überraschungen?*

Würde sich dieses Risiko jemals auszahlen?

Und was würde Simon dazu sagen?

Teil Zwei

Das Projekt

Das Additionalitäts-Paradox

Professor Dieter Turman lehnte sich zurück und faltete die Hände. Seine Augen leuchteten, während Ella ihre kurze Präsentation hielt. Das bescheidene Büro, das nach den langen Hitzetagen endlich wieder öffnen durfte, war fast komplett mit vollgestopften Bücherregalen verstellt, die bis zur Decke reichten. An der einzigen freien Stelle an der Wand hing ein Bild, das wie ein umgestürzter Strommast aussah: ein farbenfrohes Diagramm der Pigou-Steuer. Es zeigte die wahren Kosten der Umweltverschmutzung – als klaffende Lücke zwischen dem Profit für private Investoren und dem Schaden für die Allgemeinheit. Nur eine Steuer auf die Verschmutzung, so die hundert Jahre alte Theorie von Arthur Pigou, könne diese gesellschaftliche Ungerechtigkeit und ökonomische Ineffizienz beheben. Turman hatte das schön eingerahmte Diagramm aufgehängt wie das Porträt eines berühmten Onkels. Das Bild stand auch symbolisch für Turmans Credo: Die Wirtschaft muss dem Volk dienen, nicht umgekehrt.

Im Laufe der Jahre hatte Turman an diesem alten Holztisch schon zahllosen Studierenden gegenübergesessen, die ihm ihre Semesterarbeiten, Masterarbeiten oder sogar Dissertationen vorgelegt hatten und nun nervös sein Urteil erwarteten. Nicht jedoch heute. Es war bereits sein zweites Treffen mit Ella und ihren beiden Mitstreitern, und Turman fiel es schwer, seine Begeisterung zu verbergen. Diese

drei waren offensichtlich nicht hergekommen, um ein weiteres theo-
retisches Paper zu verfassen. Nein, diese Studenten hatten sich
tatsächlich in den Kopf gesetzt, sein Lebenswerk direkt in der Praxis
anzuwenden. Und zwar wollten sie in Demba Projekte finanzieren,
aber nicht mit aus wirtschaftlicher Sicht höchst ineffizienten Spendengeldern, sondern mit einem Finanzinstrument, das negative
Externalitäten bestrafen und positive belohnen würde. Wie aufregend war das denn!

*Was, wenn das wirklich funktionierte? Was, wenn sie es schafften,
Projekte in Demba mit CO_2-Zertifikaten zu finanzieren? Wenn sie
tatsächlich Firmen dazu brächten, einen Preis für ihren CO_2-
Ausstoß zu bezahlen?* In Turmans Kopf überschlugen sich die
Gedanken. Das Konzept könnte man fast beliebig weiterentwi-
ckeln. Man könnte über Zahlungen an Dorfgemeinschaften nach-
denken, die die lokale Artenvielfalt bewahren. Oder entlang eines
Gewässers finanzielle Anreize schaffen, um das Wasser sauber zu
halten. Sogar Gesundheitssysteme oder Bildung könnte man mit
entsprechenden Vergütungen deutlich effizienter gestalten, überlegte er.

Nachdem Ella geendet hatte, kratzte er sich am Kopf, schaute die
drei erwartungsvoll sitzenden Studenten freundlich an und sagte
schließlich: „Ganz offensichtlich hat die Idee, einen Preis auf CO_2-
Emissionen zu setzen, bei Ihnen Eindruck hinterlassen. Nun, ich
habe gute Nachrichten. Ich habe mit der Fakultät für Ingenieurwesen gesprochen. Die Herren Trebon und Lelong, Sie dürfen offiziell eine gemeinsame Semesterarbeit zusammen mit Frau Andersson
von der Fakultät für Wirtschaft verfassen. Abgabefrist wäre Ende des
Jahres." Nach einer weiteren kleinen Pause fügte er fast etwas feierlich hinzu: „Außerdem bewillige ich Ihren Antrag auf ein
Forschungsstipendium. Wir übernehmen Ihre Reisekosten nach
Demba. Und Ihnen, Frau Andersson, vergeben wir zusätzlich ein
Stipendium, damit Sie Ihre Arbeit in der Bibliothek für eine Weile
ruhen lassen können."

Das Lächeln kehrte auf sein Gesicht zurück. „Ich wünsche Ihnen viel
Erfolg", sagte er verschmitzt. „Die Welt gehört denen, die etwas
wagen."

Das Additionalitäts-Paradox

Die drei antworteten nicht, sondern blickten einander einen Moment lang fassungslos an.

Demba. Das Abenteuer konnte beginnen.

Ella schnappte sich den Fensterplatz mit dem Argument, die anderen hätten die Aussicht ja sowieso schon gesehen, und schlief sofort ein auf ihrem riesigen mitgebrachten Kissen. Robin hatte den undankbaren Mittelsitz erwischt und versuchte, an ihrem Lockenkopf vorbei, die wundervollen, zerfurchten Berge und das Gewirr ausgetrockneter Flussläufe der Wüste unter ihnen zu sehen. Einen Moment lang überlegte er, sie aufzuwecken, begnügte sich jedoch mit dem Anblick ihres Haars, das sich wie ein erstarrter Wasserfall über ihre Schultern ausbreitete.

Unwillkürlich wurde er sich wieder des *Ethik-Paradoxes* bewusst. *Da wollen wir also das Klima schützen, aber als Erstes fliegen wir alle nach Demba und emittieren tonnenweise Kohlendioxid,* dachte er. *Andererseits: Warum sollte es in Ordnung sein, für eine Erdölkonferenz um die Welt zu fliegen, nicht aber, um ein Umweltprojekt aufzubauen?*

Andy saß schweigend auf seinem Gangplatz mit starr nach vorn gerichtetem Blick. Er fühlte sich winzig. *Drei kleine Studenten, die mit einem neuartigen Instrument namens CO_2-Zertifikate die Welt verändern wollen,* dachte er. *Was für ein Witz. Das wird doch nie funktionieren.* Aber sie hatten die Herausforderung nun mal angenommen, und jetzt mussten sie was liefern, daran gab's nichts zu deuten.

Ein Schwall feuchtheißer Luft empfing sie, als sie die Treppe aus dem Flugzeug hinunter aufs Rollfeld stiegen. Soldaten lotsten sie zum steinernen Terminal von Port Kewala, das mit den inzwischen vertrauten Symbolen Dembas bemalt war: Himmel, Tiere, Berge, Wald und Ozean. Nachdem sie ihre Tourismusabgabe in bar und ohne Quittung bezahlt hatten, wurden sie von den Beamten an der Passkontrolle mit breitem Lächeln begrüßt. Sie zogen ihre Rollkoffer durch den Zoll und wurden vom farbenfrohen Lärm der Ankunftshalle förmlich erschlagen. Inmitten eines Wirrwarrs aus Schildern, auf denen die Namen canländischer Gäste von Safari-, Tauchferien- und Yoga-Retreat-Agenturen prangten, entdeckten sie Wanga, die ihnen fröhlich zuwinkte.

Neben ihr stand ein drahtiger junger Mann mit gutmütigem, jedoch leicht nervösem Ausdruck und einem Schild in der Hand, auf dem „Matipa" stand. „Für den Fall, dass ihr uns nicht erkannt hättet", lachte Wanga, als sie die Ankömmlinge herzlich in die Arme schloss. Andy und Robin atmeten tief durch und ließen Dembas magische Energie in sich hineinströmen, wie zwei Halbverdurstete, die endlich eine Oase erreichen. Auch Ella war komplett überwältigt.

„Das ist Nestor", stellte Wanga den jungen Mann vor. „Andy, er ist übrigens ein entfernter Cousin von dir! Er ist einer unserer Projektmanager bei Matipa und zugleich unser Fahrer. Er kommt aus Zima, nicht weit von Duiba entfernt. „Freut mich sehr", grinste Nestor und lotste sie sogleich durch das Labyrinth aus Gepäckkarren, inoffiziellen Taxifahrern und Hotelagenten, die mit bunten Prospekten wedelten.

„Eine Luxusuhr für nur 20 Dollar, Madame!" Ella drehte sich um, und ein junger Mann ließ eine Sammlung teurer Markenuhren unter seinem Mantel aufblitzen. „Komm schon, Ella, das ist alles Fake. Gib dein Geld lieber für echte Ware aus", lachte Andy. „Ich will sicher nichts kaufen", erwiderte Ella leicht genervt. „Aber es ist doch krass: Wenn der Typ hier funktionierende Fälschungen für 20 Dollar verkaufen kann, wie groß muss dann die Gewinnmarge bei den echten Uhren sein?"

Die Gruppe steuerte nun auf einen kleinen Nebenausgang zu, über dessen Drehtür ein großes Banner angebracht war mit der Aufschrift:

DFRRU only Exit Door 12.

„Was bedeutet das, Wanga?", fragte Robin. „DFRRU steht für *Demba Flood Rapid Response Unit*. Das ist die Notfalleinheit zur Bekämpfung der Flutkatastrophe", erklärte Wanga. „Matipa koordiniert den Einsatz, deshalb dürfen wir diesen Ausgang und einen separaten Parkplatz nutzen." *Flood Rapid Response.* Mit einem Mal waren sie wieder da, die Bilder des fürchterlichen Videos mit dem verzweifelten Mädchen im Fluss. Robin senkte den Blick und blieb mit seinem Rollkoffer beinahe in der Drehtür stecken.

Draußen hatte sich die Nacht über Port Kewala gelegt. Über dem Parkplatz prangte ein riesiges Werbeplakat, in dessen grellem Licht tausende Insekten umherschwirrten. Es verkündete in großen Lettern: *„Empower Your Home."* Darunter, in kleinerer Schrift: *SunScore. Premium Solar Systems.* „Wanga, schau mal diese Werbung!", rief Andy. „Ist das nicht die Solarfirma, mit der du arbeitest?" Wanga zeigte auf ihr Ohr und schüttelte den Kopf, denn bei dem Lärm auf dem Parkplatz war an ein Gespräch nicht zu denken. Andy wiederholte die Frage, als sie endlich all ihr Gepäck in Matipas Geländewagen verstaut und ihre Fahrt Richtung Duiba begonnen hatten. Als sie bereits kurz nach der Ausfahrtsschranke im ewigen Stau der Stadt steckenblieben, antwortete Wanga schließlich: „Noch arbeiten wir nicht mit SunScore, Andy. Deren Modelle sind hervorragend, aber für die meisten Dorfbewohner unerschwinglich. Dabei wäre die Rechnung einfach: Das System amortisiert ein Investment bereits in zwei Jahren. Und der Agent hat kürzlich angeboten, ab zehntausend Einheiten den Preis um zwanzig Prozent zu reduzieren."

„Verstehe ...", meinte Ella. „Aber ich dachte, du wolltest die Solaranlagen mithilfe der CO_2-Finanzierung erschwinglich machen?" – „Genau", nickte Wanga. „Mit einem Zuschuss aus Zertifikaten könnten wir die Stückzahl erhöhen und die Kosten senken. Das könnte sich für die Dörfer richtig lohnen!" – „Aber wenn es ein gutes Geschäftsmodell ist", entgegnete Ella, „warum sollte man dann überhaupt noch CO_2-Zertifikate brauchen? Wenn die Anlagen profitabel sind, können wir uns doch keine Emissionsreduktion dafür anrechnen lassen."

Wanga zögerte. „Das Problem ist, dass die meisten Dorfbewohner das Geld für die Anschaffung nicht haben. Wenn wir den Kaufpreis senken könnten, würden viele sofort mitmachen. Aber solange das nicht geht, ist es eben kein Selbstläufer. Mit ein wenig Anschubfinanzierung könnte es einer werden." – „Aber sobald das Projekt ein Selbstläufer ist, können wir keine CO_2-Zertifikate mehr generieren", insistierte Ella und wandte sich an Andy und Robin. „Da haben wir wieder das Problem der Additionalität." Sie verdrehte die Augen. „Additionalität bedeutet, dass wir nachweisen müssen, dass das Projekt ohne CO_2-Finanzierung nicht hätte durchgeführt werden können. Je erfolgreicher das Projekt aber ist, desto fragwürdiger wird ein solcher Nachweis."

„Das ist wirklich seltsam", meinte Andy mit hochgezogenen Augenbrauen. „Heißt im Umkehrschluss: Je unattraktiver ein Projekt ist, desto eher gilt es als additionell." – „Was wiederum zur absurden Schlussfolgerung führt", ergänzte Robin, „dass ein Projekt wirtschaftlich unattraktiv sein muss, um für CO_2-Zertifikate infrage zu kommen." Er lehnte sich zurück. „Das widerspricht doch diametral unserem Ziel, mit den Menschen in Demba diejenigen Projekte zu entwickeln, die ihnen den größten wirtschaftlichen Nutzen bringen."

„Absurdität hin oder her", entgegnete Ella resolut, „aber so ist es nun mal. Du kannst doch nicht ernsthaft von zusätzlichen Emissionsminderungen sprechen, wenn ein Projekt ohnehin stattgefunden hätte."

Wanga sah sie der Reihe nach an, runzelte dann die Stirn und zuckte mit den Schultern. „Die meisten Menschen, die von den Projekten profitieren würden, sind keine Philosophen. Sie wünschen sich einfach eine Lösung, die funktioniert und irgendwie bezahlbar ist", stellte sie lapidar fest.

Ein Meer von bunten Neonlichtern zog nun an den verdunkelten Autoscheiben vorbei und erinnerte sie an die Nächte, die sie mit Sonnenbrillen auf und bewusstseinserweiternden Stoffen in den Köpfen im Laguna durchgetanzt hatten. Endlich gelangten sie auf eine Schnellstraße, auf der sie mehrmals nur dank Nestors blitzschnellen Reaktionen dem sicher geglaubten Tod entkamen, und die wenig später von stets enger und holpriger werdenden Landstraßen abgelöst wurde. Als sie nach Mitternacht endlich die Matipa Lodge erreichten, waren sie nur noch wenige Kilometer von Duiba entfernt, dem Dorf, in dem Andys Mutter geboren wurde.

„Schade, dass Mom nicht hier ist", meinte Andy. „Seit sie zur Dekanin in Niburg gewählt wurde, war sie nur noch einmal kurz hier, und zwar zur Beerdigung meiner Großmutter."

Als sie aus dem mit einer dicken Staubschicht bedeckten Wagen stiegen, vernahmen sie plötzlich das aufgeregte Geflatter einer Vogelkolonie, welche von den auf dem Kies knirschenden Autoreifen offenbar aufgeschreckt worden war. „Das ist unser Programm zur Aufzucht bedrohter Singvögel", erklärte Nestor. „Der großzügige Spender hier war Rower. Ross Murphy hat eine große Leidenschaft für Vögel!"

Im Dämmerlicht einer Straßenlaterne zeichneten sich die Umrisse des Verwaltungsgebäudes der Matipa Lodge ab, das aus einem einfachen Haupthaus mit Büros und einem großen Sitzungsraum bestand. Im Obergeschoss befanden sich ein paar schlichte Schlafzimmer sowie ein Bad für die fest angestellten Mitarbeiter. Über die Jahre hinweg war die Lodge stetig gewachsen. Rund um einen großen Innenhof waren neue Gebäude und Einrichtungen entstanden, einige davon von Gönnern finanziert und mit deren Namensschildern versehen. Robin entdeckte ein größeres Gebäude, das wie ein leerstehendes Lagerhaus wirkte. „Das war das logistische Hauptquartier der DFRRU", sagte Wanga. „Hier lagerten wir die Zelte, Moskitonetze und Wasserfilter ein, die internationale Spender nach den großen Überschwemmungen vor zwei Monaten geschickt hatten."

Robins Herz begann wieder schneller zu schlagen, und er war erleichtert, als Wanga das Thema wechselte. „Ihr werdet in der Lester Villa gleich hinter dem Haupthaus wohnen. Ich hoffe, es macht euch nichts aus, ein Dreierzimmer zu teilen", sagte Wanga entschuldigend.

Das Klima-Paradox

„Jedes Bett hat ein Moskitonetz, und ihr könnt die Tür abschließen. Ihr seid also sicher!"

In dieser Nacht lag Robin unter seinem Moskitonetz und starrte zur Zimmerdecke, wo ein Ventilator träge seine Runden drehte. Er wälzte sich unruhig. „Ella", flüsterte er, unsicher, ob sie noch wach war. „Dieser Additionalitäts-Scheiß macht mich echt fertig. Das ist so ein verrücktes Paradox."

„Ich weiß", antwortete sie. „Ein Projekt bekommt nur dann CO_2-Zertifikate, wenn es ohne diese Finanzierung gar nicht stattfinden würde. Und das ist ja logisch, oder? Wenn jemand für Zertifikate bezahlt, will er zusätzliche Wirkung erzielen. Niemand will Projekte finanzieren, die sowieso laufen."

„Voll", stimmte Robin zu. „Aber genau das macht es zu einem faszinierenden Paradox: das *Additionalitäts-Paradox*. Je erfolgreicher ein Projekt ist, je offensichtlicher sein Nutzen ist, je größer seine Chancen sind, von allein zu funktionieren, desto unwahrscheinlicher ist es, dass es Zertifikate erhält. Wenn das Projekt hingegen nur dank externer Finanzhilfe existieren kann, gilt es als ‚zusätzlich' und bekommt Zertifikate … aber wer weiß, vielleicht ist es auch einfach ein schlechtes Projekt, das sich nie im Leben lohnen wird."

Robin sah eine Schlange vor sich, die sich selbst in den Schwanz beißt. Er schloss die Augen und murmelte noch einen letzten Gedanken in die Dunkelheit: „Es ist, als würde diese Logik Misserfolg belohnen. Und Projekte bestrafen, die sich tatsächlich lohnen. Und doch muss es so sein. Ein Projekt, das sich lohnt, braucht nun mal keine zusätzliche Klimafinanzierung."

Dann kehrte Stille ein. Nur der Chor tausender Zikaden, das Surren des Ventilators und Ellas leiser, gleichmäßiger Atem im nächsten Bett waren zu hören.

Das Natur-Paradox

Nach einer drückend heißen, unruhigen Nacht wurden sie von einem hupenden Auto und aufgeregten Schreien geweckt. Draußen sahen sie eine Blutspur, die zu einem niedrigen, eingezäunten Gebäude führte, das etwas abseits der Lodge stand und das sie nachts in der Dunkelheit nicht gesehen hatten. Hinter ihnen ertönte Wangas Stimme. „Es ist so traurig", rief sie, noch im Pyjama und mit Flip-Flops. „Ein Schimpansenbaby. Ich hoffe, wir können den kleinen Kerl retten." Wanga zeigte auf das niedrige Gebäude. „Einer unserer Arbeiter fand ihn heute Morgen am Rand von Duiba in einer Jackfrucht-Plantage. Seine Mutter wurde getötet, vermutlich nur wenige Minuten zuvor. Auch der Kleine ist schwer verletzt. Sie fanden ihn, als er sich noch verzweifelt an den leblosen Körper seiner Mutter klammerte."

„Welcher Sauhund hat das getan? War das diese Holzfirma?", fragte Andy wütend. „Nun ja, indirekt schon ...", antwortete Wanga. „Es gibt einfach immer weniger Wald, in dem sich die Schimpansen bewegen können. Deshalb streifen sie oft durch Dörfer und Gärten, auf der Suche nach Nahrung. Letztes Jahr wurde ein kleines Mädchen von einem Schimpansen getötet. Es war furchtbar. Sie fanden ihren winzigen, verstümmelten Körper draußen im Feld."

„Oh mein Gott!", entfuhr es Ella.

„Wir betreiben hier diese kleine Auffangstation für medizinische Behandlungen und Auswilderungen", fuhr Wanga fort, „aber die Dorfbewohner hassen es. Sie würden die Schimpansen lieber loswerden und stellen deshalb Fallen auf. Manchmal fangen sie sogar die Babys und verkaufen sie als Haustiere in die Stadt."

„Das ist verrückt", sagte Ella, noch immer starr auf die Blutspur blickend. „Und es wird noch schlimmer, wenn wir Coltra East nicht retten." – „Und die Lester Hills wieder aufforsten", fügte Andy hinzu. „Los, machen wir uns an die Arbeit!", rief Ella und ballte die Faust.

„Das ist die richtige Einstellung, Ella", meinte Wanga mit einem gequälten Lächeln. „Morgan Toje kommt in einer halben Stunde. Er arbeitet bei Walmera und ich kenne ihn seit einer halben Ewigkeit. Ein guter Kerl. Er wird euch seine Berechnungen zeigen. Und übermorgen fahren wir zusammen rüber nach Duiba und besuchen das Dorf!"

Morgan war eine eindrucksvolle Erscheinung. Ein Hüne mit breiten Schultern, kurzen Jagdhosen und einem abgetragenen Polohemd mit eingesticktem Walmera-Logo. Seine tiefbraunen Augen strahlten eine Wärme aus, mit der er alle sofort für sich einnehmen konnte. *Wie Onkel Duolo, nur größer*, dachte Andy.

Wanga und Morgan scherzten eine Weile. Sie kannten sich noch aus der Highschool in der Hauptstadt, doch manche im Dorf missbilligten ihre Freundschaft, denn Morgan war schließlich ein Nolé, Wanga eine Belé.

Morgan zog einen Laptop und eine dicke Mappe voller Dokumente und Karten hervor. „Wir haben Berechnungen angestellt", begann er. „Coltra East ist ein prächtiger Wald mit sehr viel wertvollem Teakholz. Und durch die neue Zufahrtsstraße aus dem Norden, welche die Regierung nächstes Jahr bauen will, würde das auch ein hervorragendes Gebiet für eine Palmöl- oder Zuckerrohrplantage abgeben."

Morgan kratzte sich seinen kurzen Bart und schaute in ihre entsetzten Gesichter.

„Das müssen wir verhindern!", platzte es aus Andy heraus. „Wie viel würde das kosten?"

Morgan grinste leicht. „Naja, es ist nicht so einfach. Im Grunde gibt's vier Themen, die Kosten verursachen. Erstens: Walmera hat von der Regierung eine 50-jährige Konzession gekauft, und die läuft noch 46 Jahre lang weiter. Wenn Walmera die Bäume nicht fällen und verkaufen kann, wird die Firma dafür eine Entschädigung fordern. Zweitens: Walmera könnte auf den gerodeten Flächen lukrative Plantagen anbauen, was man ebenfalls irgendwie entschädigen müsste. Drittens: Ihr braucht jedes Jahr ziemlich viel Geld, um den Wald zu erhalten und zu bewirtschaften. Und viertens, und das ist vielleicht das Wichtigste", er blickte nun Wanga an, „müsst ihr die lokalen Gemeinden mit ins Boot holen. Das wird gar nicht leicht, das sag ich euch gleich. Viele Dorfbewohner arbeiten bei Walmera, entweder in der Forstwirtschaft oder auf den Farmen. Wenn ihr sie überzeugen wollt, müsst ihr echte Alternativen bieten!"

„Und wie steht's mit der anderen Idee, der Wiederaufforstung der Lester Hills? Wäre das weniger kompliziert?", fragte Ella mit leicht besorgtem Blick.

„Oh, die Lester-Aufforstung wäre vermutlich sogar noch komplizierter", erwiderte Morgan. „Zusätzlich zu all den anderen Themen müsst ihr hier ein professionelles Bepflanzungsprogramm aufsetzen. Einfach mal ein paar Setzlinge in die Erde stecken, bringt da gar nichts. Die werden euch gleich wieder absterben. Das wird nicht einfach, ich sag's euch ehrlich."

Doch das Team ließ sich von diesen Worten nicht entmutigen. Den größten Teil des Nachmittags verbrachten sie über Morgans Unterlagen gebeugt und studierten das Gewirr aus Tabellen und topografischen Karten. Als die Abendsonne den Wald in goldenes Licht tauchte und die zahllosen Stimmen des Dschungels zu einem imposanten Chor anschwollen, verabschiedete sich Morgan.

Das Klima-Paradox

„Wenn ich es richtig verstehe", fasste Ella zusammen und blickte vom Laptop auf, „würden wir für den Schutz von Coltra East mindestens zweihundert Dollar pro Hektar und Jahr benötigen. Und für die Wiederaufforstung der Lester Hills", sie runzelte die Stirn, „da lägen die Kosten am Anfang sogar bei mindestens 1.200 Dollar pro Hektar jährlich, allein schon wegen der Pflanzungen." – „Und was passiert, wenn die Bäume ausgewachsen sind?", fragte Andy. „Dann brauchen wir weiterhin jedes Jahr Geld", antwortete Ella. „Denn wenn wir kein Geld haben, um die Bäume zu pflegen und zu schützen, dann wird eher früher als später jemand auf die Idee kommen, sie wieder zu fällen."

„Aber dann haben wir ein logisches Problem", überlegte Andy. „Angenommen, wir schaffen es, den Wald in die Lester Hills zurückzubringen. Solange sie wachsen, nehmen sie Kohlenstoff auf und wir bekommen dafür unsere Zertifikate. Schön und gut. Aber sobald sie voll ausgewachsen sind, nehmen sie keinen neuen Kohlenstoff mehr auf – und dann bekommen wir auch keine Zertifikate mehr. Also auch kein Geld mehr, um sie zu schützen!"

„Da hast du recht", meinte Ella nachdenklich. „Und schau dir Coltra East an: Dort bekommen wir Zertifikate, weil wir verhindern, dass Bäume gefällt werden. Das heißt aber absurderweise, dass wir darauf angewiesen sind, dass Walmera ihre Drohung, den Wald abzuholzen, ständig aufrechterhält. Sobald der Wald nämlich sicher ist, etwa, weil Coltra East zum Nationalpark erklärt worden ist, kann er auch nicht mehr abgeholzt werden. Dann gibt's aber keine Zertifikate mehr und die Projektfinanzierung endet. Damit fehlt das Geld für die Pflege des Nationalparks, und schon droht der Wald erneut abgeholzt zu werden! Der Wald muss geschützt und zugleich nicht geschützt sein, damit das Projekt funktioniert!" Sie sahen sich entgeistert an, als hätten sie soeben Schrödingers Katze in ihrer Stahlkammer erblickt.

„Meine lieben Philosophen", sagte Wanga müde, „machen wir die Dinge hier nicht wieder komplizierter, als sie sind?"

Aber dem war leider nicht so. Die Realität war bei näherer Betrachtung wirklich surreal. Als sie später in der Nacht unter ihren Moskitonetzen lagen, dachte Robin über die Erkenntnisse des Tages nach.

„Es ist schon wieder ein Paradox", meinte er. „Das *Natur-Paradox*."

„Jetzt geht das schon wieder los", murmelte Andy.

„Schaut", erklärte Robin, „einen Wald zu schützen, bringt nur Geld, solange er bedroht ist. Sobald er aber geschützt ist – puff! – kriegst du keine Finanzierung mehr." Ella drehte sich auf ihrer knarrenden Pritsche um. „Ja. Es hört sich an wie eine Schutzgelderpressung: ‚Schöner Wald, den ihr da habt. Wär doch schade, wenn ich den abholzen müsste. Na los, raus mit der Kohle!'" Andy lachte. „Genau! Man muss quasi hoffen, dass irgendwo einer mit der Kettensäge im Gebüsch lauert, wie im Film *Texas Chainsaw Massacre*." Robin setzte sich auf, und sein Gesicht erschien gespensterhaft im fahlen Mondlicht, das durch ein Fenster hereingebrochen war. „Und beim Pflanzen der Bäume ist es dasselbe. Solange sie wachsen, gibt's Zertifikate. Aber wenn sie groß sind und einfach nur dastehen, wenn also der gesamte Kohlenstoff gespeichert ist ... genau dann hört die Finanzierung auf." – „Was paradoxerweise dazu führt, dass die Wälder erneut gefällt werden!", schloss Andy. „Tatsächlich ein ausgewachsenes *Natur-Paradox*!"

„Sieh an", grinste Robin. „Langsam hast du den Dreh mit den Paradoxen raus."

Das Kontroll-Paradox

Sie erwachten erst gegen zehn Uhr morgens. Das *Natur-Paradox* und die frustrierende Erkenntnis, dass zwar die Entnahme von CO_2 aus der Luft, nicht aber dessen Speicherung, mit Zertifikaten belohnt wird, hatte sie die halbe Nacht wachgehalten. Wie konnte man den Wald unter diesen Umständen überhaupt dauerhaft pflegen und schützen? Eine wirklich überzeugende Lösung konnten sie nicht finden, aber sie waren sich dennoch einig, dass an einem Stopp der Abholzung einfach kein Weg vorbeiführte, und zwar nicht nur fürs Klima, sondern auch für den Schutz der unzähligen im Wald lebenden Pflanzen und Tiere. Irgendwie mussten sie einen Weg finden, Coltra East zu schützen und die Lester Hills wieder aufzuforsten.

„Kommt, schaut euch das an!", rief Wanga draußen. Robin öffnete die Tür zaghaft, aus Angst, schon wieder eine Blutspur sehen zu müssen. Aber seine Sorge war unbegründet. „Ich präsentiere euch mit Stolz: Bobby, das Schimpansenbaby. Er hat überlebt! Er versucht jetzt, über den Hof zu hoppeln!"

Schlagartig hellwach, eilten sie hinaus. Das Blut war weggeschrubbt, und da stand Bobby, wackelig auf seinen dürren Beinen, mit einem dicken Verband um den Kopf und einem weiteren um das linke Bein. Derselbe Matipa-Mitarbeiter, der ihnen am Vorabend das

Essen gekocht hatte, hockte neben ihm, hielt ein winziges Fläschchen und versuchte, das noch unsichere Affenbaby zu überzeugen, daraus zu trinken. *Das ist das Niedlichste, was ich je gesehen habe,* dachte Robin.

„Was passiert jetzt mit ihm?", fragte Ella mit sorgenvollem Blick auf das zerbrechliche Wesen. Wanga seufzte. „Gute Frage. Ohne Familie wird es schwer, ihn wieder in den Wald auszuwildern. Und ins Dorf können wir ihn auf keinen Fall bringen. Die Dorfbewohner hassen die Schimpansen seit dem Angriff auf das Mädchen, insbesondere die Männchen. Es wird eine Weile dauern, bis wir eine Lösung finden", meinte sie mit einem Achselzucken.

Bobby blinzelte sie an, seine winzigen Finger nun um das Fläschchen gekrümmt, als wartete er ängstlich darauf, dass jemand über sein Schicksal entscheide.

Ein feiner Teeduft hing noch in der Luft, als das Personal den Frühstückstisch abräumte. Wanga lehnte sich zurück, verschränkte die Arme und blickte in die Runde. „Also, was meint ihr? Wie schnell könnten wir das ins Rollen bringen? Wie rasch könntet ihr das Geld durch CO_2-Zertifikate auftreiben?"

„Nun, zuerst müssen wir ein paar andere Dinge klären", sagte Ella. „Wir haben die schwierigste Frage noch gar nicht gestellt: Was genau passiert mit dem Geld?" Andy lachte. „Welches Geld? Das Geld, das wir nicht haben? Sollten wir das nicht zuerst finden?" Ella schüttelte unbeirrt den Kopf. „Wer wird uns denn Geld geben, wenn wir nicht haargenau zeigen können, wie unser Modell funktioniert, wohin die Mittel fließen, wem genau sie zugutekommen und nach welchem Zeitplan? Sobald wir in Niburg sind, müssen wir eine Firma gründen. Das ist der einfache Teil. Die schwierigeren Fragen müssen wir hier in Demba beantworten: Wer genau besitzt und verkauft die Zertifikate? Wie wird das Geld verwaltet? Unsere Käufer werden das alles wissen wollen."

Wanga runzelte die Stirn. „Moment, hatten wir nicht vereinbart, dass Matipa diesen Teil übernimmt? War das nicht von Anfang an die Idee?"

„Absolut.", sagte Ella rasch und nickte. „Matipa koordiniert die Arbeit vor Ort. Aber wäre es nicht viel sauberer und transparenter, wenn wir hier in Demba eine eigene Firma gründeten, oder vielleicht eine Stiftung, die das Geld verwaltet? Diese Stiftung könnte die Beziehungen zu den verschiedenen Empfängern pflegen. Sie würde die Verträge mit Walmera halten und die Geldflüsse kontrollieren. Außerdem könnten die Käufer der Zertifikate einen Sitz im Vorstand erhalten, damit sie sich sicher sind, dass auch alles mit rechten Dingen zugeht." Ella stockte, als sie Wangas Gesichtsausdruck sah. „Das ist, ähm ... also, ich habe das so gelesen, dass man das, ähm, so organisiert ...", fügte sie verunsichert hinzu. „Offenbar wollen Geldgeber, dass es so läuft ... Ich meine, sie brauchen Kontrolle darüber, wie das Geld verwendet wird, verstehst du ..."

Wangas Gesichtsausdruck wurde düster. „Ja, genau. So wollen es die Geldgeber. Und warum? Weil sie uns nicht über den Weg trauen!"

Robin und Ella saßen mit offenem Mund da, während Andy nur langsam nickte. Er ahnte, was nun folgen würde. Er erinnerte sich noch zu genau an jenen Tag, an dem seine Mutter zur Dekanin der Universität Niburg gewählt worden war, als jüngste Person der Geschichte und dann noch als gebürtige Dembanerin, worauf die Lokalzeitungen in Niburg allen Ernstes die Frage aufgeworfen hatten, ob sie dieser Aufgabe wohl gewachsen wäre. Himmel, das hatte sie zur Weißglut getrieben.

„Soso. Ihr glaubt also, wir in Demba könnten kein komplexes Projekt stemmen, ohne euer Geld zu verschwenden?", schnaubte Wanga. „Ihr seid genauso wie all die anderen Geldgeber. Fliegt mit dem Helikopter ein, werft uns ein paar Münzen hin, klopft euch auf die Schulter – aber wirklich zutrauen, dass wir selbst was auf die Reihe kriegen, das tut ihr nicht. Jahr für Jahr verplempert mein Team viele Wochen mit nutzlosen Evaluationsformularen. Wir müssen jede noch so kleine Ausgabe rechtfertigen und empfangen eine ausländische Delegation nach der anderen. Alle wollen alles sehen, alles wissen. Und dann geben sie uns schlaue Ratschläge, obwohl sie keine Ahnung haben, wie die Realität hier wirklich aussieht. Sie sind überzeugt, dass sie unsere Programme besser führen könnten, auch wenn sie nicht wissen, wovon sie sprechen!"

Wangas Stimme hallte zornerfüllt durch den kleinen Frühstücksraum, doch noch viel stärker war ihre tief sitzende Frustration und Enttäuschung zu spüren, die sich nun wie ein Gewitter entlud. Ella saß wie erstarrt auf der Sitzbank.

„Hört zu", begann Wanga erneut, nun mit ruhigerer Stimme. „Ich meine das überhaupt nicht persönlich. Aber CO_2-Zertifikate sollen doch genau andersherum funktionieren als die ganzen Spendengelder, oder nicht?" Ihre Augen funkelten jetzt. „Die Idee ist doch, dass die Zertifikate an diejenigen ausgestellt werden, die echte, messbare Resultate erbracht haben – überprüft nach internationalen Standards, nicht nach dem Gutdünken irgendeines Milliardärs. Es geht darum, die Projektentwickler vor Ort zu stärken und ihnen gewisse unternehmerische Freiheiten zu gewähren. In diesem Fall wären das Matipa und unsere Partner. Oder etwa nicht?" Sie ließ den Blick über die Gesichter gleiten. „Ihr müsst verstehen, wir sind's einfach so leid, dass reiche Geldgeber uns ‚armen Dembauern' vorschreiben, was wir zu tun und zu lassen haben. Matipa hat die Arbeit ja längst aufgenommen. Wir haben Walmera schon fast davon überzeugt, uns die Konzessionen für Coltra East und die Lester Hills zu überlassen, und wenn wir das geschickt anstellen, würden sie sogar mitinvestieren. Und seit Jahrzehnten arbeiten wir mit Bäuerinnen und Bauern am Aufbau nachhaltiger Agroforstsysteme. Dazu koordinieren wir die gesamte Wiederaufbauhilfe nach der Flutkatastrophe. Warum sollte Matipa nicht geeignet sein, das Projekt und die Geldflüsse zu kontrollieren?" Für einen Moment herrschte Stille, bis auf das leise Summen der Neonröhren.

Endlich räusperte sich Andy.

„Wanga hat recht", sagte er. „Genau das ist doch unser Ziel. Die Menschen sollen keine Almosenempfänger mehr sein. Sondern Anbieter von Ökosystemleistungen. Davon werden wir die Käufer überzeugen müssen. Aber gleichzeitig ist es natürlich komplex. Stellt euch vor, wir haben Glück und der Preis für die Zertifikate schießt nach oben. Dann könnten manche hier in Demba sehr viel Geld verdienen. Die Käufer in Canland könnten sich darüber Sorgen machen, dass ..."

„Sorgen – worüber?", fuhr Wanga dazwischen. „Warum sollten die Menschen hier in Demba nicht davon profitieren, dass sie Wälder schützen und wiederherstellen? Warum sollte das nicht vielleicht sogar ein großartiges Geschäft werden? Eines, worauf wir stolz sein können und wovon andere Länder lernen wollen? Oder hätten die Canländer es lieber, wenn die Dembaner arm und hungrig blieben?"

„Das ist tatsächlich so", meinte Ella, während aus dem Dschungel das laute Kreischen eines Vogels zu hören war. „Weißt du noch, was du damals über's Earth Cinema gesagt hast, Robin? Wenn es für eine gute Sache ist, verlierst du garantiert Geld damit. Ich glaube, genau diese Erwartung ist in unserer Gesellschaft tief verankert. Im Gegenzug gilt die Vorstellung, mit etwas Gutem Geld zu verdienen, als suspekt. Die Folge: Wer was verdienen und keinen Stress haben will, sucht sich lieber eine andere Laufbahn – in einer Branche, in der es völlig normal ist, einen fetten Bonus zu kassieren, auch wenn man den Planeten ausbeutet. Das ist doch krank, oder?"

Mittlerweile waren noch mehr empörte Vogelschreie zu hören, als ob im Wald ein Streit ausgebrochen wäre. „Ich hoffe, wir werden so erfolgreich sein, dass wir herausfinden, ob du recht hast oder nicht!", lachte Andy.

„Wir haben hier leider schon wieder ein Paradox", stellte Robin nach einer Pause fest. „Sollen unsere Käufer von CO_2-Zertifikaten nun wissen und kontrollieren, wohin ihr Geld genau geht – oder nicht? Wenn sie's nicht wissen, und es geht was schief mit dem Projekt, dann geht die Hölle los. Skandal! Wenn sie's aber wissen und kontrollieren, so wird man ihnen vorwerfen, dass sie sich wie Neokolonialisten verhalten und den lokalen Organisationen nicht vertrauen."

„Stimmt", nickte Ella. „Du kannst machen, was du willst, du liegst immer falsch." Sie schmunzelte. „Nennen wir es das *Kontroll-Paradox*."

„Nun, meine lieben Kontrollfreunde", lachte Wanga. „Wir werden das irgendwie lösen müssen. Aber morgen ist erst mal der große Termin, dann werden wir endlich das Dorf Duiba besuchen und den Rat der Dorfältesten treffen. Ich hoffe, dass ihr danach ein viel besseres Bild habt von der Situation hier bei uns."

Im Wald war in der Zwischenzeit wieder Ruhe eingekehrt.

———

Beim Abendessen stocherte Robin mit seiner Gabel im Reis. „Kennt hier jemand das Russellsche Paradox?", fragte er plötzlich. Andy hob eine Augenbraue. „Das ist doch das Paradox des Barbiers, der nur die Männer rasiert, die sich nicht selbst rasieren?" – „Genau!", sagte Robin. „Und dann stellt sich die Frage: Rasiert dieser Barbier sich selbst? Aber es gibt eine noch abstraktere Version davon. Und zwar das Paradox der Menge aller Mengen, die sich selbst nicht enthalten. Die Frage ist: Enthält sie sich selbst?" Ella stütze den Kopf in die Hände. „Hör auf damit, Robin, ich bin zu müde für diese Rätsel." – „Nein, das ist spannend!" Robin war jetzt in Fahrt gekommen. „Wenn die Menge sich selbst enthält, so bricht sie die Regel. Wenn aber nicht, dann ist sie per Definition eben doch Teil der Menge – also muss sie sich enthalten. Eine Schleife. Wie beim Barbier: Was auch immer du antwortest, es ist falsch."

Andy verdrehte die Augen. „Worauf willst du hinaus, Robin?"

Dieser sah in die Runde. „Auf unseren Streit heute – darüber, wer das Geld aus den CO_2-Zertifikaten kontrollieren soll. Das *Kontroll-Paradox*. Es funktioniert ganz ähnlich."

Die anderen beiden sahen ihn erwartungsvoll an. „Was immer du auf die Kontrollfrage antwortest, es ist immer falsch. Bestehst du darauf, zu bestimmen, wie das Geld hier in Demba ausgegeben wird? Dann bist du paternalistisch. Ein Neokolonialist. Vertraust du den Partnern in Demba, die Kontrolle selbst zu übernehmen? Dann riskierst du fragwürdige Machenschaften. Vielleicht sogar Vetternwirtschaft und Korruption. Und es wird noch übler. Sagst du zum Beispiel: ‚Okay, finden wir einen Kompromiss. Lasst das die Partner in

Demba managen, aber setzen wir klare Leitplanken.' Dann legst du Kriterien fest, richtest Gremien ein, verlangst Prüfungsberichte, erschaffst Beiräte – du ziehst immer mehr Kontrollebenen hoch, nur um zu zeigen, dass du die Kontrolle eben genau nicht hast", sagte Robin.

Andy nickte langsam und sagte: „Und genau damit beweist du wiederum, dass du eben doch nicht vertraust. Was den Sinn der ganzen Sache ad absurdum führt." Robin lächelte entzückt. Was für ein wundervolles Paradox war das denn! „Genau. Je mehr du versuchst, die Kontrolle abzugeben, desto mehr zusätzliche Kontrollinstanzen werden von dir gefordert. Wie eine Schleife, der wir nicht entkommen können. Wie eine Spinne, die in ihrem eigenen Netz gefangen ist."

Andy klopfte mit dem Löffel nervös auf den Tisch. „Also, was tun wir dann? Wir müssten irgendwie eine Struktur schaffen, die Vertrauen schafft, ohne irgendjemanden zu bevormunden."

Die Kerze flackerte einen Moment, als würde sie diesem Punkt voll und ganz zustimmen.

Das Dorf-Paradox

Am nächsten Morgen prasselte der tropische Regen in Strömen aufs Blechdach der Lodge. Vor ihrer Veranda hatte sich der schlammige Pfad in einen See verwandelt. Das Mädchen in der Flut schoss Robin durch den Kopf. Heute war es jedoch nur ein Wolkenbruch.

„Wie sollen wir jetzt nach Duiba kommen?", fragte Andy und starrte aus dem Fenster des Frühstücksraums. Nestor lachte. „Keine Sorge. Ich hole den Jeep." Er grinste. „Der arme Ross ist letztes Jahr auf dem Weg hierhin im Schlamm stecken geblieben. Gleich am nächsten Tag hat er einen Jeep bestellt und Matipa gespendet."

Wanga schwieg. Ihre Gedanken waren bei den vielen anderen Pfaden in Demba, auf denen Jeeps nur selten unterwegs waren. Über diese nämlich sollten die Dorfältesten heute nach Duiba gelangen, zusammengepfercht auf knatternden alten Pick-ups, auf klapprigen Motorrädern oder barfuß durch den nassen Lehm. Heute war die Versammlung des Ältestenrats angesetzt, und alle Gemeinschaften der Dörfer rund um die Lester Hills entsandten ihre Delegierten. Die Nolé-Gemeinschaften aus Coltra East sollten erst später in der Woche dazukommen. Ein Regenguss wie dieser konnte jedoch Monate der Planung und Vorbereitung im Handumdrehen zunichte machen.

Das Klima-Paradox

Der Weg nach Duiba erwies sich als ein ständiger Kampf gegen die Elemente. Der Jeep rumpelte vorwärts, seine Reifen sanken ein, drehten durch und fanden dann wieder Halt. Matsch spritzte klumpenweise auf beiden Seiten die Fenster hoch. Der Wald stand dicht, und nasse Zweige peitschten gegen die Windschutzscheibe wie feuchte Handtücher. Andy starrte mit angespannter Miene nach vorn. Robin und Ella hielten sich an ihren Sitzen fest. Nach etwa einer Stunde erreichten sie endlich einen Hügelkamm, hinter dem die Wolken plötzlich aufrissen. Hinter dem Kamm lagen die vom Regen glänzenden Dächer des Dorfes Duiba.

Als ihr mit einer dicken, rotbraunen Schlammschicht bedeckter Jeep den Dorfrand erreichte, hörten sie plötzlich ein Klopfen an der Heckklappe, gefolgt von einem hellen Gelächter. Zuerst waren es nur einige Hände, doch dann schoss eine ganze Gruppe johlender und lachender Kinder auf den Wagen zu und begrüßte die Ankömmlinge freudig. Dutzende Füße platschten durch die Pfützen und schleuderten den Schlamm in die Luft, während einige Kinder sogar aufs Dach des Wagens sprangen und dort posierten wie Jäger mit einer Trophäe, bis Wanga sie lachend wieder hinunterkommandierte. Auf dem Dorfplatz kam der Jeep ruckelnd zum Stehen.

Wanga war erleichtert, als sie die meisten Dorfältesten schon auf dem Platz versammelt sah. Das Team stieg aus und wurde mit Handschlägen, freundlichem Nicken und der ruhigen Skepsis von Menschen begrüßt, die schon vieles gesehen hatten und denen schon vieles versprochen worden war.

Ella, die zum ersten Mal in Duiba war, war von all den neuen Eindrücken überwältigt: das rostige Wellblechdach über der offenen Versammlungshalle, der gestampfte Boden unter ihren Füßen, der dampfende Geruch durchnässter Erde, die gelassenen, freundlichen Gesichter der Dorfältesten, die auf schmalen Holzbänken vor der Halle saßen und diskutierten.

Ella erinnerte sich an die lebhafte Diskussion mit Wanga vom Vortag und spürte ein leises Schamgefühl in sich aufsteigen. Jetzt sah sie diesen Männern, Frauen und Kindern direkt ins Gesicht, all diesen Menschen, die sie bisher nur von Fotografien kannte, wie sie in der

Cresta Gala aufgehängt waren. Wie viele Entwicklungshelfer waren schon hier vorbeigekommen? Wie viele Spender, Bürokraten und Investoren waren schon hier gewesen mit edlen Absichten, guten Ratschlägen und schlauen Anweisungen, wie die Dorfbewohner besser produzieren, besser anbauen, besser leben sollten? Und doch saßen die Dorfältesten nun hier, mit freundlichen Gesichtern und einer unerschütterlichen Autorität, die keine Erklärung erforderte.

Plötzlich wurde Ella alles klar. Sie verstand, warum Wanga beim Gedanken an eine weitere ausländische Firma, die den Geldfluss an die Dorfbewohner kontrollieren wollte, in Rage geraten war. Diese Menschen brauchten keine weiteren Belehrungen. Sie brauchten eine funktionierende Infrastruktur, ein funktionierendes Rechtssystem und Zugang zu Kapital.

Und dann stand er plötzlich vor ihnen mit seinen dunklen, tiefschwarzen Augen: Onkel Duolo, der Bruder von Andys bereits vor vielen Jahren verstorbenem Großvater. Nun war er einer der am längsten dienenden Dorfältesten von Duiba. Er bewegte sich mit festem Schritt durch die Menge, und als er Wanga und Andy erblickte, rann eine Träne über sein raues, von vielen Stunden harter Arbeit zerfurchtes Gesicht. Er umarmte erst Wanga und dann Andy, den plötzlich ein unbeschreibliches Gefühl von Heimat, Geborgenheit und Verbundenheit überkam, das ihn in seine Kindheit zurückversetzte, als seine Familie noch Jahr für Jahr den Sommer in Duiba verbracht und er mit den Dorfkindern in den Jackfruchtplantagen Verstecken gespielt hatte. „Andy, wie schön, dich und deine Freunde hier bei uns zu haben", sagte Duolo endlich. Dann flüsterte er: „Wie geht es Midela? Wir sind alle so stolz auf deine Mutter. Wann kommt sie wieder zu uns?" Dann wandte er sich den anderen zu und fuhr feierlich fort: „Willkommen in Duiba, meine lieben Brüder und Schwestern. Ich höre, ihr kommt mit großen Plänen, um unser Land und unser Leben zu verbessern. Hervorragend. Mögen die fünf Elemente der Belé mit uns allen sein!"

Plötzlich brach das Sonnenlicht durch die Wolkenfetzen und tauchte die bemalten Hauswände in ein wildes, schillerndes Farbenmeer. Rund um den Zaun vor der großen Halle sammelten sich Kinder in bunten, fröhlichen Gruppen, winkten mit den Händen, hüpften auf und ab und schrien durcheinander. Sie sprangen umher, als wäre der Boden unter ihren Füßen heiße Lava.

Die Dorfältesten begaben sich nun in die Halle und nahmen ihre Plätze ein. Die Versammlung konnte beginnen. Während zwei junge Frauen mit wundervollem Ohrschmuck mit geübter Routine Tee in silberne Becher gossen, blickte Duolo durch den Saal, suchte Augenkontakt mit den übrigen Dorfältesten und versuchte, die Stimmung einzufangen. Es war beileibe nicht das erste Mal, dass sich die Dorfältesten geduldig spannende Vorschläge angehört hatten, die in der Regel in Vergessenheit gerieten, kaum waren die Berater wieder aus Duiba abgereist. Aber eine Geldzahlung für die Pflanzung neuer Bäume und die Waldpflege, so wie Wanga es erklärt hatte, war in ihrer Einfachheit und Klarheit etwas ganz Neues.

Obwohl er letztes Jahr den Vorsitz des Ältestenrates abgegeben hatte, war es Duolo, der nun das Zeichen zum Beginn der Sitzung gab. Sein Nachfolger Tinlope, ein stämmiger Mann, den man eigentlich noch nicht in einem Ältestenrat vermutet hätte, richtete sich bedächtig auf, räusperte sich mehrmals und schlug dann dreimal auf einen Gong. Sein scharfer Blick glitt kurz durch die Menge wie eine Machete durchs Dickicht, dann begrüßte er der Reihe nach alle Anwesenden im Rat: Die Delegierten von Letonga, Zima, Limata, Cimahe und Sorang hatten es alle rechtzeitig nach Duiba geschafft. Tinlope benötigte kein Mikrofon. Mit seiner tiefen Stimme klang er wie ein Priester, der den Anwesenden seinen Segen erteilte. „Mögen Himmel, Tiere, Berge, Wald und Ozean heute mit uns sein", schloss er seine Begrüßungsrede, und für einen Moment schien die Halle von unerschütterlicher Zuversicht erfüllt.

Als Nächster trat Morgan auf die Bühne, und Robin drehte sich leicht erschrocken nach Ella und Andy um. Am Tag zuvor hatten sie Morgan als selbstsicheren Walmera-Manager erlebt. Heute wirkten seine vorsichtigen Schritte auf die Bühne und seine leicht gebückte Haltung unsicher und einstudiert. Das Wort „Nolé" war da und dort zischend in den Reihen zu hören. Doch Morgan schlug sich tapfer. Er sprach von Walmeras Leistungen in den vergangenen Jahren: Da war die neue Straße von Sorang nach Cimahe zu erwähnen, eine neue Grundschule in Zima, und auch die Jackfruit- und Kautschukplantagen rund um Duiba fanden Beachtung. Er sprach klar und vorsichtig und erwähnte das kontroverse Thema der Schimpansen mit keinem Wort – ebenso wenig wie die Überschwemmungen in Limata vor wenigen Monaten, die zunehmend mit der Nachlässigkeit von Walmera in Verbindung gebracht wurden.

Robin, Ella und Andy versuchten, die Gesichter der Ältesten zu lesen, doch die meisten blickten mit ruhiger Miene auf die Bühne und ließen sich ihr leichtes Unbehagen höchstens in unruhigen Bewegungen auf ihren Sitzbänken anmerken. Viele nickten und hörten still zu, doch blieb es unklar, ob sie das aus Interesse oder bloßer Höflichkeit taten. Misstrauten sie Walmera, dem übermächtigen Holz- und Agrarkonzern im Besitz einer mächtigen Familie aus Port Kewala? Oder misstrauten sie Morgan selbst, einem Nolé in einer Versammlung von Belé? Oder hatten sie, im Gegenteil, sogar Bedenken, Walmera könnte sich aus den Lester Hills zurückziehen, um dem politischen Druck nach der Flutwelle in Limata zu entkommen?

Wenig später trug Morgan das eigentliche Geschäft vor. „Walmera ist seit Jahrzehnten euer Partner im Ackerbau und in der Forstwirtschaft, und ich habe die Treffen mit dem Ältestenrat immer sehr geschätzt", begann er. „Im Rahmen einer Strategieüberarbeitung hat uns der Vorstand gebeten, weitere Nutzungsmöglichkeiten für unsere Forstkonzessionen zu prüfen. Und hier könnte sich nun eine spannende Gelegenheit für uns alle ergeben." Morgan räusperte sich und blickte nochmals in die Runde. „Eine Option wäre nämlich, die Forstwirtschaft in Coltra East zurückzufahren und stattdessen den Nationalpark zu erweitern. Und was die Lester Hills betrifft", – er nickte den Ältesten zu, deren Dörfer die Hügel umgaben – „ja, bezüglich unserer geliebten Lester Hills ziehen wir eine Wiederaufforstung in Betracht. Ein neuer Wald könnte spannende Möglichkeiten für uns alle bieten und den Schutz unserer wertvollen Dörfer verbessern."

Ein Murmeln ging durch die Menge. „Wir wissen, dass dieser Schritt die Lebensgrundlagen mancher unserer Brüder und Schwestern verändern würde", fuhr er fort. „Aber es werden sich auch neue Geschäftsmöglichkeiten eröffnen! Ich denke hier an Früchte, die sich hervorragend auf dem internationalen Markt verkaufen lassen. Ich denke an Bienenstöcke, an Fischzucht. Und außerdem prüfen wir ein Subventionsprogramm für Solarenergie auf euren Dächern, das hoffentlich bald saubere und zuverlässige Elektrizität in alle Dörfer bringt!"

Zögernder, höflicher Applaus ertönte und verstummte bald wieder. Morgan fuhr fort. „Ihr fragt euch nun: ‚Wer soll das alles bezahlen? Woher soll das Kapital kommen?' Eure Frage ist berechtigt. Um diese Programme zu realisieren, möchten wir mit Matipa zusammenarbeiten, mit eurer großen Schwester Wanga, die ihr alle so gut kennt!"

Wanga, die immerzu gespannt in der vordersten Reihe gesessen hatte, neigte nun den Kopf, und ein scheues Lächeln huschte über ihre Lippen. Doch Robin sah auch etwas in ihren Augen, das ihn überraschte – war es ein Zögern? *Seltsam*, dachte er. *Noch beim Gala-Abend in Canland war sie so souverän aufgetreten, geradezu eine Naturgewalt im Seidenkleid, die die Großen und Mächtigen mühelos um den Finger wickelte. Jetzt, in einem Saal mit den Dorfältesten, wirkte sie eher wie eine Schülerin, die gleich eine komplizierte Mathematikaufgabe an der Tafel zu lösen hatte.*

„Und außerdem", Morgan lächelte nun zu Robin, Ella und Andy und bedeutete ihnen, aufzustehen, „wollen wir für die Finanzierung dieser Programme mit unseren jungen Freunden aus Canland zusammenarbeiten, die uns dabei helfen, den Einsatz sogenannter CO_2-Zertifikate zu prüfen." Das System ist so einfach wie überzeugend. Für jede Tonne CO_2, die wir mit unseren Programmen einsparen, wird ihre Firma ... ähm ... uns ein Entgelt bezahlen ..." Er hielt kurz inne und tippte sich an sein Ohr. „Wie hieß eure Firma nochmal?", flüsterte er. „Five Elements!", rief Ella ohne zu zögern. Robin kniff sich in den Unterarm. Was war das? Hatte Ella da eben mal einen Firmennamen aus dem Ärmel geschüttelt? „Genau, Five Elements, danke, Ella", wiederholte Morgan mit einem Lächeln.

Nun erhob sich Wanga. Ihr anfängliches Zögern war nun verschwunden. „Danke, Morgan", begann Wanga. „Als ich hier in diesem Dorf aufwuchs, gleich hinter der kleinen gelben Kirche, nahm uns mein Onkel oft mit in die Lester Hills. Es war damals ein gefährlicher, aber wunderschöner und fast undurchdringlicher Wald voller Bäume und Tiere. Ich erinnere mich noch genau daran, wie Onkel Duolo uns mit seiner Machete einen Weg durch den Wald zeigte, und wie ich mit meiner Schwester nach essbaren Pflanzen suchte." Duolo lächelte ihr zu.

„Heute ist der alte Wald fast verschwunden. Was uns noch bleibt, ist Buschland. Der gute Boden ist weg, weggeschwemmt. Wir haben versucht, Ackerland aus dem Land zu machen, aber die Ernten sind enttäuschend. Und jetzt, da die Bäume verschwunden sind, halten sie das Wasser nicht mehr zurück. Die schreckliche Flut in Limata ist uns allen noch viel zu präsent. Brüder und Schwestern, wir haben keine Wahl. Lasst uns die Lester Hills wiederherstellen, und lasst uns Coltra East schützen, so wie unser Bruder Morgan es soeben vorgeschlagen hat. Zum Wohle von uns allen, unseren Kindern und Enkeln!" Morgan senkte nervös den Blick. Sein Chef bei Walmera hatte ihm eingeschärft, das heikle Thema Limata zu vermeiden. „Aber ohne euch schaffen wir das auf keinen Fall. Wir brauchen eure Hilfe und Ideen, und wir wollen eure Bedürfnisse verstehen. Das Geld aus den Klimaschutzprojekten ist der Schlüssel zum Erfolg, aber diese Zukunft gestalten wir gemeinsam."

Das ist die Wanga, die ich kenne, dachte Robin.

„Dann lasst die Gespräche beginnen", schloss sie. „Das ist nur die erste von vielen Versammlungen. Der Prozess wird Zeit benötigen und ihr, die Ältestenräte, solltet ihn anleiten."

Eine kleine Frau mit grauen Locken stand als Erste auf. Während sie sprach, übersetzte Nestor für Robin und Ella. „Wir danken euch für eure Bemühungen, liebe Schwester Wanga und liebe Freunde aus Canland", sagte sie, während sie eine Hand ans Herz legte und sich leicht verbeugte. „Ich will jedoch ehrlich mit euch sein. In Zima sind wir skeptisch, ob es wirklich sinnvoll ist, den Wald auf den Lester Hills wieder anzupflanzen. Wir geben euch recht, das Ackerland enttäuscht uns von Jahr zu Jahr mehr. Heute wächst dort kaum noch etwas. Aber ich glaube nicht, dass jemand den alten Wald zurückhaben will. Er war voller gefährlicher Raubtiere, giftiger

Schlangen und tödlicher Insekten. Ich denke, wir sollten stattdessen die Programme zur regenerativen Landwirtschaft ausbauen."

„Ich stimme Ihren Vorbehalten zu", sagte ein Mann in traditioneller Robe aus dem hinteren Teil des Raumes. „Und deshalb verstehe ich Walmeras Vorschlag nicht, in Coltra East mit den Rodungen zu stoppen. In Cimahe haben viele unserer Männer Arbeit in den Palmöl- und Kautschukplantagen gefunden. Sie haben jetzt Ziegelhäuser. Motorräder. Ein gutes Leben. Den Dörfern in Coltra West geht es genauso. Warum sollen nicht auch die Menschen in Coltra East von der modernen Landwirtschaft profitieren?"

Eine weitere Stimme meldete sich zu Wort. „Schön für Cimahe. Schön für Sorong. Aber was ist mit uns in Limata?" Alle wandten sich um. Der Sprecher war ein junger Mann, der unmöglich selbst im Ältestenrat sitzen konnte. *Oder hatte etwa die Flut* ... Robin schüttelte den Kopf, als könne er damit den fürchterlichen Gedanken vertreiben. „Walmera hat uns dasselbe versprochen und uns nichts gegeben", übersetzte Nestor, sichtlich bemüht, dem Gespräch zu folgen. „Warum? Weil wir Belé sind. Walmera wird von Nolé geführt. Und jetzt kommen sie nach Coltra East, holen sich das Teakholz, ergaunern sich das beste Land und lassen den Rest von uns zurück, ohne dass wir etwas davon haben. Schaut euch nur die Lester Hills an: Alles waren bloß leere Versprechen. Was wir am Ende bekommen, sind ein zerstörtes Land und Überschwemmungen! Wie auch immer ihr Plan im Detail aussieht ..." – der junge Sprecher blickte von Morgan zu Wanga und dann zu den drei Studierenden – „Geben wir Matipa und ihren Freunden aus Canland doch wenigstens eine Chance. Schlimmer kann es ohnehin nicht mehr werden!"

Die Stimmung wurde immer hitziger. Die Halle vibrierte vor Wut, Frustration und gegenseitigen Anschuldigungen. Stimmen überschlugen sich, Hände fuchtelten, Redner fielen einander ins Wort. Tinlope schlug mit seinem Stock gegen den Gong, um Ordnung zu schaffen.

Nestor hob abwehrend die Hände. „Ich komme mit der Übersetzung kaum hinterher", sagte er entschuldigend. „Aber im Grunde sind sich alle einig: Die Abholzung war eine Katastrophe. Nur –

niemand traut Walmera über den Weg. Zu viele gebrochene Versprechen. Der Mann dort sprach gerade über die Überschwemmung in Limata. Er meint, jeder kenne die Ursache, aber Walmera wolle sich der Wahrheit nicht stellen. Die Leute hier vertrauen Matipa – sie schätzen deren Schutzprogramme. Wie heißen die nochmal? Dämme?"

„Rückhaltebecken", sagte Andy. „Oder Deiche."

„Ja, genau. Matipa baut Rückhaltebecken, aber jeder weiß, dass das nur ein Tropfen auf den heißen Stein ist. Die Gruppe dort fordert klar ausgewiesene Schwemmflächen. Und die Leute in den Hügeln wollen Terrassenfeldbau. Wanga versucht, sie für regenerative Landwirtschaft zu gewinnen – aber auch diesem Konzept trauen sie nicht."

Da ertönte eine klare Stimme, die wie ein Messer durch das Stimmengewirr schnitt. Nestor lauschte, dann übersetzte er: „Und was geschieht, wenn die Lester Hills selbst uns alle vertreiben?" Er hob kurz den Blick. „Dieser Herr antwortet auf jemanden, der meinte, das Klimaschutzprojekt wolle die Menschen aus den Hügeln vertreiben", erklärte er leise. „Er sagt, wenn weiter abgeholzt wird, werden die Hügel selbst entscheiden, wer überhaupt noch dort leben kann."

Ein Murmeln ging durch die Halle. Einige nickten, andere sahen zu Boden. Da trat Duolo vor. „Meine Freunde", sagte er und breitete die Hände aus, „niemand ist hier, um jemanden zu vertreiben. Wir sind hier, um Lösungen zu finden. Sagt uns: Unter welchen Bedingungen würdet ihr ein Pflanzungsprojekt unterstützen?"

Wieder ging ein Raunen durch die Menge. Schließlich trat ein junger Mann vor und stellte sich als Kito vor. „Ihr wisst, was wir brauchen: Schulgeld für unsere Kinder. Essen für unsere Familien. Ein sicheres Einkommen. Was sonst?" Duolo nickte.

„Wir haben einige Ideen. Einige von euch machen bereits beim Moringa-Projekt mit – aber wisst ihr, wie man die Pflanze gewinnbringend nutzt?"

„Mit Moringa bedecken sie die Felder", flüsterte Andy. „Wanga hat's mir erklärt. Sie verbessert die Maiserträge und liefert Futter."

„Wie viele von euch nehmen am Imkerprogramm teil?", fragte Nestor und übersetzte. „Wenn ihr es richtig macht, lockt Moringa Bienen an – und ihr könnt Honig ernten."

„Honig?" rief eine Frau aus der Mitte der Halle. „Aber kaum jemand weiß, wie man Bienen hält!"

„Wie wäre es mit Baumschulen?", schlug eine andere vor. „Wenn ihr an den Hängen Bäume pflanzen wollt, braucht ihr Setzlinge. Die könnten wir selbst ziehen."

„Und das Schulgeld?", fragte eine ältere Frau. „Wenn unsere Kinder kostenlos lernen könnten, müssten wir keine Bäume fällen, um die Schule zu bezahlen."

Nun teilten sich die Anwesenden in kleine Gruppen auf. Die Idee der Ausbildungsstipendien stieß auf breite Zustimmung. Eine junge Mutter nickte nachdenklich. „Bildung bedeutet Zukunft", sagte sie leise. Neue Vorschläge tauchten auf – alternative Nutzpflanzen, Tanks zur Wasserspeicherung, Solarenergie. Langsam veränderte sich der Ton. Aus Misstrauen wurde Neugier, aus Lärm wurde Diskussion. In den Stimmen schwang nun Hoffnung mit.

Nach zwei Stunden wurde die feuchte Hitze in der offenen Halle unerträglich, und Tinlope schlug seinen Gong. Andy trat nach draußen. Sein Hemd klebte an seinem Körper wie feuchtes Papier, und seine Beine schmerzten vom Sitzen auf der niedrigen Bank. Noch viel zermürbender empfand er jedoch die Komplexität der Gespräche und der endlosen Diskussionen, geprägt von unklaren Loyalitäten, höflichen Sticheleien, zaghafter Hoffnung und gebrochenen Versprechen.

Hinter dem Zaun, der den Versammlungsplatz begrenzte, pickten Hühner im nassen Boden nach Würmern, und eine Gruppe lachender Buben jagte einem Reifen hinterher. Onkel Duolo lehnte gegen einen Pfosten, hatte den Rücken zur Halle und den Blick in die Ferne gerichtet. Andy ging zu ihm hinüber. „Weißt du, wir Belé sind nicht dafür bekannt, unsere Meinung hinterm Berg zu halten.

Wir nennen die Dinge beim Namen", sagte Duolo, ohne ihn anzusehen. Andy nickte. „Ich versuche zu verstehen. Aber es fühlt sich an, als existierten mindestens drei Wahrheiten gleichzeitig." Duolo stieß ein leises, müdes Lachen aus. „Willkommen in der Dorfpolitik. Nun hast du die wichtigste Sache bereits verstanden. Es gibt viele Realitäten hier, und sie sind alle gleichzeitig wahr." Da kam Robin aus der Halle geschlendert, und Andy beschlich ein starker Verdacht, dass auch dieser Abend nicht ohne ein weiteres Paradox vorübergehen würde.

Sie schwiegen einen Moment. Dann drehte sich Duolo zu ihm, und sein Ausdruck wurde härter. „Ich sollte das möglicherweise nicht sagen", begann er, „aber manchmal frage ich mich, wozu die ganzen Diskussionen dort drinnen eigentlich gut sind." Andy runzelte die Stirn. „Aber dort tagt ja der Ältestenrat, und du bist der Vorsitzende, oder?" Duolo nickte langsam. „Das bin ich. Oder war ich, besser gesagt. Und genau deshalb frage ich mich das. Ich habe die Versprechen gesehen. Die Reden gehört. Jahrzehntelang. Jede Entscheidung, jede neue Initiative, jedes Projekt läuft im Grunde nach dem gleichen Muster ab ... Wir reden und reden, und am Ende steht irgendein Kompromiss. Nur bei denen, die es am dringendsten bräuchten, kommt letztlich doch nie etwas an." Er stieß sich vom Pfosten ab. „Komm mit. Ich möchte dir etwas zeigen."

Andy zögerte einen Moment und winkte dann Ella und Robin herbei. Duolo sagte nichts, nickte nur kurz und bedeutete ihnen, ihm zu folgen. Sie gingen schweigend einen schmalen, ausgefahrenen Pfad entlang, der sie zunächst hinter eine Reihe einfacher Hütten und dann einen steilen Hang hinab führte. Es roch nach Bananenblättern, vermodernden Abfällen und Rauch. Nach zehn Minuten erreichten sie das verwitterte Tor eines kleinen Vorgartens, und Duolo pfiff mit zwei Fingern. Kurz darauf trat eine zierliche Frau aus einem kleinen Lehmziegelhaus, eine Schürze um den Körper und ihr Haar in ein leuchtend gelbes Tuch gewickelt. Ein Baby schlief auf ihrem linken Arm. Sie hieß Neema und lächelte Duolo mit müden, aber funkelnden Augen an. Sie wechselten ein paar leise Worte in Belém. Dann deutete Duolo auf das Trio. „Sie sind hier, um zuzuhören", sagte er.

Neemas Lächeln verblasste ein wenig. Sie nickte und bat sie, auf drei leeren Kanistern Platz zu nehmen. Ein Huhn stolzierte vorbei. Irgendwo meckerte eine Ziege. Andy wollte unauffällig sein Notizbuch zücken, aber Neema wehrte ab. „Nicht nötig", sagte sie lächelnd, während Duolo zu dolmetschen begann. „Ich sage euch, was ihr in der Halle nicht hören werdet. Aber ich möchte nicht, dass ihr meinen Namen erwähnt, sonst gibt's wieder Ärger im Dorf, nicht wahr, Bruder Duolo?"

Sie zeigte auf einen kleinen Acker neben der Hütte, auf dem Maniok sowie einige zerzauste Bananenstauden angepflanzt waren. „Ihr fragt mich also, was wir wirklich wollen, was wir wirklich brauchen. Nun, die Antwort ist nicht ganz einfach." Sie legte das schlafende Baby auf den anderen Arm. „Wenn wir noch mehr Bäume fällen, vertrocknet unser Boden, und wenn's dann mal regnet, schicken die Hügel das Wasser zu uns hinab in die Täler und überfluten unsere Hütten, als wollten sie gegen uns protestieren." Aber wir brauchen das Holz zum Kochen." Sie zeigte nun auf eine von Ruß geschwärzte Wand im hinteren Teil der Hütte, wo zwischen drei großen Steinen am Boden einige verkohlte Zweige lagen, über denen ein ebenso schwarzer großer Topf hing. „Und wenn wir neue Bäume pflanzen, so verlieren wir das kleine Stück Ackerland, das immerhin knapp unsere Kinder ernährt."

Robin öffnete den Mund, doch Neema hob die Hand. „Und jetzt redet ihr von Solarstrom. Eine feine Sache. Natürlich wäre das der Traum von uns allen. Aber wer kann sich die Anzahlung leisten? Ich sicher nicht. Meine Nachbarn auch nicht. Profitieren werden die Bessergestellten, und wenn sie dann Strom haben, werden sie sich moderne, sparsame Kochherde anschaffen. Damit werden sie viel Geld sparen. Die Treibstoffpreise werden dann jedoch steigen, weil die Tankwagen seltener hierherfahren."

Ella hatte betreten auf den Boden geschaut und hob nun den Kopf: „Das heißt also, wenn im Dorf eine Veränderung kommt, so steigen in der Regel eure Kosten." Neema nickte und ergänzte: „Genauso ist es leider praktisch immer. Von der Modernisierung profitieren nur wenige. Ich geb euch ein anderes Beispiel. Vor einigen Jahren waren Berater aus Port Kewala in der Region. Sie überzeugten uns davon, den schnell wachsenden Eukalyptus anzupflanzen. Doch nach einiger Zeit wurden die Pflanzen von Schädlingen und Krankheiten befallen. Bald waren die Berater wieder vor Ort und verkauften uns Schädlingsbekämpfungsmittel. Und den passenden Dünger dazu. Wir sollen kaufen, was sie sagen, pflanzen, wo sie sagen. Wenn wir's nicht tun, sinken die Erträge, und wir verlieren unser Geld. Also sitzen wir in der Falle. So oder so sind wir abhängig von Außenstehenden – von Menschen, die mit dem ganzen Handel viel Geld verdienen und die nicht wissen und sich auch nicht dafür interessieren, wie sich dieser Hang nach einer Regennacht unter den Füßen anfühlt. Wisst ihr was?" Neema schaute in die Runde. „Arm zu sein, ist richtig teuer!"

Andy spürte, wie es ihm die Kehle zuschnürte. Robin hatte den Kopf in die Hände gestützt. Ella starrte wieder auf den Boden. Duolo räusperte sich. „Deshalb habe ich euch hierhergebracht", sagte er leise.

Neema legte das Baby vorsichtig auf eine alte Matratze. Es zuckte im Schlaf kurz mit den Lippen, und ein Lächeln huschte über sein Gesicht, als hätte es einen Engel erblickt. *Die Generation von Onkel Duolo hatte es nicht geschafft, die Generation ihrer Eltern ebenso wenig. Nun waren sie an der Reihe. Würde es ihrer Generation gelingen, diesem und all den anderen Babys eine gerechtere Welt zu ermöglichen, in der sie sich entfalten konnten, ohne die ständige Sorge um den nächsten Teller Reis?*

Auf dem steilen Weg zurück ins Dorf in der brütenden Hitze überkam sie das Gefühl beengender Macht- und Hoffnungslosigkeit. Oben angekommen, sagte Duolo heftig atmend und mit kaum hörbarer Stimme: „Ihr habt geglaubt, das Problem in Demba seien die gefällten Bäume, nicht wahr? Und mit einem gut finanzierten Projekt könne man die einfach wieder anpflanzen? Was wir mit unseren Augen sehen, sind die mächtigen Stämme und die Blätter. Was wir nicht sehen, sind die Wurzeln. An den Wurzeln klebt die tiefe Ungerechtigkeit und die Ungleichheit. Die Spirale der Armut, die sich ewig dreht."

Das Klima-Paradox

Kurz vor Sonnenuntergang kletterten Ella, Andy, Robin und Wanga wieder zu Nestor in den Jeep und machten sich auf die kurze, schaukelnde Fahrt zurück zur Matipa Lodge. Nach dem Abendessen zog Wanga Nestors Notizen hervor. „Also, fassen wir mal zusammen. Am Ende haben alle fünf anwesenden Gemeinschaften zugestimmt, die Idee zur Wiederaufforstung der Lester Hills ernsthaft zu prüfen. Das ist schon mal ein enormer Erfolg", meinte sie mit sichtlichem Stolz, obwohl die Müdigkeit in ihrer Stimme kaum zu verbergen war. Sie hob den Blick. „Man darf nicht vergessen, dass diese Menschen bereits unendlich viele Vorschläge diskutiert haben. Seit Jahrhunderten wurden ihnen große Investitionen und Entwicklungen versprochen. Am Ende standen sie meist schlechter da als zuvor. Ihre Skepsis ist nicht nur verständlich, sondern auch tief verwurzelt. Ganz besonders, weil Walmera involviert ist, die mächtige Firma im Besitz einer Nolé-Familie. Man vertraut ihnen nicht." Wanga blätterte weiter, dann sprach sie ruhiger: „Nun müssen wir versuchen zu verstehen, welche Themen für die Menschen wirklich zählen – welche unmittelbaren, grundlegenden Bedürfnisse die Menschen tatsächlich haben. Erst dann können wir überhaupt daran denken, einen großen Plan für den Naturschutz zu entwerfen."

Wanga überflog das Sitzungsprotokoll, das Nestor bei dem Diskussionstempo nur mit Mühe aufs Papier hatte kritzeln können.

„Wenn ich das korrekt lese, so stehen Jobs und Zugang zu Kapital an erster Stelle", sagte sie. „Als Nächstes werden befestigte Zufahrtsstraßen genannt. Dann Dünger zur Ertragsverbesserung. Mobilfunkantennen. Bessere Häuser, Ziegeldächer. Gesundheitsstationen. Impfprogramme. Neue Schulgebäude. Motorräder, um die Kinder zur Schule zu bringen und leichter auf die Felder zu kommen. Dann haben wir noch Setzlinge, Bienenstöcke und landwirtschaftliches Gerät auf der Liste. Fischteiche. Rückhaltebecken für Regenwasser, nun, das ist ein wichtiges Programm von Matipa. Mit dem Klimawandel wird es hier zunehmend trockener, und wenn der Regen dann kommt, steht alles unter Wasser. Was haben wir noch? Fernseher, Kühlschränke, Klimaanlagen ... Ja, theoretisch wäre das mit dem SunScore-Solarprogramm möglich, aber solche großen Anlagen werden sich wirklich nur wenige leisten können ..."

Wanga runzelte die Stirn. „So viele Meinungen, so viele Ansichten, so viele Prioritäten. Das wird ein langer Prozess", schloss sie. „Ruhen wir uns erst einmal aus und bereiten uns auf die Reise nach Coltra East vor. Morgen wird wieder ein langer Tag!"

„Ich glaube, wir haben ein weiteres Paradox entdeckt", sagte Robin beim Abendessen. Andy stöhnte. „Robin, das war aber absehbar. Also, wenn ich für jedes Paradox auf dieser Reise ein paar Kronen bekäme ..." Aber Ella lachte nur: „Los, Robin, raus damit!"

Robin lehnte sich zurück, holte tief Luft und verschränkte die Hände hinter dem Kopf. „Wir reden immer davon, dass die Dörfer eingebunden werden müssen, als wäre ‚das Dorf' etwas Einheitliches, so wie eine Person: ‚Die Dorfgemeinschaft sagt dies' oder ‚die Dorfgemeinschaft will das'. Aber was haben wir heute gelernt? Dörfer und Gemeinschaften sind nicht einheitlich. Es gibt viele Interessen, die sich häufig widersprechen. Sie sind uneins, und das manchmal sogar heftig. Und oft aus gutem Grund."

„Diese Feststellung an sich ist aber noch kein Paradox", entgegnete Andy. „In Canland ist es doch genauso. In jedem Dorf gibt es verfeindete Clans und in jeder Stadt Parteien, die sich nicht einigen können. Du schaffst nie vollständigen Konsens, egal in welcher Gesellschaft..." „Das schaffst du nicht mal in einer Familie", ergänzte Ella lakonisch.

„Eben!", rief Robin. „Genau darin liegt doch das Paradox. Das *Dorf-Paradox*. Wir hören immer wieder, dass jedes Projekt die volle Unterstützung der lokalen Gemeinschaften benötigt, was ja grundsätzlich auch stimmt. Aber einen absoluten Konsens zu erreichen, ist doch komplett unmöglich. Je stärker du versuchst, *sämtliche* Meinungen zu berücksichtigen, desto höher schraubst du die Erwartungen, und desto größer ist das Risiko, dass einige enttäuscht werden und sich gegen das Projekt stellen. Am Ende riskierst du, gar nichts zu erreichen, paradoxerweise."

Das Referenz-Paradox

Die einmotorige Cessna aus der Flotte von Walmera neigte sich leicht nach links, und unter ihnen breitete sich die Welt wie ein grün-brauner Flickenteppich aus. „Da hinten seht ihr Duiba!", rief Wanga. „Und hier links unten die Matipa Lodge!"

Um Duiba herum erstreckte sich ein Mosaik aus Feldern, auf denen die Kleinbauern Mais, Kautschuk, Zitrusfrüchte oder Jackfrüchte anbauten. Dazwischen lagen Hütten, kleine Dörfer und vereinzelte Reste des Regenwaldes. Der Übergang zu den Lester Hills, die sich dahinter wie schlafende graue Riesen erhoben, war mit bloßem Auge genau zu erkennen, denn wo früher der Dschungel begonnen haben musste, zogen sich nun kahle Hügel bis zum Horizont hin. Entlang der schmalen Zufahrtsstraßen, die sich wie Spinnweben durch das Gelände zogen, waren die Hügel mit Plantagen bedeckt. Selbst aus dieser Höhe war das Ausmaß der Zerstörung unübersehbar.

„Und da unten liegt Limata", rief Wanga nun. „Oder das, was davon übrig geblieben ist. Seht ihr dort, am Westufer des Lester Rivers? Die meisten Häuser wurden weggespült." Robin erschauderte und blickte stattdessen auf die andere Seite. Die Maschine flog nun wieder horizontal, und was er aus dem gegenüberliegenden Fenster sah, verschlug ihm die Sprache. Bis zum Horizont erstreckten sich riesige Palmölplantagen – ein endloses Gitter aus gleichförmigem

Grün, das sich irgendwo im Dunst verlor. „Coltra West", kommentierte Morgan mit finsterer Miene. „Eine der effizientesten Plantagen des Landes. Sie bringt uns viel Geld. Vor nur zehn Jahren war das alles noch ein dichter Dschungel."

Robin starrte auf die militärisch angeordneten grünen Waben, und seine Gedanken wirbelten im Kreis. *Ist das überhaupt möglich? Kann Coltra East dem Schicksal von Coltra West noch entkommen? Kann Morgan seine Firma davon überzeugen, CO_2-Zertifikate statt Kautschuk und Palmöl zu produzieren? Kann Wanga mit ihrem Team ein solches gewaltiges Programm stemmen – mit so vielen Dorfgemeinschaften und so vielen derart widersprüchlichen Interessen? Und finden wir überhaupt Käufer für die Zertifikate, die dieses riskante Vorhaben finanzieren?*

Die Fragen verfolgten ihn wie lästige Mücken, während die Cessna nun über den mächtigen Demba River hinwegflog, dessen Wasserläufe sich wie silberne Tentakel durch den Wald schlängelten. Dünne Wolkenfetzen schoben sich vor die Sicht wie ein wattiger Vorhang, und als dieser sich wieder öffnete, waren alle sprachlos. Sie waren in eine völlig andere Welt eingetaucht.

„Wow. Einfach wow!", rief Andy. Unter ihnen lag unberührter, dichter Dschungel, ein endloser, üppiger, grüner Teppich voller Leben. In manchen Senken hing sanfter Nebel über dem Blätterdach – eine Landschaft wie aus dem Bilderbuch.

„Coltra East", sagte Wanga und lächelte. Sie deutete nach vorn. „Und dort hinten – dort seht ihr die Republik Lomba. Sie ist doppelt so groß wie Demba, aber hat nur ein Fünftel unserer Bevölkerung. Ein magisches, geheimnisvolles Land, in dem die Zeit stehen geblieben ist." Sprachlos blickten sie aus den kleinen Fenstern, als das Flugzeug über die intakte Wildnis glitt.

Da rief der Pilot aufgeregt in sein Funkgerät. Bald wussten sie auch, warum: Mitten im endlosen Wald tauchte die winzige Landebahn des Coltra East Wildlife Reserve auf, ein schmaler, grüner Streifen, auf dem ein paar Kühe, völlig unbeeindruckt vom nahenden Flugzeug, grasten. Die Cessna kreiste zweimal, dann rannte ein Parkwächter mit einem Knüppel aus der kleinen Hütte, die wohl als

Terminalgebäude diente. Er stürmte auf die Piste, wedelte mit seinem Stock und trieb die Tiere zur Seite. Die Maschine landete mit einigen Hüpfern auf der Graspiste, rollte rumpelnd und schlenkernd aus und kam knapp vor einem mächtigen Kapokbaum zum Stehen. Alle außer dem Piloten kletterten aus dem Flugzeug. Ella, Andy und Robin waren schweißgebadet, und das nicht nur wegen der Hitze.

Eine junge Biologin hatte sie bereits erwartet und stellte sich mit einem warmen Lächeln als Sophie vor. Neben ihr stand Tiara, ihre Assistentin, die auf ein Geländefahrzeug deutete, das hinter der Terminal-Hütte im Leerlauf tuckerte, um die Klimaanlage am Laufen zu halten. Am Steuer erwartete sie der Fahrer, der sie mit einem breiten Grinsen begrüßte und sich als Tuk vorstellte, was hervorragend zum Geräusch seines Gefährts passte. Die holprige Fahrt zum Wildlife Center von Coltra East dauerte nur eine Viertelstunde, doch nach dem abenteuerlichen Flug kam sie Robin wie eine Ewigkeit vor. Als sich die Bäume lichteten, tauchte aus dem Wald eine langgezogene, einstöckige, ganz aus Holz gefertigte Lodge auf – und plötzlich erschallte ein Orchester aus Trommelklängen. Junge Männer in leuchtender Nolé-Tracht stürmten aus dem Wald und stampften in synchronen Tanzschritten auf den Boden. Ihre Gewänder funkelten wie Edelsteine im Grün des Dschungels. „Das machen sie alles nur für uns?", fragte Robin ungläubig. „Ja, das ist ihr Willkommensritual", erklärte Morgan. „Wisst ihr, Coltra East ist eine Luxus-Lodge. Touristen zahlen normalerweise über tausend Dollar, um die Nacht in einem der Bungalows zu verbringen." Robin zog eine Braue hoch. „Dieses Geld finanziert den Naturschutz", fügte Morgan schnell hinzu. „Die Parkwächter, die Patrouillen, die Auswilderungsstationen, die Programme für die Dörfer – ohne die reichen Touristen wäre das undenkbar."

Das Mittagessen wurde auf einer großen Terrasse serviert, von wo sie einen zauberhaften Blick auf den Demba River genossen, der gemächlich und glitzernd unter gewaltigen Ästen hindurchzog. Zum

Mittagessen wurde gegrillter Fisch direkt aus dem Fluss serviert, dazu frische Früchte und Gemüse aus dem Garten hinter dem Reservat.

Kaum hatten sie das Mahl beendet, erklangen die Trommeln vor der Lodge erneut. Kurz darauf erschien ein Mann auf der Terrasse. Gut gebaut und in sportlicher Reisekleidung bewegte er sich leicht angespannt in Richtung ihres Tisches. Sophie und Tiara hatten ihn offensichtlich ebenfalls vom Flugplatz abgeholt und folgten ihm einige Schritte hinterher, wie Ministrantinnen. Robin bemerkte, wie sein Blick leicht verunsichert über die Tische glitt, bis er Morgan erblickte.

Dieser saß plötzlich ungewöhnlich steif auf seinem Stuhl. Seine übliche, leicht verschmitzte Gelassenheit war einem vorsichtigen Respekt, ja fast einem Anflug von Furcht gewichen. „Das ist Herr Spencer", flüsterte Wanga Robin zu. „Der CEO von Walmera." Dann stand sie auf und lächelte. „Guten Morgen, Hubert, gut angekommen?"

„Guten Tag", sagte Spencer endlich und blickte in die Runde. „Willkommen in Coltra East. Ich bin Hubert Spencer."

„Hier sind unsere Freunde von Five Elements", erklärte Wanga. „Ah ja, Five Elements", wiederholte Spencer und musterte sie. Ganz offensichtlich hatte er anderes Personal erwartet – älter, erfahrener. Er fing sich aber rasch und setzte sich auf den Platz, den Ella ihm anbot. „Sie wollen also unsere Konzessionen in den Lester Hills und in Coltra East pachten?", begann er.

Ella ließ sich nicht zweimal bitten. Wie üblich stellte sie ruhig und souverän das Team vor. Spencer hörte höflich zu, doch seine Gedanken schienen woanders zu sein. „Morgan hat Ihnen sicher erklärt, dass das weder billig noch einfach wird", unterbrach er ihre Rede. „Aber die CO_2-Zertifikate, das ist im Grunde ja schon interessant. Sie müssen mir mehr darüber erzählen. Walmera ist nämlich dem Umweltschutz verpflichtet, wissen Sie! Wir haben uns ein Netto-Null-Ziel gesetzt. Wenn Zertifikate es ermöglichen, größere

Teile von Coltra East zu schützen, vielleicht sogar den ganzen Wald, sind wir natürlich offen für ein Gespräch."

In den nächsten zwei Stunden skizzierten sie gemeinsam den groben Plan. Wie bereits mit Wanga vorbesprochen, würde Walmera seine Waldkonzessionen für eine unbefristete Zeit an die Matipa-Stiftung verpachten. Matipa würde die Rolle der Projektentwicklerin übernehmen und das gesamte Programm zum Schutz des Dschungels leiten. Five Elements, die Firma von Robin, Ella und Andy, wäre dafür zuständig, den Waldschutz zu messen und zu dokumentieren, die entsprechende Menge an CO_2-Zertifikaten beim Green Climate Standard zertifizieren zu lassen und diese an Firmen in Canland zu verkaufen. Aus den Einnahmen würde nicht nur die Pacht für Walmera bezahlt, sondern würden auch verschiedene Projekte in den umliegenden Dörfern finanziert.

Als die Sonne sich schon hinter die Baumkronen gesenkt hatte, klappte Spencer seinen Laptop zu und ließ Drinks servieren. Zwei Kellner in traditioneller Kleidung schoben einen Wagen heran und mixten Cocktails mit einer imposanten Show, die Robin an Luke erinnerte. Die Stimmung hatte sich spürbar aufgelockert. Spencer lachte und schäkerte mit Ella, die ihn offensichtlich beeindruckt hatte. Robin beobachtete ihn mit leichtem Argwohn.

„Wenn wir damit Erfolg haben", rief Spencer und hob sein Glas, „warum wollen wir dann nicht nach Lomba expandieren? Walmera erwirbt dort ebenfalls Konzessionen. Da könnten wir ebenfalls CO_2-Zertifikate generieren. Ich fliege nämlich heute Abend noch rüber!", ergänzte er mit sichtlichem Stolz und schaute auf seine Fliegeruhr. „Die Republik Lomba?", rief Ella begeistert. „Das Land, das wir aus der Luft gesehen haben? Auf jeden Fall, ja, das müssen wir unbedingt auch schützen!"

„CO_2-Zertifikate in Lomba? Das könnte aber schwierig werden", warf Andy trocken ein.

Spencers Lächeln erstarb. „Warum denn?"

„Weil in Lomba bislang kaum Abholzung stattgefunden hat", erklärte Andy. „Der Wald dort ist intakt. Zertifikate gibt es nur, wenn wir eine Verbesserung gegenüber einer bestimmten Referenz nachweisen können. In Lomba ist die Referenz jedoch die, dass der Wald steht. Gegenüber dieser Referenz kann man keine Verbesserung aufzeigen." Spencer runzelte die Stirn und schaute ihn ungläubig an. „Coltra East ist doch auch intakt. Und Sie haben mir doch gerade zwei Stunden lang erzählt, dass wir Zertifikate erhalten könnten, wenn wir den Wald unberührt lassen. Warum soll das in Coltra East funktionieren, aber nicht in Lomba?" Andy schüttelte den Kopf. „Coltra West und die Lester Hills wurden bereits gerodet. Der Druck zur Abholzung hier ist offensichtlich real. Demba verliert Jahr für Jahr Wald. Das ist die Referenz. Wenn wir die Abholzung stoppen, so erzielen wir eine messbare Wirkung gegenüber dieser Referenz." – „Seid ihr verrückt geworden?", warf Wanga mit funkelnden Augen ein. „Also verdienen wir in Demba mit CO_2-Zertifikaten Geld, weil wir unsere Wälder bisher zerstört haben? Und Lomba bekommt nichts, weil sie ihren Wald bewahrt haben? Das ergibt doch überhaupt keinen Sinn!"

„Nun ja, es ist leider schon wieder ein Paradox", meinte Robin nach einer Pause kleinlaut. „Das *Referenz-Paradox*. Paradoxerweise qualifiziert man sich nur dann für CO_2-Zertifikate, wenn man den Wald bereits zerstört, oder dies zumindest geplant hat. Aber wenn man ihn geschützt hat, gibt es keine Referenz, gegenüber der man sich verbessern könnte. Und somit auch keine Anerkennung dafür, dass man das Richtige getan hat."

Ella senkte den Blick. Wanga und Morgan saßen steif da, ohne ein Wort zu sprechen. Da blickte Spencer wieder auf die Uhr und erhob sich. Ihm war eingefallen, dass er dringend zum Flugfeld zurückkehren musste. Die Eiswürfel in seinem halb ausgetrunkenen Cocktail schmolzen in der Abendwärme.

Das Wissenschafts-Paradox

Das erste Tageslicht drang durch das dichte Blätterdach, und Robin erwachte zu einer wundervollen Symphonie aus unzähligen Tierstimmen. Er blinzelte und sah, dass das Bett neben ihm leer war. Draußen auf der Terrasse saß Andy über seinen Laptop gebeugt.

„Du warst gestern Abend ein ziemlicher Partykiller", lachte Robin. „Aber wie auch immer, ich bin froh, dass Spencer dann verschwunden ist." – „Allerdings ...", brummte Andy, ohne aufzublicken. „Sonst hätten wir Ella noch einsperren müssen ..." – „Hoffentlich haben wir die Projekte mit unseren Bemerkungen nicht gleich abgewürgt", erwiderte Robin. „Wanga und Morgan sahen echt besorgt aus. Wir brauchen Spencer. Ohne ihn läuft gar nichts. Er entscheidet. Sag mal, woran arbeitest du da eigentlich so früh?"

Jetzt hob Andy den Kopf. „Das Gespräch gestern hat mich nicht losgelassen", sagte er. „Ich checke gerade die Regeln für Waldschutzprojekte beim Green Climate Standard. Wenn wir da nicht alles exakt einhalten, bekommen wir keine Zertifikate." – „Um sechs Uhr morgens? Willst du dir nicht zuerst mal einen Kaffee holen?", fragte Robin müde.

„Nein. Ähm ... warte. Hör mal zu: Wir haben doch drei Projektideen, oder?" – „M-hm", nickte Robin, aber Andy war jetzt nicht mehr zu stoppen. „Das SunScore-Solarprojekt, die Wiederaufforstung der Lester Hills und das Waldschutzprojekt in Coltra East. Okay. Die ersten beiden sind relativ einfach zu verstehen. Solarpaneele ersetzen Dieselgeneratoren. Das ist leicht zu messen und zu belegen. Dann die Bäume in den Lester Hills. Die nehmen Kohlenstoff auf, während sie wachsen, auch relativ klar. Aber Coltra East?" Er stockte. „Dort liegt der Fall anders. Dort wollen wir keine Bäume pflanzen, sondern verhindern, dass sie gefällt werden, also künftige Abholzung vermeiden." – „Genau", sagte Robin, „und deshalb ist Coltra East auch das wichtigste Projekt von allen. Wenn sie die Bäume hier fällen wie in Coltra West, stell dir mal vor, Andy, wie viele Pflanzen und Tiere da verloren gehen würden. Ein Wald, der tausende Jahre lang gewachsen ist, wäre in ein paar Jahren ruiniert. Wenn wir ihn retten, bringt das enorm viel fürs Klima und die Biodiversität."

„Absolut. Es ist krass. Ich hab die Zahlen hier ..." Andy klickte auf ein anderes Fenster. „‚Ein Hektar abgeholzter Dschungel entlässt 355 Tonnen Kohlendioxid in die Atmosphäre. Wenn du die gleiche Fläche dann wieder aufforsten würdest, so nähme sie nur knapp sieben Tonnen pro Jahr auf.' Mit anderen Worten: Es dauert rund 50 Jahre, bis ein zerstörter Wald das CO_2 wieder aufgenommen hat." Andy klickte zurück ins Methodologie-Dokument. „Aber genau deshalb ist Coltra East das komplizierteste Projekt. Es gibt zwei Gründe, warum dieser Wald unter Druck steht. Erstens geht es um die geplante Abholzung. Dazu gehören Walmera sowie die anderen Palmöl-Firmen mit ihren Konzessionen. Zweitens findet ungeplante Abholzung statt. Arme Bauern, die Holz schlagen, um zu überleben. In Coltra East haben wir beides."

Robin nickte. „Schon klar. Aber am Ende kommt's aufs Gleiche raus. Gefällt ist gefällt. Wenn das nur irgendwie gestoppt werden kann ..."

Da erklang hinter ihnen eine vertraute Stimme. Offenbar hatte Wanga schon länger zugehört. „Aha", sagte sie und zwinkerte den Jungs zu. „Habt ihr schon wieder ein neues Paradox entdeckt, oder was? Darf ich euch mal ehrlich fragen: Seid ihr hier, um über Paradoxe zu grübeln, oder um Projekte auf den Weg zu bringen?" Dann wurde ihr Ton ernst. „Robin, rein wissenschaftlich gesehen, hast du schon recht." Fürs Klima ist's letztlich egal, ob der Wald geplant oder ungeplant abgeholzt worden ist, ein Baum ist ein Baum, eine Tonne Kohlendioxid ist eine Tonne Kohlendioxid. Aber wirtschaftlich und sozial macht es einen gewaltigen Unterschied."

Sie trat näher. „In Coltra East haben wir beides: Walmera mit seinen legalen Einschlagsrechten und die Kleinbauern, die roden, um zu überleben. Mit Walmera können wir hoffentlich einen Deal abschließen. Wir pachten ihre Konzession und bezahlen sie mit Einnahmen aus dem Verkauf von CO_2-Zertifikaten. Aber wenn wir die Dorfgemeinschaften ignorieren, gerät der Wald dennoch immer stärker unter Druck. Die Menschen brauchen Alternativen. Und wie ihr in Duiba gesehen habt, gibt es nicht *die eine* Stimme der Gemeinschaft, sondern viele Ansichten. Es ist verzwickt."

Andy nickte heftig und klickte auf ein neues Programmfenster. „Genau! Schaut mal: Diese Karte hab ich heute Morgen gefunden. Sie modelliert den menschlichen Einfluss auf die Waldabholzung in ganz Demba. Forschende aus allen Richtungen haben daran gearbeitet: Forstwissenschaftler, Ökonomen, sogar Soziologen. Sie haben alles einfließen lassen: Logikmodelle, Satellitendaten, künstliche Intelligenz. Das Ergebnis ist ernüchternd. Kein Modell funktioniert wirklich überall. Jeder Wald hat offenbar seine eigene Geschichte."

Robin runzelte die Stirn. „Also ... es gibt kein einheitliches Modell, das wir nutzen können?" – „Richtig", fuhr Andy fort. „Aber hier kommt der Clou." Er tippte so heftig auf den Bildschirm, dass sein Laptop fast vom Tisch gekippt wäre. „Weil sie eben kein *einheitliches* Modell vorlegen konnten, haben sie stattdessen den Prozess standardisiert, wie man zu einem *spezifischen* Modell gelangt. Daten prüfen, Kontext analysieren, Methoden anpassen." Er drehte Wanga und Robin seinen Laptop zu und zeigte ihnen ein Flussdiagramm. „Schritt eins: Wir müssen die Abholzung in der Vergangenheit genau kartieren. Schritt zwei: Wir identifizieren die Treiber, die heute zur Abholzung führen. Also: die Holzkohleproduktion, die Brandrodung, der illegale Holzschlag, aber natürlich auch die Konzessionen. Schritt drei: Wir müssen die Risiken in der Zukunft modellieren und berechnen. Schritt vier: Wir entwerfen lokale Maßnahmen, um die zukünftige Abholzung zu bremsen. Bienenhaltung, nachhaltige

Weidewirtschaft, effizientere Landwirtschaft, was auch immer. Und dann vergleichen wir die Szenarien."

Er klappte den Laptop halb zu und grinste. „Das nennen sie *counterfactual*'. Ein Modell davon, was passiert, wenn *nichts* passiert, und was *nicht* passiert, wenn etwas passiert. Das ergibt dann zwei Szenarien. Und der Unterschied zwischen den beiden Szenarien ergibt dann die Anzahl der Zertifikate, die wir bekommen. Ella würde das *Wirkungsanalyse* nennen. Es gibt viele verwandte Konzepte: kausale Inferenz, bayessche Logik. Robin, du solltest das eigentlich easy kapieren. Hast du *Momo* gelesen?" Robin nickte erstaunt. *Das Kinderbuch von Michael Ende?* Vor seinem geistigen Auge erschienen die grauen Herren, die in Demba Bäume fällten und ihre Blätter rauchten.

„Erinnerst du dich an die Schildkröte Kassiopeia, die eine halbe Stunde in die Zukunft blicken kann? Kassiopeia sieht, was passieren wird, falls niemand eingreift. Genau das ist das ,Business as usual'-Szenario. Aber sobald jemand den Mut hat, etwas zu tun, verändert sich die Zukunft. Unsere Modelle sind genauso. Sie sagen uns, was geschehen wird, wenn keiner etwas unternimmt und keiner ein Projekt umsetzt." Robin zog eine Braue hoch. „Klingt wie Magie oder ein lustiges Rätsel."

„Nein, weder Zauberei noch Raten", erwiderte Andy. „Es geht darum, das Szenario ohne Projekt zu modellieren. Und das kannst du nie wissenschaftlich *beweisen*. Du kannst das Universum nicht spalten und einen A/B-Test durchführen. Du kannst es nur im Nachhinein überprüfen. Deshalb ist die Festlegung eines Referenz-Szenarios so heikel. Und selbst wenn du das perfekte Modell hättest, in ein paar Jahren gibt's garantiert bessere Daten, bessere Methoden, bessere Modelle. Was heute solide wirkt, ist vielleicht morgen veraltet. Darum werden die ganzen Verfahren ständig nachgebessert. Es gibt öffentliche Konsultationen, Peer-Reviews und unabhängige Gutachter. Aber perfekt ist es nie. Eher ein ständiger Prozess."

Robin dachte lange nach und pfiff dann langsam durch die Zähne. „Wenn Kassiopeia auf ihrem Panzer also eine Vorhersage macht, wie viele Bäume wir verlieren werden, und wir deshalb ein Projekt aufgleisen, um den Wald zu schützen, dann wird ihre ursprüngliche Voraussage nicht mehr zutreffen ..." Er kniff die Augen zusammen und überlegte. „Für diese Fehlaussage sind im Nachhinein zwei Gründe denkbar. Entweder hat unser Projekt funktioniert. Oder die Schildkröte lag von Beginn weg falsch mit ihrer Vorhersage. Richtig beweisen wird man's nie können. Das riecht mir nach ziemlich heftigen Debatten..."

Andy lachte. „Kontroverse Debatten sind tatsächlich vorprogrammiert, und dafür gibt es auch öffentliche Konsultationen. Außerdem dauert der Zertifizierungsprozess eine Ewigkeit. Aber ich denke, es gibt keine andere Wahl. Alles ist super langsam und kontrovers, ja. Aber der Prozess ist transparent. Nur so hast du eine Chance, zum Schluss werthaltige CO_2-Zertifikate zu erhalten." Er klappte den Laptop zu. „Und jetzt brauch ich wirklich einen Kaffee." Dann wurde er wieder ernster: „Für Coltra East benötigen wir jedenfalls alle Abholzungsdaten, und zwar mindestens zehn Jahre zurück. Dann müssen wir die Vorhersagen und Modellierungen für Coltra East und Coltra West erstellen. Walmeras Pläne lassen sich einigermaßen leicht abbilden, aber die Abholzung durch die Kleinbauern ist viel schwieriger zu modellieren. Und ..." Er zögerte.

„Und was?", fragte Robin. „Und", fuhr Andy fort, „wir müssen es obendrein schaffen, die Menge Kohlenstoff zu berechnen, die heute in Coltra East gespeichert ist. Dann berechnen wir mit unserem Modell, wie sich diese Menge verändern würde, wenn die Rodung weitergeht. Der Unterschied wird nur dann in Form von Zertifikaten ausgestellt, wenn wir nachweisen können, dass unser Projekt den Wald gerettet hat."

„Professor Andy", sagte Robin feierlich, während sie in Richtung der hoch über dem Fluss gelegenen Frühstücksterrasse gingen. „Das klingt nach richtig viel Arbeit."

In dem Moment trat Ella mit einer Kaffeetasse in der Hand aus ihrem Bungalow. Diesmal hatte sie ein Häuschen für sich allein erhalten. Sie wirkte besorgt. „Was ist los, Ella?", fragte Robin. „Von Spencer geträumt?"

Das Wissenschafts-Paradox

Sie warf ihm einen giftigen Blick zu. „Spencer ... Hör zu, ich habe gestern Abend noch lange mit Morgan geredet. Spencer ist im Kern ein guter Kerl, sagt er. Aber er steht unter enormem Druck. Zum ersten Mal hat die Walmera-Familie einen ausländischen CEO engagiert. Kaum war er im Amt, sind die Palmölpreise eingebrochen. Dazu kam noch ein technischer Defekt an einer ihrer Raffinerien. Ersatzteile sind nicht aufzutreiben. Die Walmeras sind eine stolze Nolé-Dynastie. Ihr könnt's euch vorstellen, die Stimmung ist da nicht grad bombastisch ... Ganz ehrlich, Jungs: Diese Paradoxe sind ja toll. Aber das Ziel gestern war, Spencers Vertrauen zu gewinnen. Nicht, ihn über Referenzszenarien zu belehren."

Die beiden wurden rot und sahen leicht beschämt zu Boden.

„Immerhin", fuhr Ella fort, „Morgan meint, Spencer sei prinzipiell interessiert. Die niedrigen Palmölpreise sind wohl ein weiterer Grund, warum ein Waldschutzprojekt für ihn mehr Sinn ergeben könnte als noch mehr Ölpalmen in Coltra East." Ihre Stimme wurde plötzlich leise: „Was mir aber mehr Sorgen macht, ist mein Bruder."

„Dein Bruder? Simon? Wieso?" fragte Robin überrascht.

„Er hat mir heute früh geschrieben." Sie zog ihr Smartphone heraus und zeigte ihm die Nachricht:

> Ich hör auf. Hab genug. Die Idioten geben mir ständig an allem die Schuld. Alles inkompetente Deppen. Liebe Grüße, Sim.

„Wow. Klingt ziemlich am Arsch. Wo arbeitet er denn?", fragte Robin. „Im Investment-Team eines Gesundheitstechnologie-Fonds. Sein Traumjob, hat er gesagt, noch vor einem halben Jahr. Und jetzt das ... Davor war er im Umweltministerium. Auch da war er nach einem Jahr weg ... Ich hab's irgendwie geahnt. Simon ist extrem intelligent und fleißig. Aber auch unglaublich rechthaberisch. Und irgendwie verbockt er's jedes Mal mit seinen Arbeitskollegen..." – „Dann holen wir ihn doch zu uns ins Team! Wir brauchen nämlich einen Investmentmanager, und bei uns hätte er die tollsten Kollegen! Win-win, oder?" lachte Andy.

Nach dreiviertel Stunden auf einer holprigen Piste ließ Sophie Tuk anhalten. „Stopp! Genau hier. Die Koordinaten stimmen. Also, etwa 50 Meter links in den Wald", rief sie und sprang aus dem Wagen. Tiara packte Kamera, Laptop und ein langes Maßband ein. Alle stiegen aus, noch ein wenig benommen von der Fahrt. Doch die Übelkeit war schnell vergessen, als sie bemerkten, was vor ihnen lag. Sophie hatte den Messbereich per GPS genau lokalisiert. Die beiden Frauen standen nun vor einem kräftigen Baum. Tiara legte das Band in Brusthöhe um den Stamm. „Durchmesser, 27 Zentimeter." Sophie tippte die Zahl in den Laptop. „Okay, jetzt die Höhe", sagte sie, trat zurück, setzte das Klinometer an und peilte zunächst die Spitze, dann die Basis. „Siebzehn Grad oben ... unten zwei." „Etwa zwölf Meter hoch", sagte Sophie. Tiara rief eine App auf und ließ auf Grundlage von Durchmesser und Höhe eine sogenannte allometrische Berechnung durchführen. „Dieser Baum hat oberirdisch etwa 577 Kilogramm Biomasse." Sophie pfiff leise. „Wenn man das auf alle Bäume hochrechnet, ergibt das einen ziemlich ordentlichen Kohlenstoffspeicher. Und wenn wir diesen einzigen Baum verbrennen, geht dabei über eine Tonne Kohlendioxid in die Luft. Seht ihr? Ich habe euch doch gesagt, dass Waldinventur nicht langweilig ist."

Über mehrere Stunden hinweg halfen sie Sophie und Tiara dabei, jeden Baum und jedes Gehölz im 80 Quadratmeter großen Feld zu vermessen. Danach wiederholten sie den Prozess an sieben weiteren Punkten. Es wurde einer der anstrengendsten, aber auch lustigsten Tage ihres neuen Lebens als Entwickler von Klimaschutzprojekten.

Die Sonne war untergegangen. Das letzte Licht ließ den Fluss in einem magischen, silbernen Schimmer erstrahlen, und das Trio beendete den aufregenden Tag im Dschungel mit einigen Dosen Demba Lager.

„Sophie hat ein cooles Leben!", sinnierte Robin. „Durch den Wald cruisen, Bäume vermessen, Arten studieren ... Das würde mir auch gefallen!" – „Nun, du kannst dich bewerben. Wir brauchen bald noch viele weitere Sophies", sagte Andy. „Satellitenbilder allein reichen nämlich nicht, um CO_2-Zertifikate für Coltra East zu bekommen. Wir werden Hunderte Stichproben im gesamten Gebiet benötigen." „Hmm", meinte Robin. „Also, ein wenig ineffizient ist das ja schon. Und fehleranfällig."

Er lehnte sich auf seinem Stuhl zurück und betrachtete einen riesigen Baum, dessen Äste die Terrasse überragten. „Habt ihr schon mal von Carbon-Flux-Towers gehört?", fuhr er plötzlich fort. Andy und Ella sahen ihn überrascht an. „Carbon-Fluch, was?", lachte Ella. Robin fuhr unbeirrt fort: „Das sind Messstationen, die den CO_2-Austausch zwischen Erde und Atmosphäre erfassen. Sophie hat's mir vorhin auf der Rückfahrt erzählt. Ökologinnen nutzen sie, um den Kohlenstofffluss in Pflanzen und Bäumen besser zu verstehen. Sie meinte, sie hätten einen solchen Tower neben dem Labor, dort unten, wo das Schutzgebiet beginnt." Er deutete über die Schulter. „Und warum ist das für uns relevant?", fragte Ella. „Wenn wir mehrere solcher Türme in Coltra East aufstellen würden, also am besten in ganz Demba, so könnten wir den CO_2-Eintrag und -Ausstoß der verschiedenen Wälder automatisch messen. Dann hätten wir exakte Daten dazu, wie viel Kohlenstoff gespeichert oder freigesetzt wird. Das wäre eine viel präzisere und robustere Grundlage für die Berechnung – und für die Zertifikate!" – „Interessant", sagte Ella. „Aber sind diese Türme easy verfügbar? Und was kosten sie?" „Sophie meinte, ihrer habe etwa 50'000 Dollar gekostet, eine Spende von Walmera. Mit Gasanalysatoren, Sensoren, Software. Man muss ihn auch konstant kalibrieren und warten."

„Fünfzig Riesen?", rief Ella. „Wir bräuchten Dutzende! Wenn nicht Hunderte!" – „Ich bin mir sicher, die Preise kommen in den nächsten Jahren runter", entgegnete Robin. „Und wie sieht's mit der Methodologie aus?", mischte sich Andy ein. „Nach der aktuellen Berechnungsmethode des Green Climate Standards musst du manuelle Erhebungen im Wald durchführen, so wie heute. Sonst gibt's keine Zertifikate. Eine Option, Flux-Türme zu nutzen, habe ich nirgends gesehen."

Robin zögerte. „Genau das ist doch das Problem, oder? Schon bald werden wir jedes einzelne Molekül messen können, das in den Wald hereinkommt und wieder hinausgeht. Wenn wir so weit sind, ist doch jede frühere Methodik veraltet."

„Und was schlägst du vor? Nichts tun und warten, bis die perfekte Messung aller CO_2-Ströme technisch möglich ist?", fragte Ella.

„Nein, natürlich nicht. Aber wir müssen ehrlich sein. Das ist nämlich ein weiteres Paradox, und zwar ein gefährliches", sagte Robin. „Selbst wenn wir heute alles regelkonform berechnen und modellieren, wird in zwei Jahren jemand sagen: ‚Warum habt ihr nicht die aktualisierten Satellitenbilder verwendet?' Oder: ‚Faktor X habt ihr nicht berücksichtigt, also zählt es nicht.' Wenn du dieses Risiko vermeiden willst, musst du warten, bis die Wissenschaft die perfekte Methodik liefert. Was paradoxerweise heißt: Du wartest bis zum Sankt-Nimmerleinstag."

„Das *Wissenschafts-Paradox*", sagte Ella lächelnd. „Wenn wir in dem Tempo weiter Paradoxe entdecken, brauchen wir bald eine eigene Taxonomie."

Die letzte Kerze erlosch. Sie blieben in der Dunkelheit sitzen, in einer stillen, nachdenklichen Runde. Während das Paradox, dass wissenschaftlicher Fortschritt den ökologischen Fortschritt gefährdet, noch in ihren Köpfen nachhallte, begannen sie, der lebendigen Welt zu lauschen: den zahllosen Geräuschen des Dschungels und dem tiefen, rhythmischen Quaken der Frösche am Fluss. All dies holte sie zurück auf den Boden der Tatsachen.

Das Absichten-Paradox

Die Dörfer Yolo und Mutela, die nur über eine unbefestigte, kaum passierbare Straße erreichbar waren, lagen vier Stunden nördlich des Coltra-East-Reservates. Der Weg führte entlang des Yolo Rivers, der sich unweit der Lodge in den Demba River ergoss.

Am Abend zuvor hatte Morgan kaum ein Wort gesagt. Er brauchte auch nichts zu sagen. Dass er nervös war, erkannte man an seinen leicht zitternden Händen und daran, dass er ständig aufs Handy schielte, obwohl der Plan für den kommenden Tag seit Langem feststand. Sein Unbehagen hatte einen triftigen Grund: Morgan war in Yolo geboren, einem Nolé-Dorf tief im Dschungel, weit weg vom Chaos von Port Kewala. Doch genauso wie Wanga hatte auch er nach der Grundschule ein Stipendium erhalten, das ihn aus seiner vertrauten kleinen Welt in eine viel größere und härtere katapultiert hatte, nämlich in die Hauptstadt. Nach seinem Abschluss in internationalem Business Management kam er zunächst als Praktikant im Unternehmen der mächtigen Walmera-Familie unter, wo er rasch Karriere machte und nun als Direktor über ein stattliches Team und ein ebensolches Ansehen verfügte. Doch die Menschen in Yolo hatten seinen Weg argwöhnisch verfolgt. „Die Familie Walmera, das sind doch Nolé wie wir", hatte Morgan dann jeweils gesagt. Doch das Misstrauen war und blieb groß.

Morgan hatte die Wahrheit auch nie zu verstecken versucht. „Mit Walmera ist es so: Sie dominieren fast das gesamte Business hier in der Coltra-Region. Manche Dorfbewohner haben heute gute Jobs gelandet. Arbeiten auf den Plantagen oder in den Büros. Sichere Einkommen, Schulbildung für die Kinder, ihr wisst schon. Aber andere haben alles verloren: Wälder, Tiere, Zugang zu Trinkwasser."

Er hielt kurz inne, dann sah er sie direkt an. „Jetzt wollen wir mal sehen, wie die Leute in Yolo und weiter oben in Mutela auf den neuen Vorschlag von Walmera reagieren. Den Wald zu erhalten und Einkommen durch CO_2-Zertifikate zu erwirtschaften, statt durch Palmöl- und Kautschukplantagen." Er zuckte die Schultern. „Wenn es funktioniert, könnte sich alles zum Besseren verändern. Aber das ist ein großes Wenn..."

Nun stand der erste Test an. Sie würden Chief Emmanuel treffen, den Vorsitzenden des Ältestenrats von Yolo. Später sollte die Reise sie noch weiter nach Norden führen, tiefer in den Dschungel von Coltra East, bis zur Flusssiedlung Mutela, einem weiteren Dorf am mäandernden Lauf des Yolo Rivers.

„Tila wird uns zu Emmanuel bringen", sagte Morgan. „Sie ist meine Nichte. Ihre Mutter, also meine Schwester, ist Pflegerin und kümmert sich seit Jahren um Emmanuel." Mit leiser Stimme fuhr er weiter: „Er leidet nämlich an Diabetes, und niemand weiß so recht, wie man ihm helfen kann."

Um Yolo und Mutela am selben Tag zu erreichen, gab es nur eine Möglichkeit: Aufstehen um vier Uhr früh. Robin, Ella und Andy dösten gleich wieder ein, als sich der Land Cruiser in Bewegung setzte.

Nach etwa drei Stunden unruhigen Schlafs drang plötzlich dichter Rauch durch die offenen Fenster ins Wageninnere. Ihre Augen begannen zu brennen, als ob sie von hundert Nadeln gestochen worden wären. „Was zur Hölle ist denn hier los?", schrie Robin und zog sein T-Shirt vors Gesicht. Der Wagen beschleunigte, und Andy fragte sich, wie Tuk es schaffte, in diesem dichten Qualm überhaupt noch weiterzufahren.

Ein paar Minuten später war der Spuk vorbei. Sie hielten vor einer kleinen Ansammlung einfacher Hütten. Ella sprang heraus, als sie einen Bach entdeckte, und wollte ihr Gesicht waschen. Doch Morgan rief sie hastig zurück. „Nicht berühren! Wasch dich besser mit Flaschenwasser. Dieser Bach ist nicht sicher. Man weiß nie, welche Würmer oder andere Viecher darin lauern."

Nachdem sich alle etwas gefasst hatten, erklärte Morgan: „Das hier ist eine kleine Nolé-Siedlung. Was sie da machen, nennt man Brandrodung." – „Ja, Wanga hat uns davon erzählt. Belé und Nolé betreiben diese Form von Landwirtschaft doch schon seit Jahrhunderten, oder?" fragte Ella. „Genau", sagte Wanga. „Es ist eine traditionelle Lebensweise, die im Prinzip sehr nachhaltig ist und in den Tropen weltweit praktiziert wird. Die Dorfbewohner pflanzen auf den frisch gerodeten Flächen Mais oder Bananen. Nach ein paar Jahren, wenn der Boden nicht mehr fruchtbar genug ist, ziehen sie weiter, und auf der alten Fläche wächst über die Jahre hinweg wieder dichter Wald. Irgendwann, nach Jahrzehnten, kehren sie vielleicht zurück, und der Kreislauf beginnt von vorn."

Wanga warf Morgan einen Blick zu und fuhr fort: „Doch die Konflikte um Landrechte nehmen zu. Keiner dieser Dorfbewohner hat eine offizielle Besitzurkunde. Ein Grundbuch gibt es genauso wenig. Sie leben seit Jahrhunderten einfach hier in den Wäldern. Und mit der wachsenden Bevölkerung wird diese nachhaltige, aber ineffiziente Anbaumethode zum Problem, weil die Ruhezeiten zwischen Nutzung und Regeneration immer kürzer werden."

Zwei Burschen lugten jetzt hinter einer Hütte hervor. Robin winkte ihnen zu. Sie kreischten kurz und liefen schnell davon. „Wir hätten den anderen Land Cruiser nehmen sollen, den ohne Walmera-Logo", murmelte Morgan. „Ich hab's euch gesagt: Viele hier haben Angst vor Walmera. Los, fahren wir weiter! Tila wartet schon vor Yolo."

Etwa eine Stunde später tauchte am Straßenrand eine junge Frau auf, die ihnen freudig zuwinkte. „Onkel Morgan, Onkel Morgan!", rief sie, als er sich aus dem Fenster lehnte. „Tila!", erwiderte Morgan und sprang aus dem Wagen. „Mein Gott, das letzte Mal habe ich dich bei deiner Jugendweihe gesehen, wie viele Jahre ist das nun her?"

Morgan und die junge Frau wechselten ins Nolém. Selbst Wanga verstand nun kein Wort mehr. Doch Tuk wurde immer unruhiger. „Sie wollen, dass wir den Wagen hier im Gebüsch verstecken und den Rest zu Fuß gehen", flüsterte er. „Irgendeine Protestaktion geht grad ab in Yolo."

Tuk blieb zurück, und die anderen folgten Tila schweigend. Schon von weitem hörten sie Sprechchöre und rhythmischen Gesang. Einige Dutzend Stimmen in wütendem Tonfall waren auszumachen. Am Dorfrand stießen sie auf grell bemalte Banner, Parolen und Protestschilder, einige in englischer Sprache, andere in Nolém. Hinter einem Viehstall brummte ein Dieselgenerator, aus dem sich Kabel über den lehmigen Boden schlängelten und Mikrofone und Kameras speisten. „Drehen die hier einen Film?", fragte Robin. „Nein, das ist eine Demonstration, ein Protest!", erwiderte Tila in fast akzentfreiem Englisch.

Wenige Schritte weiter befanden sich die beiden größten Gebäude des Dorfs. Hinter einem Hof, auf dem überraschenderweise kein Kind zu sehen war, erhob sich die zweistöckige St.-Lawrence-Schule. Dahinter stand, noch imposanter, die Eternal-Lights Mission Church. Um die beiden Bauwerke herum lag eine Ansammlung kleiner Lehm- und Strohhütten sowie vereinzelter gemauerter Häuser. Morgan spürte einen Anflug von Nostalgie in sich aufsteigen. In dieser Schule hatte er gelernt, zu lesen und zu rechnen. Sie hatte ihn aus der Armut geholt. Bis heute unterstützte er sie jährlich mit einer Spende.

Die Studierenden warfen Tila fragende Blicke zu. „Die Leute hier protestieren", erklärte sie, „weil unser Yolo-Fluss vergiftet ist. Und weil unsere Wälder verschwinden. Und einige von uns..." – sie sah Morgan an – „...haben uns an die reichen Herren in Port Kewala verkauft. Aber du nicht, gell, Onkel Morgan? Oder?" – „Natürlich nicht", sagte er hastig. „Genau deshalb habe ich doch Wanga und unsere Freunde aus Canland mitgebracht. Wir haben einen Plan: Wir wollen Coltra East schützen und das Projekt über CO$_2$-Zertifikate finanzieren!"

Tila hob skeptisch eine Augenbraue. „Ihr seid aus Canland, ja? Das ist witzig. Diese Frau da ist auch aus Canland." Sie zeigte auf eine leicht ergraute Frau Mitte fünfzig, die, in traditionelles Nolé-Tuch gewickelt, vor einer Kamera stand und ein Schild in der Hand hielt: *An unserem Essen klebt Blut!* Daneben hing ein weiteres Banner: *Stop Palm Oil! Stop Killing Yolo People!* Auf ihrem T-Shirt waren die Buchstaben FHA zu lesen.

„Sie sind seit zwei Wochen hier", sagte Tila. „Fünf Canländer. Sie filmen und protestieren. Mal hier im Dorf, mal unten bei der Brücke, wo die Palmölplantagen von Coltra West beginnen." „Was bedeutet FHA?", fragte Wanga. „Fair Hope Alliance. Eine Organisation aus Canland. Sie wollen den Leuten in Yolo und Mutela helfen. Damit wir für unsere Rechte kämpfen." – „Und was halten die Leute hier davon?", fragte Wanga zweifelnd. Tila zuckte die Schultern. „Unterschiedlich, würde ich sagen. Walmera gibt manchen gute Jobs. Andere sehen sie aber nur als Diebe. Aber das hier ...", sie deutete auf die canländische Frau, die nun ein Mikrofon ergriffen hatte, „na ja, es sorgt für Spannungen. Jede Menge davon. Aber kommt, Chief Emmanuel wartet ..."

Auf einmal hörten sie einen panischen Schrei. Eine Frau mit einem Wasserkanister auf dem Kopf deutete entgeistert zum Waldrand, woher sie gekommen waren. Sie drehten sich um und sahen, wie eine schwarze Rauchsäule hinter den Bäumen aufstieg, genau dort, wo sie den Wagen zurückgelassen hatten. Und Tuk. Weitere Schreie ertönten nun vom Waldrand her, und mehrere Männer rannten zum Dorf hinaus. „Verdammt!", brüllte Morgan, den Blick auf den Rauch geheftet. „Tuk!", schrie Wanga mit entsetzter Stimme. Tila erbleichte und sagte fast flüsternd: „Mein Gott. Sie haben das Auto gefunden."

Ohne ein weiteres Wort zu verlieren, stürmte Morgan los. Wanga und Tila jagten hinterher. Ella, Robin und Andy blickten sich kurz an und rannten ebenfalls los. Doch nach wenigen Metern blieb Wanga abrupt stehen und drehte sich hastig um. „Ella! Bleib hier, die anderen auch!" – „Aber ..." – „Nein! Ihr bleibt hier!" Wangas Stimme war scharf und bestimmt. „Wir wissen nicht, was uns dort erwartet. Du bleibst. Das ist ein Befehl." Dann rannte sie den Männern hinterher zum Dorf hinaus.

Ein dumpfer Knall zerriss die gespenstische Stille. *Der Tank!* durchfuhr es Robin. Banner fielen zu Boden, Mikrofone kippten um. Die Dorfbewohner rannten los, panisch und wütend. Die grauhaarige Frau stand wie versteinert und mit offenem Mund vor der Kamera, doch der Kameramann war verschwunden.

Ella sah Andy nervös an. „Diese Frau kommt doch aus Canland, oder? Vielleicht kennt sie einen Ort, an dem wir uns verstecken können. Los, fragen wir sie!" Als die Canländerin ihre eigene Sprache hörte, drehte sie sich verwirrt um, fand aber sogleich ihre Fassung wieder. Mitten im Tumult schien sie nicht unglücklich darüber zu sein, völlig unverhofft drei Landsleute zu treffen. „Die Kirche", rief sie schnell. „Die Hintertür ist immer offen. Los!" Sie verloren keine Zeit, stürmten über den Platz und um die Kirche herum. Völlig außer Atem verriegelten sie rasch die Holztür hinter sich, ließen sich auf die harten Holzbänke fallen und blieben im Schockzustand einige Minuten einfach sitzen. Über ihnen blickte Jeanne d'Arc ruhig von einem halb verblassten Gemälde auf die vier Canländer herab.

Ella fand als Erste ihre Stimme wieder. „Was soll das denn? Warum haben sie Tuk angegriffen, verflucht nochmals?" – „Das haben sie doch nicht", flüsterte Andy. „Es war das Auto. Sie müssen das Walmera-Logo gesehen haben." Die Canländerin fuhr herum. „Was? Ihr seid mit einem Walmera-Wagen hierhergekommen?" Ella nickte unsicher. „Wir hatten keine andere Wahl." Die Frau schnaubte. „Seid ihr eigentlich bescheuert? Wisst ihr, was dieses Logo hier bedeutet? Was es auslöst? Ihr hättet genauso gut auf einem Kriegsschiff der canländischen Armee einfahren können!"

Ella sah sie prüfend an. Dies war keinesfalls der passende Zeitpunkt für einen Streit. Sie versuchte, die Wogen zu glätten. Sie nannte erst mal ihren Namen und fragte die Frau, die sich ihrerseits als Rebecca Silver vorstellte, nach ihren Beweggründen, hier in Yolo eine Protestaktion zu inszenieren. Rebecca war eine Mitgründerin der Fair Hope Alliance, die sich voll und ganz dem Ziel verschrieben hatte, die lokale Bevölkerung vor den ihrer Meinung nach illegalen Machenschaften eines internationalen Palmöl-Kartells zu beschützen. Dann war Ella an der Reihe. Rebecca hörte ihren kurzen, mit immer noch leicht zitternder Stimme vorgetragenen Ausführungen über Waldschutz und CO_2-Zertifkate mit verschränkten Armen zu. Schließlich schüttelte sie nur den Kopf. „Walmera zerstört alles", sagte sie. „Sie haben Coltra West abgeholzt und in Palmölplantagen verwandelt. Jetzt roden sie auch hier im Osten des Yolo Rivers. Wie sie zu diesen Konzessionen gekommen sind, weiß keiner genau. Legal war's auf keinen Fall. Aber eines ist klar: Es geht ihnen nur um Profit. Walmera kann man nicht vertrauen. Die einzige Lösung ist Protest und Widerstand!"

Ellas Handy vibrierte und zeigte eine Nachricht von Wanga an. „Tuk ist verletzt. Aber stabil", las sie. Andy sprang auf. „Wie schlimm?" – „Weiß nicht."

Rebecca atmete auf. „Gott sei Dank, also wird er es wohl schaffen. Das Beste wäre aber, ihr würdet alle so schnell wie möglich wieder von hier verschwinden."

Ella schaute sie einen Moment lang kühl an. „Ja, hoffentlich schafft er es", sagte sie nur.

Einen Moment später vibrierte Ellas Handy erneut.

> Tuk war eingenickt. Paar Jugendliche haben den Wagen angezündet. Dachten wohl, der sei leer. Tuk hat Brandwunden. Tila sagt, er kommt durch. Bringen ihn jetzt zu Emmanuel.

Rebecca blieb ungerührt. „Die hat eigentlich Besseres zu tun, als sich um unvorsichtige Fahrer zu kümmern."

Ella musste sich beherrschen. „Wie bitte? Ein unschuldiger Fahrer wurde von der Dorfjugend beinahe umgebracht!"

„Nun, diese Leute verteidigen ihr Dorf. Das ist ihr gutes Recht", gab Rebecca zurück.

Ella wurde rot im Gesicht. „Woher weißt du denn so genau, dass sich Walmera nicht ändern kann? Was wäre, wenn sie die Rodungen stoppen und stattdessen Aufforstung sowie nachhaltige Landwirtschaft fördern würden? Das alles finanziert über CO_2-Zertifikate? Die Dörfer rund um die Lester Hills stimmen dem grundsätzlich zu, wir waren vor einigen Tagen selbst dabei!"

Rebeccas Miene verfinsterte sich wieder.

„Ihr habt doch keine Ahnung, wovon ihr redet. Wie naiv kann man denn sein? Diese verrückte Idee wird doch nie im Leben funktionieren. Und selbst wenn's funktioniert. Die Menschen hier müssen ihr Schicksal wieder in ihre eigenen Hände nehmen. Und dabei helfen wir von der FHA!"

„Indem du Öl ins Feuer gießt? Und die Leute zu gewaltsamem Widerstand anstachelst?", gab Ella giftig zurück.

Nun wurde Rebecca richtig wütend. „Was unterstellst du mir da? Eine Frechheit ist das! Ich soll Öl ins Feuer gießen? Ich helfe diesen Leuten. *Ihr* kamt mit einem Walmera-Wagen. *Ihr* habt die Leute provoziert!"

So stritten die Canländer über das Schicksal der Dorfbewohner von Yolo im Halbdunkel der Eternal-Lights Mission Church. Andy starrte auf das große hölzerne Kreuz hinter dem schlichten Altar. Schließlich sagte er: „Wartet hier. Ich komme gleich wieder." Noch ehe jemand etwas sagen konnte, hatte er die Holztür entriegelt und war verschwunden.

Andy fragte sich bis zu Chief Emmanuels Haus durch. Er brauchte nicht lange zu suchen. Emmanuel bewohnte eines der wenigen gemauerten Häuser im Dorfzentrum, das von einem gepflegten Garten umgeben war, in dem etliche Kinder im Gras spielten. Die Stimmung im Dorf war nach all der Aufregung wieder von gespannter Ruhe abgelöst worden. Andy trat durch die unverschlossene Tür, hinter der ein kleines Lazarett aufgebaut worden war. Tila versorgte Tuks Wunden und blickte kaum auf, als Andy sich bemerkbar machte. Tuk war bei Bewusstsein, sah aber stark mitgenommen aus. Die Haut am Unterarm war aufgeplatzt und sein Körper übersät mit Brandblasen. Um das wenige vorhandene Desinfektionsmittel sparsam einzusetzen, behandelte Tila die oberflächlichen Wunden mit einer einfachen Kochsalzlösung, die Tuk zusammenzucken ließ.

Tila arbeitete ruhig und konzentriert. „Glück gehabt", murmelte sie. „Die meisten Wunden sind nur oberflächlich und werden vollständig verheilen. Die Nerven bleiben wohl alle intakt, vielleicht sogar die meiste Haut." Tuk brachte ein schiefes Lächeln zustande. „Du scheinst damit Erfahrung zu haben." – „Ja, leider", entgegnete Tila ruhig. „Aber normalerweise mit einem Team im Rücken. Und ausgerechnet heute ist meine Mutter bei der Tante zu Besuch. Wir brauchen dringend eine richtige Klinik in Yolo." Sie trug vorsichtig ein Antibiotikum auf die Wunde auf. Tuk zuckte wieder zusammen. „Schmerzen sind ein gutes Zeichen. Bedeutet, dass deine Nerven noch leben."

Wanga reichte ihr Mullbinden. „Soll er hier übernachten?" – „Er braucht eine Klinik", sagte Tila knapp. „Eine echte, mit Schmerzmitteln und Antiseptika." – „Im Wildlife Center gibt's eine", meinte Wanga. „Vier Stunden Fahrt. Eigentlich ist sie nur für Touristen, ja, aber sie machen für uns vielleicht eine Ausnahme." Sie lachte kurz auf und sah Andy an. „Ihr seid ja mit einem Touristenvisum eingereist und Tuk ist euer Fahrer, nicht?"

Auf der Veranda gegen den Innenhof waren nun Chief Emmanuels und Morgans Stimmen zu hören. Sie sprachen nun doch noch über Walmeras Plan, was ja die eigentliche Absicht dieses unglückseligen Besuchs gewesen war. „Euer Plan klingt grundsätzlich sinnvoll", sagte Emmanuel. „Aber verstehen diese Canländer wirklich, wie es hier läuft? Diese Rebecca ist auch aus Canland und hat bisher nur Unruhe gestiftet. Wir brauchen echte Perspektiven für Yolo. Keine weiteren Fremden mit wilden Ideen und guten Absichten."

Morgan erblickte Andy im Türrahmen. „Andy, hast du gehört? Was meinst du? Verstehen deine Freunde, wie es hier funktioniert?" Andy zögerte nicht. „Nein. Tun sie nicht. Und ehrlich gesagt, ich auch nicht." Er atmete tief ein und wieder aus. „Nun, es gibt dieses Instrument, diese CO_2-Zertifikate. Damit könnte man Projekte finanzieren, die CO_2-Emissionen senken. Aber ob das hier Sinn ergibt ... Das ist nicht unsere Entscheidung. Es ist eure. Es ist euer Land. Eure Zukunft."

Emmanuel nickte zögernd und senkte den Blick mit halb geschlossenen Augen.

Als Wanga dazutrat, räusperte er sich und sprach plötzlich klar und deutlich. „Schwester Wanga, ich bin dankbar für eure Bemühungen. Und danke, Morgan, dass du mir eure Ideen erläutert hast. Bevor wir jedoch weitergehen, möchte ich die Haltung der Ältesten in Mutela erfahren. Wanga und Morgan, für heute ist es zu spät. Ihr übernachtet bei mir, und ich begleite euch morgen nach Mutela. Was euch betrifft..." – er sah Andy an – „Ihr bringt Tuk bitte zurück ins Wildlife Center. Tila soll mit euch fahren. Und ja, wir brauchen für euch noch einen Wagen..."

Zehn Minuten später trafen Wanga und Andy in der Kirche ein. Ella und Rebecca saßen nun schweigend nebeneinander. Sie hatten einander offenbar nichts mehr zu sagen. „Tuk geht es soweit gut, aber er muss sofort zurück ins Center. Er braucht einen Arzt. Und wir brauchen einen Jeep", sagte Wanga. Rebecca zuckte kaum merklich. „Nehmt einen von uns. Ich schicke euch auch einen Fahrer. Aber bitte keine Walmera-Autos mehr hier in Yolo."

Ella verdrehte die Augen, aber Wanga lächelte Rebecca nur an. „Vielen Dank. Wir wissen es zu schätzen."

„Wie soll ich das Hubert erklären?", murmelte Morgan, während er Tuk und Tila auf die Rückbank half. „Er will das wirklich durchziehen. Sieht dieses Projekt als sein Vermächtnis. Es wär ja auch ein Riesending. Und jetzt das. Ein zerstörtes Firmenauto, ein verletzter Fahrer, ein Dorf im Chaos. Das war nun kein besonders hilfreicher Start. Walmera steht ohnehin unter Druck. Er auch." Er kratzte sich am Kopf. „Ich sag ihm wohl besser, es sei ein Unfall gewesen."

Der Jeep sprang an, und Andy nahm vorn neben dem Fahrer Platz, der ein FHA-Poloshirt trug. Sie rollten aus dem Dorf hinaus, vorbei am qualmenden Wrack des Land Cruisers. Auf der zerstörten Heck-klappe waren vom Firmenlogo nur noch wenige Buchstaben übrig geblieben:

Wa...r.

Krieg.

Sie fuhren den langen Weg schweigend zurück. Tuk war, von seinen Schmerzmitteln halb betäubt, eingeschlafen. Nach einer Stunde brach Robin das Schweigen: „Wir haben schon wieder ein Paradox. Das *Absichten-Paradox*." Andy sah über die Schulter. „Was soll das denn wieder sein?" – „Schau, bei Lichte betrachtet ist es doch so. Alle Beteiligten kommen eigentlich mit guten Absichten. Die Dorf-bewohner wollen eine Zukunft für ihre Kinder. Rebecca will die Rechte der indigenen Bevölkerung schützen. Wanga will nachhaltige Verbesserungen für die Gemeinschaft schaffen. Selbst Walmera will etwas Gutes tun, zumindest Hubert, wenn wir ihm denn glauben können. Und wir wollen das Ganze mit CO_2-Zertifikaten finanzie-ren. Aber je mehr gute Absichten im Spiel sind, desto komplizierter scheint alles zu werden."

Ella nickte. „Alle haben gute Absichten, aber völlig andere Vorstel-lungen davon, auf welchem Weg man das Ziel erreichen soll."

„Genau", sagte Robin. „Unterschiedliche Prioritäten, unterschied-liche Weltbilder." – „Aber ist das nicht wieder dein *Dorf-Paradox*?", warf Andy ein. Robin schüttelte den Kopf. „Nicht ganz. Das *Dorf-Paradox* beschreibt, was passiert, wenn lokale Bedürfnisse kollidie-ren: Die einen wollen Jobs in der Palmölindustrie, die anderen lieber weiter Landwirtschaft betreiben. Hier hingegen prallen gute Absichten aufeinander. Jeder will helfen. Aber paradoxerweise ist das Ergebnis das Gegenteil all der guten Absichten."

Sie schwiegen wieder. Die Sonne war beinahe untergegangen und der Wagen kämpfte sich mit Mühe über die schlammige Straße dem Yolo entlang, zurück zum Wildlife Center.

Das Verlagerungs-Paradox

Als sie das Wildlife Center erreichten, herrschte finstere Nacht. Aus der dem Center angrenzenden kleinen Klinik drang ein Lichtstrahl durch die Dunkelheit. Sie hatten sich glücklicherweise beim dienst-habenden Arzt noch anmelden können, als sie auf dem Weg kurz Mobilfunkempfang hatten. „Gott sei Dank war's kein Herzinfarkt", sagte Andy. „Ja, wir hatten Glück im Unglück", meinte Tila. „Andere haben das nicht."

Nachdem eine Krankenschwester Tuks Wunden erneut gereinigt und neu verbunden hatte, schlief er sofort wieder ein. Nach einem kurzen Abendessen wollte Tila zurück zum Auto, um auf der Rück-bank zu übernachten, doch Ella flüsterte ihr zu: „Tila, auf keinen Fall, komm zu mir in den Bungalow."

Tila folgte ihr wortlos. Drinnen verschlug es ihr erst mal die Sprache. *Selbst die Luft riecht hier nach Geld*, dachte sie. *Ob sie durch Seide gefiltert wird?* Das riesige Waschbecken war aus einem einzigen Onyxblock gehauen, genauso wie die freistehende Badewanne. Im Minibar-Kühlschrank lagen Flaschen mit französischem Mineralwas-ser, auf exakt vier Grad gekühlt. In der Dusche konnte sie zwischen drei Einstellungen wählen: Tropenregen, Bambus-Massage oder Wasserfall. Hier brauchte man sich weder vor Dürren noch vor Über-schwemmungen zu fürchten. Chief Emmanuels Hütte kam ihr in den Sinn, mit ihrem Blechdach, dem Wassertank und den bröckelnden Wänden. *Und das ist das beste Haus im Dorf.*

Als sie tags darauf erwachten, stand auf der Terrasse bereits das Mittagessen bereit. Davor aber schauten sie wieder nach Tuk. „Er kommt in zwei Tagen raus", sagte der Arzt zu Tila. „Die Kollegen in Yolo haben ihn gut verarztet!" Tila errötete leicht und lächelte.

Am Nachmittag brachte Andy ihr das Pokerspiel bei. Tila hörte zuerst nur höflich und mit ernstem Blick zu. Dann spielte sie zaghaft die ersten Runden. Aber nach einer Stunde fing sie plötzlich an zu gewinnen. Sie spielte ihre Karten mit chirurgischer Präzision und unlesbarem Gesichtsausdruck, der Andy derart verwirrte, dass er Fehler an Fehler reihte. „Dass du mir aber niemals in Niburg auftauchst, gell!", stöhnte Andy und mischte das Kartenspiel mit gespieltem Entsetzen. „Du ruinierst mich, noch bevor ich das erste Bier bestellt habe." Sie lachten noch, als draußen Reifen auf dem Kies knirschten. Wanga und Morgan waren zurück, verstaubt und erschöpft von der langen Tour nach Mutela.

„In Mutela ist die Situation noch komplizierter als in Duiba", begann Wanga, als sie bei einer Flasche perfekt temperiertem Weißwein um einen Tisch im Freien saßen. „Im Grunde gibt es drei Gruppen dort, mit komplett unterschiedlichen Interessen. Mutela ist bekannt für seine unzähligen Fischfarmen am Fluss Yolo. Die erste Gruppe sind deshalb die Fischerfamilien. Sie haben am eigenen Leib erlebt, wie die Plantagen drüben in Coltra West das Ökosystem geschädigt und die Fischbestände dezimiert haben. Sie unterstützen unser Projekt von ganzem Herzen. Die zweite Gruppe sind die Bauern. Viele sind unentschlossen. Für sie ist die wichtigste Frage, was wir als Alternative zu den Plantagen bieten können. Wie ihre Zukunft aussieht, wenn sie ihre Felder nicht mehr so bestellen können wie bisher. Und dann gibt es eine dritte Gruppe, nämlich die klaren Befürworter neuer Plantagen. Ihr Hauptinteresse gilt gar nicht dem Palmöl, sondern der Zufahrtsstraße, die von Norden gebaut werden soll. Sie sehen darin einen Weg zu neuen Jobs, vielen

Möglichkeiten, Motorrädern und einem modernen Leben. Interessanterweise zählt ein großer Teil der jungen Generation zu diesem Lager."

Morgan zog einen Stapel Flipchart-Blätter hervor, die mit farbigen Post-its in Reihen und Spalten übersät waren. Auf vielen stand „Gesundheitszentrum" oder „Klinik". Auf anderen: „sauberes Wasser", „Saatgutbanken", „Schulen". „Mir hat gefallen, wie die Jungen heute vorangegangen sind", sagte Morgan. „Sie übernehmen Verantwortung, ohne naiv zu sein. Viele sehen Walmera wirklich als Schlüssel zu einem modernen und stabilen Leben. Vor uns liegt noch ein langer Weg. Aber eines ist sicher: Chief Emmanuel ist dabei. Er glaubt an die Vision und will helfen, sie umzusetzen."

Nach dem Frühstück hieß es, von Tila und Tuk Abschied zu nehmen. Sie fanden ihn in seinem Krankenzimmer an ein Schaumkissen gelehnt. Tila saß an seiner Seite und prüfte gerade die Infusion in seinem Arm. Die Infektion unter dem Verband war noch nicht abgeklungen, doch Tuk hob die Hand zu einem schwachen High-Five. „Ich hörte, der Besuch in Mutela mit Chief Emmanuel lief gut", sagte er. „Dann können wir ja bald loslegen!" – „Wir haben noch viel Arbeit vor uns", sagte Ella lachend. „Und du bleibst ruhig liegen, bis die Wunden verheilt sind, verstanden?" – „Darum brauchst du dir keine Sorgen zu machen", meinte Tila. „Ich lasse ihn nicht aus den Augen." – „Aber den Laster mit der ersten Zementladung für die neue Klinik, den fahre ich!", grinste Tuk. „Glaubt ja nicht, dass ihr das ohne mich hinkriegt!"

Sie lachten. Die Krankenschwester justierte das Dosiersystem der Infusionsleitung. Und dann waren sie weg. Diesmal flog die Walmera-Cessna sie direkt zum internationalen Flughafen von Port Kewala.

Sie hatten noch etwas Zeit vor dem Check-in für ihren Rückflug nach Niburg, und so führte Wanga das Team in ein kurioses kleines Lokal gleich außerhalb des Terminals: ein veganes Fast-Food-Restaurant, das eine kühne Mischung aus Weltgewandtheit, Achtsamkeit und Business-Chic ausstrahlte. „Sowas ist absolut neu hier", grinste Wanga.

Sie nahmen am Fenster Platz und Andy stocherte in seinem Tempehburger. „Das Ganze wird nicht einfach. Lass uns mal zusammenfassen. Wir kamen hier an mit drei großen Ideen im Gepäck: Solarstrom für Dörfer. Lester Hills aufforsten. Coltra East retten. Und was fanden wir?" Er schüttelte den Kopf. „Überall Probleme."

Robin legte den Löffel neben seine vegane Hühnersuppe auf Tofubasis. „Das sind keine Probleme, Andy", sagte er. „Es sind Paradoxe."

Ella hob eine Augenbraue, doch Robin streckte einen Finger in die Luft. „Tag eins: Wird unser Solarprogramm zu erfolgreich, ist es nicht mehr zusätzlich und bekommt keine Zertifikate mehr." Der nächste Finger. „Tag zwei: Bei Aufforstung zählt nur das Absorbieren von Kohlenstoff, aber nicht das Speichern. Es sei denn, du kannst eine anhaltende Bedrohung des Waldes nachweisen." – „Was irre ist, weil du ja genau diese Bedrohung verhindern wolltest", murmelte Andy.

Robin sprach weiter. „Tag drei: Wir stritten darüber, wer die Projekte kontrollieren soll. Die Menschen vor Ort oder die Investoren? Idealerweise wären es die Einheimischen." Er nickte zu Wanga. „Das heißt aber, dass die Investoren Leuten vertrauen müssen, die sie nie getroffen haben. In einem Land, das sie nicht kennen. Mit Risiken, die sie nicht gewohnt sind." Er war noch nicht fertig und streckte einen vierten Finger hoch. „Wir haben eine Dorfversammlung erlebt. Die *Stimme der Einheimischen*, die gibt's offensichtlich nicht. Die Meinungen gehen weit auseinander. Einen Konsens zu finden, ist schwierig, wie daheim." – „Wie überall", ergänzte Ella.

„Dann trafen wir Walmera", fuhr Robin fort und öffnete seine Hand vollständig. „Nach dem Gespräch mit Spencer wurde uns klar, dass es nur dann Zertifikate gibt, wenn auf dem Land bereits Wald abgeholzt worden ist. In Gegenden mit unberührtem Wald kann man keine Zertifikate bekommen, und somit auch kein Geld." – „Und dann die Messungen", ergänzte Andy. „Wir haben diskutiert, dass die Wissenschaft sich ständig entwickelt. Neue Technik, bessere Daten, dauernde Updates. Was heute als solide gilt, kann morgen veralten oder fehlerhaft erscheinen. So kann man ewig warten." – „Und dann die verrückte Reise nach Yolo", fügte Ella hinzu. „In Yolo prallten so viele gute Absichten aufeinander. Alle meinen es gut und wollen die Welt verbessern. Und trotzdem endete es im Chaos, genau wie beim Gala-Abend in Niburg." Robin streckte nun nicht weniger als sieben Finger in die Luft.

Morgan hatte schon eine ganze Weile lang still zugehört. „Sollen wir's aufgeben?", fragte er nun mit ernster, besorgter Miene. „Ich habe keine Ahnung, wie ich das meinem Chef verkaufen soll. Walmera steht unter Druck. Die Aktionäre sitzen ihm im Nacken. Die Palmölpreise sind niedrig. Kaum Gewinn im letzten Jahr. Jetzt auch noch ein abgefackelter Land Cruiser und ein verletzter Fahrer." Er wandte sich an Wanga. „Vielleicht solltest du doch lieber nach Canland zurückkehren und wieder Spendengelder einsammeln."

Wanga schüttelte den Kopf. „Keine Chance", sagte sie. „Der Schutz von Coltra East allein kostet zweihundert Dollar pro Hektar. Jedes Jahr. Es sind zweihunderttausend Hektar." Sie sah ihm fest in die Augen. „Macht vierzig Millionen Dollar. Jährlich. Wie sollen wir das mit Spendengeldern stemmen?" Morgan hob eine Augenbraue. „Dazu kommen noch die Lester Hills", fuhr sie fort. „Dreißigtausend Hektar. 1.200 Dollar pro Hektar, pro Jahr. Für die ersten fünf Jahre. Das macht nochmals sechsunddreißig Millionen." Andy trommelte mit den Fingern auf den Tisch. „Und wenn man doch auf staatliche Förderung setzen würde?" – „Diese Förderung gibt's schon", sagte Wanga. „Das ist die Entwicklungshilfe. Sie kommt aus Canland und landet zum größten Teil gleich wieder in Canland – nur eben auf Konten reicher Dembaner. Das Geld tröpfelt rein und wird gleich wieder abgesaugt."

Sie lehnte sich zurück. „Nach all den Diskussionen bin ich überzeugt, dass wir ein Instrument wie den Zertifikatehandel brauchen, und zwar im großen Maßstab. Die Rechnung muss von den Verschmutzern und Verursachern des Klimawandels beglichen werden. Und die Zahlungen müssen an die Ergebnisse geknüpft werden. Nur so haben wir eine Chance, überhaupt in die Nähe solcher Summen zu kommen." – „Sehe ich auch so. Wir müssen es wenigstens versuchen!", rief Ella entschlossen.

„Sehr gut! Also, in dem Fall müssen wir nun klären, was als Nächstes passiert", sagte Wanga, nun wieder mit hoffnungsvoller Stimme. „Auf unserer Seite arbeiten wir weiter mit den Dorfgemeinschaften. Es gibt noch viele Missverständnisse und Konflikte. Aber vielleicht gewinnen wir ja irgendwann sogar Rebecca und ihre FHA als Partner..."

Andy wischte sich den Mund mit einer Serviette ab und sagte: „Ich werde mich zusammen mit Sophie und Tiara im Wildlife Center um die Zahlen kümmern. Wir brauchen ihre volle Unterstützung bei den Messungen und Berechnungen, um unsere Projekte zu validieren und anschließend zu verifizieren."

„Und wir legen los in Canland und versuchen, dort Käufer für die Zertifikate zu finden. Und Investoren für die Projekte", ergänzte Ella. „Dazu gründen wir die Firma Five Elements!"

Robin sah besorgt auf die wachsende Menschenmenge vor dem Terminal. „Wir sollten los", sagte er. „Und was die Paradoxe betrifft: Irgendwie müssen wir lernen, mit ihnen zu leben, sie zu verstehen, sie zu erklären und Lösungen zu finden, so gut es geht. Es ist kompliziert, aber wir haben keine Wahl."

„Denkt daran, meine Freunde: Der Himmel, die Tiere, die Berge, der Wald und der Ozean – sie werden immer bei euch sein!", rief Wanga und lachte, als das Trio hinter dem riesigen Gepäckscanner verschwand.

Es war fast Mitternacht, als Robin, Ella und Andy endlich am Gate B8 saßen und auf den Aufruf zum Boarding von Flug 322 der Demba Airways nach Niburg, Canland, warteten.

Ella fror. Nach so viel Zeit in der tropischen Hitze erinnerte die absurd tiefe Temperatur am Flughafen an einen canländischen Wintertag. Robin bemerkte ihr leichtes Frösteln, zog seinen Pullover aus und legte ihn behutsam über ihre Schultern. Sie saßen still da, während Andy gedankenverloren in einer lokalen Zeitung blätterte.

„Schaut euch das an!", rief er plötzlich und riss Ella und Robin aus ihren Gedanken. Er deutete auf ein großes Foto in der Zeitung. Hubert Spencer lächelte ihnen entgegen, flankiert von drei staatsmännisch wirkenden Männern. Die Überschrift lautete: *Eine neue Ära für die Republik Lomba.* Darunter:

Erste Forstkonzession an den führenden Agrarkonzern Walmera aus Demba vergeben – das verspricht Wohlstand für das Volk von Lomba.

Robin beugte sich vor und überflog den Artikel. „Nach Massenprotesten in Port Lomba über tiefe Löhne und prekäre Lebensstandards verspricht die Regierung, die Agrarexporte innerhalb von fünf Jahren zu verdreifachen.", las er vor.

Unter dem Foto stand die Bildunterschrift:

Dr. Ronald Nolayo, Präsident der Republik Lomba, und Hubert Spencer, CEO von Walmera, bei der Unterzeichnung der Absichtserklärung.

Robin runzelte die Stirn. „Wollt ihr mich verarschen? Nach unserem Treffen im Reservat hat er gesagt, er fliege nach Lomba – erinnert ihr euch? Wir haben sogar über die Ausweitung von Schutzprojekten jenseits der Grenze gesprochen. Und jetzt unterzeichnet er einen Deal, um einfach anderswo den Wald in Plantagen zu verwandeln?"

Ella schüttelte den Kopf. „Die lombanische Regierung hat wohl über die Grenze geguckt und gesehen, wie viel Geld Demba mit Palmöl und Kautschuk macht. Natürlich wollen sie auch ein Stück vom Kuchen." Sie zögerte. „Und ehrlich gesagt – kann man es ihnen verdenken? Lomba ist noch ärmer als Demba. Kein Wunder, dass die Leute protestieren."

„Nun, diese Proteste in Lomba waren höchstwahrscheinlich inszeniert", sagte eine Stimme vom Sitz hinter ihnen.

Ella, Andy und Robin drehten sich überrascht um. Eine Frau Ende dreißig saß dort, freundlich nickend, mit blondem, lockigem Haar und stechend blauen Augen.

„Ich komme gerade aus Port Lomba", fuhr sie fort. „Das hier ist nur ein Zwischenstopp auf meinem Rückweg nach Niburg. Die Regierung von Präsident Nolayo hängt an einem seidenen Faden. Der radikale Flügel der Belé-Opposition tut alles, um ihn zu stürzen. Nach dem, was ich gesehen habe, bezahlen sie sogar Demonstranten, um die Unruhen zu schüren. Dass er sich jetzt die Unterstützung des Nolé-geführten Walmera-Konzerns sichert, ist ein kluger Schachzug. Strategisch sogar. Denn so wird er wahrscheinlich auch die Unterstützung der dembanischen Regierung erhalten. Sind Sie in der Entwicklungshilfe tätig?"

Wie üblich antwortete Ella zuerst. „Nicht direkt. Also, eigentlich in gewisser Weise schon. Wenn alles gut läuft, dann wird das vielleicht sogar etwas noch Größeres!"

Dies weckte das Interesse der Frau. Sie hörte gespannt zu, während Ella ihre Projektpläne kurz zusammenfasste – die Partnerschaft mit Matipa, um durch Wald- und Energieprojekte in Demba CO_2-Zertifikate zu erzeugen. „Five Elements, sagten Sie?", fragte die Frau, zog ein kleines Notizbuch aus ihrer Tasche und notierte den Namen. „Interessant."

Ella zögerte, dann fragte sie: „Und was führte Sie nach Port Lomba, wenn ich fragen darf?"

Die Frau lächelte und reichte ihnen eine Visitenkarte. „Janice Hanratty. Ich leite das Auslandsressort bei der *Neuen Canländer Zeitung*. Lassen Sie mich wissen, wie sich Ihr Projekt entwickelt!"

Es ist ein weiteres Paradox, dachte Robin, gefangen auf seinem unbequemen Mittelsitz, *das Verlagerungs-Paradox. Wir stoppen die Abholzung an einem Ort – aber wir riskieren, dass dafür einfach woanders Bäume gefällt werden. Paradoxerweise kann dies die Umweltzerstörung sogar noch verschlimmern.*

Robins gedanken drehten sich im Kreis, bis er irgendwann in einen unruhigen Schlaf fiel.

Teil Drei

Das Geld

Das Verschmutzer-Paradox

Wangas Nachricht verursachte ein lautes *Pling* auf Ellas Smartphone sowie mehrere verärgerte Gesichter unter den Mitreisenden.

> Hoffe, ihr seid gut angekommen. Good News!
> Ross von Rower möchte euch treffen. Setzt euch mit seiner Assistentin in Verbindung. Habe nach ihrer Nummer gefragt. Schicke sie dir gleich.

„He! Madame! Handys im Flugmodus bitte, bis wir gelandet sind!", rief die Flugbegleiterin, die neben dem Notausgang angeschnallt war. Ella bekam nichts mit.

„Schaut her!", flüsterte sie aufgeregt zu ihren Freunden. „Wanga hat Ross schon informiert. Ihr wisst schon – der Chef von Rower!"

Robin verdrehte die Augen. „Als ich den das letzte Mal sah, eskortierte ihn die Militärpolizei von der Bühne im Kongresszentrum", brummte er schläfrig. „Komm schon, das könnte eine große Kiste werden", fuhr Ella unbeirrt fort. „Wir müssen *Five Elements* so schnell wie möglich gründen. Wir müssen die Berechnungen richtig hinkriegen. Und wir brauchen eine überzeugende Präsentation. Dann ..." – „Ella. Kannst du bitte mal einen Gang runterschalten?", fiel Andy ihr ins Wort. „Ich hab' in diesem verdammten Sitz kein Auge zugekriegt, und Robin hat dauernd die Armlehne belegt!"

„Hab's dir doch gesagt! Du hättest einen Fensterplatz buchen und dein Kissen mitbringen sollen. Selbst schuld", gab Ella schnippisch zurück. „Wir müssen uns jetzt aufteilen: Ich schlage vor, du übernimmst die technischen Berechnungen: die Methodik, Daten und so weiter. Ich kümmere mich um den Businessplan." Andy und Robin nickten stumm.

„Also, technisch und kommerziell sind wir abgedeckt", machte Ella weiter. „Was uns wirklich fehlt, sind juristisches Wissen und Investmenterfahrung." – „Hab ich auch schon dran gedacht", sagte Robin. „Meine Eltern sind beide Anwälte. Meine Mutter kennt sich super mit Verträgen aus. Vielleicht kann sie mir die Grundlagen beibringen und uns helfen." „Das wäre fantastisch! Also: Alles Rechtliche, ich meine so die Verträge, Firmengründung und so, das liegt bei dir, Robin – zumindest vorerst."

„Und was die Investitionen angeht ...", begann Andy, „Ella, hattest du nicht erzählt, dein Bruder hätte gerade seinen Job bei einem Health-Tech-Fonds hingeschmissen? Könnten wir nicht ihn fragen?" Ella verzog das Gesicht. „Simon? Ich weiß nicht ... Er ist fachlich brillant, keine Frage. Er weiß, wovon er spricht, wenn es um Investments geht, und war an mehreren großen Deals dran. Aber aus irgendeinem Grund kriegt er ständig Zoff mit seinen Mitmenschen." – „Komm schon. Wir könnten es wenigstens versuchen", meinte Robin. „Okay, warum nicht? Ich frag ihn mal. Schaden kann's ja hoffentlich nicht", meinte Ella nachdenklich.

Eine harte Landung unterbrach das Gespräch abrupt. Darauf folgte eine lange Warterei. Nach den schweren Überschwemmungen wollten mehr Dembaner denn je nach Canland einreisen, weshalb die Polizei jedes Visum bereits am Gate kontrollierte. Fast zwei Stunden dauerte es, bis sie endlich in der Flughafen-S-Bahn saßen.

Auf der Zugfahrt gab Ellas Smartphone ein weiteres *Pling* von sich – noch eine Nachricht von Wanga:

> Meeting mit Ross bestätigt. Dienstag, 21 September, 15 Uhr. Seine Assistentin Laurie Zach wartet auf euch in der Lobby des Rower Towers. Bereitet euch vor!

Es folgten die vier intensivsten Wochen ihres Lebens. Andy schloss sich in seinem Zimmer ein und ackerte sich durch die Berechnungs-Methodologien des Green Climate Standard: die eine zur Vermeidung von Abholzung für Coltra East, die zweite zur Wiederaufforstung für die Lester Hills und eine dritte für dezentrale erneuerbare Energien zur Berechnung des SunScore-Programms. Hunderte Seiten Papier stapelten sich vor ihm.

Robin verbrachte einen ganzen Abend mit seinen Eltern am altersschwachen, schmiedeeisernen Gartentisch, wo das Abenteuer begonnen hatte, und gab sein rudimentäres Wissen über die Funktionsweise von CO_2-Zertifikaten weiter. Je länger er sprach, desto mehr Fragen stellten sie, und desto mehr wuchs ihre Begeisterung. Schließlich sah ihn seine Mutter ernst an: „Robin, ich bin echt stolz auf euch", sagte sie. „Ich hatte ja keine Ahnung, was ihr da unten in Demba eigentlich so treibt. Aber das hört sich nach einem ziemlich durchdachten Plan an. Der Verkauf eines CO_2-Zertifikats von Demba an Canland erfolgt gemäß den Regeln eines internationalen Kaufvertrags, soweit ich das sehe. Solche Verträge erstelle ich ständig in der Kanzlei, da sollte ich euch unterstützen können. Und dein Vater kann die Unterlagen für die Firmengründung vorbereiten, nicht wahr, Max?"

Professor Turman nickte zufrieden, als das Trio zwei Arbeitswochen nach der Rückkehr in seinem Büro Bericht erstattete. Dass einer seiner Kurse so direkt in der realen Welt angewendet wurde, war ihm noch nie vorgekommen.

Zwei Wochen später saßen die drei bei der Notarin, zusammen mit Robins Vater Max, der eine dicke Mappe voller Unterlagen dabeihatte. Eine halbe Stunde später war die *Five Elements AG* geboren. Ella, Andy und Robin erhielten je ein Drittel der Aktien.

Am 21. September gegen 14:30 Uhr betrat das Team durch eine gläserne Drehtür die riesige Eingangshalle des Rower Towers, des höchsten Wolkenkratzers von Niburg, und ließ sich in eines der gigantischen Ledersofas fallen. Der heftige Herbstregen ließ die hohen Glaswände wie künstlerische Installationen und die heißen Sommertage wie Erinnerungen aus früheren Zeiten erscheinen. Ross' Assistentin Laurie erkannte das Team sofort und begrüßte sie herzlich.

Eine rasante Liftfahrt, die Ohrendruck wie auf einem Tauchgang erzeugte, brachte sie in den 56. Stock, wo sie in einen großen Boardroom direkt neben Ross' Büro geführt wurden, von dem sich ein atemberaubender Blick über Niburg bot. Ella zog verstohlen ihr Handy aus der Tasche, um ein Selfie zu schießen, doch Laurie bemerkte ihre Absicht sogleich. „Moment, lasst uns das richtig machen!", lachte sie, nahm Ella das Gerät aus der Hand und forderte das Team auf, sich am Fenster zu positionieren. „Einen Schritt nach links bitte... perfekt ... drei-zwei-eins-Niiiiiiburg!"

Kaum hatten sie an dem gewaltigen Tisch Platz genommen, öffnete sich eine Verbindungstür, und da stand er: Ross Murphy, der CEO von Rower. Seine Präsenz zog alle sofort in Bann, obwohl er etwas kleiner wirkte als damals auf der Bühne an der Gala. Er mochte etwa gegen Ende fünfzig sein, sein silbergraues Haar war am Scheitel bereits etwas ausgedünnt, aber ordentlich zur Seite gekämmt. Dichte Augenbrauen bogen sich über seine kleinen, durchdringenden, aber freundlichen Augen. Ein teurer dunkelblauer Anzug spannte sich über seinen wohlgenährten Bauch, und an seinem linken Handgelenk blitzte eine goldene Uhr unter einem vielleicht absichtlich etwas zu kurzen Ärmel hervor. Neben ihm nahm eine Assistentin der Geschäftsleitung Platz, die er als Cécile vorstellte und die, ohne die geringste Gefühlsregung zu zeigen, sofort zu tippen begann.

„Guten Tag, willkommen in der Rower-Zentrale! Es ist mir eine Freude, Sie kennenzulernen", begann Ross. „Meine Freundin Wanga hat von Ihnen erzählt, und ich hörte, Sie waren bei dieser unglücklichen Niburg-Cresta-Gala dabei. Ich freue mich, zu sehen, dass Sie Ihre Zeit für nützliche Sachen einsetzen und nicht für sinnloses Chaos wie diese selbst ernannten Klimakrieger. Also: Was haben Sie mir anzubieten?"

Das Team war etwas irritiert von dieser kurzen Eröffnungsansprache, doch wie immer konnte sich Ella als Erste fassen. Sie begann mit ruhiger Stimme das Konzept der CO_2-Zertifikate vorzustellen, das Ross offenbar längst kannte. Bald schwenkte sie auf die geplante Zusammenarbeit mit Matipa und beleuchtete ihre Projektideen.

Dann war Andy an der Reihe, der seine Nervosität kaum verbergen konnte. Er erklärte die Zahlen und Annahmen, die hinter seinen Berechnungen steckten, und legte dar, wie viel CO_2 mit jedem Projekt eingespart werden könnte. Robin beschrieb dann die geplante Struktur: Um die Projekte zu starten, benötigten sie eine Anzahlung, gefolgt von regelmäßigen Zahlungen über zwanzig Jahre. Im Gegenzug würde der Investor sämtliche Zertifikate aus den Projekten erhalten. Zehn Prozent des Geldes verbliebe bei *Five Elements* für ihre Arbeit.

Nachdem sie ihre Präsentation beendet hatten, lehnte sich Ross zurück, ließ ein wenig Zeit verstreichen und legte dann die Stirn in Falten. Eine leichte Unruhe machte sich breit. Was ging wohl in seinem Kopf vor? War ihre Idee zu naiv? Würde er ihnen überhaupt vertrauen?

„Wissen Sie", begann Ross schließlich, „Rower ist seit über hundert Jahren in Demba präsent. Wir haben Regierungen kommen und gehen sehen, aber mit den Menschen in Demba blieben wir durch all die Jahrzehnte stets tief in unseren Herzen verbunden. Wir betreiben fast alle Gasfelder des Landes und haben nun auch einen großen Vertrag zur Erschließung von Erdölvorkommen vor der Küste gewonnen. Wohlstand und Entwicklung für Demba – das ist unser Ziel."

Er machte eine Pause, dann fuhr er fort: „Natürlich liegt uns aber nicht nur das dembanische Volk am Herzen. Wir sind auch sehr um die Umwelt besorgt. Wir wissen, dass Erdgas CO_2-Emissionen verursacht, auch wenn es sauberer ist als andere fossile Brennstoffe. Deshalb haben wir uns auf ein Ziel hin zu Netto-Null-Emissionen verpflichtet. Wir werden unsere Energieeffizienz steigern und Projekte umsetzen, welche Emissionen außerhalb unserer eigenen Geschäftstätigkeit reduzieren. Dabei denken wir vor allem an Naturschutz und Wiederaufforstung. Und da wir ein Energieunternehmen sind, suchen wir natürlich auch im Energiesektor nach spannenden

Projekten. Unsere große Mission ist das Wohlergehen der Menschen, im Einklang mit der Natur!"

Ella wusste nicht recht, wie sie Murphys Rede interpretieren sollte. „Heißt das also ..., dass unsere Projektideen möglicherweise gut zu Ihrer Strategie passen könnten, Herr Murphy?", fragte sie vorsichtig.

„Durchaus", nickte Ross langsam. „Wir möchten mit Ihnen zusammenarbeiten. Aber das wird etwas Zeit in Anspruch nehmen. Und Sie wissen ja, Demba ist kein einfaches Land. Hören Sie, ich muss mich leider gleich in eine Videokonferenz einwählen. Cécile wird Ihre Ansprechpartnerin sein. Es war mir ein Vergnügen!" Und schon war er durch die Verbindungstür in sein Büro verschwunden.

Eine Stunde später saßen sie bei Brigitte im Bungalow, wo der Regen auf die gestapelten Außentische prasselte.

„Auf Ross Murphy!", rief Ella und hob ihr Glas. „Unglaublich! Er hat nicht mal mit der Wimper gezuckt, als ihr von den 50 Millionen Dollar gesprochen habt ..." Brigitte stellte lachend eine Runde frisches Bier auf den Tresen. „Schön zu sehen, dass Rower mal auf der guten Seite steht. Aber", ihre Miene wurde ernst, „meine Lieben, seien wir mal ehrlich. Das sind für Ross doch nur Peanuts. Seine Firma ist seit Jahrzehnten in Demba verwurzelt. Das richtig große Geschäft sind seine Gasfelder. Lasst euch von dem netten Gesäusel nicht täuschen!"

Bisher hatte Andy nur schweigend vor seinem Glas gesessen. „Mich wurmt das auch", brummte er. „Wisst ihr, wie viel Gewinn Rower letztes Jahr erzielt hat? Knapp 30 Milliarden Dollar. Diese 50 Millionen, na ja, für uns ist das unfassbar viel. Aber Rower verdient das an einem einzigen Tag. Das zahlt der doch aus der Portokasse!"

Ella funkelte ihn an. „Na und? Portokasse oder nicht, wen kratzt das? Mit Rower können wir starten. Wir können Coltra East retten, die Lester Hills aufforsten und die Solarenergie fördern. Was willst du noch mehr?"

Das Verschmutzer-Paradox

„Ernsthaft!", fauchte Andy. „Rower fördert Gas und bald auch Öl vor Demba. Sie haben so richtig Dreck am Stecken und sind verantwortlich für die gesamte Klimakrise. Und jetzt sollen genau sie CO_2-Zertifikate kaufen, um sich ein grünes Mäntelchen umzulegen? Um zu behaupten, sie tun was Gutes für die Umwelt? Das ist doch blanker Hohn!"

„Ach ja? Und wer verursacht die Emissionen? Du, Andy. Und ich. Wir alle! Wir stecken alle in der gleichen Scheiße. Wir sind alle völlig vom Öl abhängig! Wer ist gerade nach Demba geflogen? Wer saß in der Cessna? Wir!"

„Ella, das ist doch Greenwashing pur!", rief Andy. „Ein Ölkonzern gibt ein paar Stunden Gewinn für Zertifikate aus – und bohrt dann mit reinem Gewissen weiter!"

„Leute, beruhigt euch mal", versuchte Robin zu beschwichtigen. „Dieses Dilemma ist gar nicht so leicht aufzulösen. Ich würde es das *Verschmutzer-Paradox* nennen. Einerseits sollten die größten Verschmutzer die Zertifikate kaufen. Sie haben schließlich genug Geld und sind maßgeblich mitverantwortlich für die Klimakrise. Andererseits sollten sie das genau nicht tun, denn es gilt als Greenwashing."

Brigitte lächelte nur. Sie hatte jedes Wort mitgehört und schüttelte nun den Kopf. „Quatsch. Ich würde es das *Teufels-Paradox* nennen. Manchmal musst du mit dem Teufel tanzen, damit die Musik spielt. Aber pass auf, dass du immer den Song bestimmst!"

An der Bar wurde es plötzlich ruhig.

Da holte Brigitte tief Luft, und ihre Hand griff leicht zitternd nach der Lehne des nächsten Hockers. Wie in Zeitlupe ließ sie sich langsam nieder. „Ich weiß nicht, wie lange ich das noch durchhalte, Kinder", murmelte sie mit einem schwachen Lächeln. „Hat jemand von euch Interesse an einem leicht abgenutzten Bungalow?"

Das Ziel-Paradox

Das Umweltministerium war in einem modernen sechsstöckigen Gebäude aus Holz, Stahl und Glas untergebracht. Eine Plakette in der Lobby verkündete stolz die erfolgreiche Energieeffizienz-Zertifizierung. An diesem kalten Novembermorgen jedoch versagten die automatische Lüftung und die Temperaturregelung. Die meisten Beamten behielten ihre Jacken an, und die Atmosphäre erinnerte eher an einen zugigen Bahnhof.

Robin, Ella und Andy hatten Simon an der S-Bahn-Station in der Nähe des Ministeriums aufgegabelt. Trotz der Kälte und des morgendlichen Pendlerverkehrs hatte Ellas Bruder verbissen darauf bestanden, mit dem Rennrad zu fahren.

Simon war inzwischen ein fester Bestandteil ihres Teams geworden. Mit seiner hochgewachsenen, drahtigen Gestalt, dem schütteren Haar, der dicken Brille und dem Dreitagebart verlieh er dem Team eine leicht nerdige Note, die in den Gesprächen mit möglichen Partnern gut ankam. Seine Rolle bestand hauptsächlich darin, das Investitionsmodell zu verbessern. Dafür nutzte er Andys neu programmiertes Tool, das die erwartete Menge an CO_2-Einsparungen in verschiedenen Szenarien berechnen konnte. Simons Konzept der *„Blended Finance"* verstand zwar niemand so richtig, seine Erfahrung in der Projektfinanzierung verpasste ihren Präsentationen jedoch schnell den nötigen Schliff.

Für Simon war der Plan eigentlich ganz einfach: Ein Käufer verpflichtet sich, für jede vermiedene Tonne CO_2 einen festen Preis zu zahlen, wodurch das Projekt ein verlässliches Einkommen erzielt. Diese Verträge machen den Deal attraktiv für Investoren, deren Renditen zusätzlich durch Bankkredite verbessert werden können. Um das Risiko zu mindern, schlug Simon vor, eine staatliche Stelle einzubinden, die eine Ausfallbürgschaft übernehmen würde. Das Modell war bestechend, zumindest seiner Meinung nach. Nur eine Frage blieb offen: Wer würde am Ende die CO_2-Zertifikate tatsächlich kaufen?

Seit dem denkwürdigen Termin im Rower Tower hatten sie Cécile zweimal wiedergesehen, die mehrmals das Interesse ihres Unternehmens bekräftigte. Doch die Zweifel ließen sich nicht aus der Welt schaffen: Wollten sie wirklich mit einer Firma arbeiten, die in Demba fossile Brennstoffe förderte?

Mit jedem Tag stieg die Nervosität, doch eines Morgens brachte Simon eine neue Idee ins Spiel.

„Der Verkauf von CO_2-Zertifikaten an Unternehmen ist umstritten", sagte er. „Warum sprechen wir stattdessen nicht mit der Regierung? Canland hat das Pariser Abkommen ratifiziert. Wir haben ein Klimaziel – und jeder weiß, dass wir es unmöglich allein mit Maßnahmen hier im Inland erreichen können. Das Abkommen fordert alle Länder zur Zusammenarbeit auf. Das wär doch eine Chance! Wenn wir außerdem die dembanische Regierung einbinden, so steigert das die Glaubwürdigkeit der Projekte zusätzlich."

„Das würde unser Problem tatsächlich lösen", überlegte Andy. „Warum kontaktierst du nicht deine alten Kollegen, Simon? Du hast doch im Ministerium gearbeitet, oder?"

Simon verzog kaum merklich das Gesicht und rümpfte die Nase. „Ich war einige Jahre bei der Canland International Finance Corporation. Ehrlich gesagt, alles Schlafnasen. Die meisten dort haben keine Ahnung, wovon sie reden. Aber ich habe Paul Becker einmal kurz auf einem Empfang getroffen, den Umweltminister persönlich! Er gab mir seine Visitenkarte. Ein brillanter und einflussreicher Mann. Ich versuch's mal direkt bei ihm!"

Beckers Büro war so bescheiden, wie Ross Murphys Räumlichkeiten luxuriös gewesen waren. Keine Krone Steuergeld war hier für Schnickschnack verschwendet worden. Andy stand am Fenster und blickte auf eine kahle Fläche, die das Gebäude vom nahegelegenen Verkehrsministerium trennte.

„Ich weiß", sagte Becker, als hätte er Andys Gedanken gelesen. „Nicht gerade ein Biodiversitäts-Hotspot. Noch nicht. Aber das Gelände gehört dem Verkehrsministerium. Wir haben alles versucht, um sie zu Aufwertungsmaßnahmen zu überreden. Bisher keine Chance."

Becker wirkte ruhig und pflichtbewusst. Er war ein Mann Mitte vierzig mit leicht ergrautem Haar, dessen Gesicht von einer großen, rechteckigen, schwarz gerahmten Brille geprägt war, die ihm ein akademisches Aussehen verlieh. Er lauschte der kurzen Vorstellung der Projekte in Demba aufmerksam. Nach seiner konzentrierten Miene zu urteilen, hatten Andys Modelle sein Interesse durchaus geweckt. „Vorsicht, er hat in theoretischer Physik promoviert", hatte Simon gewarnt.

Als ihr kurzer Vortrag zu Ende war, nickte Becker anerkennend. „Sie haben beeindruckende Modellrechnungen vorgelegt. Besten Dank. Das ist sehr anspruchsvoll." Er pausierte und fuhr dann fort: „Wissen Sie, CO_2-Zertifikate sind auf jeder Klimakonferenz ein heißes Thema. Glauben Sie mir, ich hab schon viele davon erlebt. Aber wir nennen sie jetzt nicht mehr ,CO_2-Zertifikate'. Wir sprechen von ,Mitigation Outcomes' oder ,Minderungs-Ergebnissen.'"

Er nahm die Brille ab, putzte sie mit dem Saum seines Hemdes und beobachtete die ratlosen Gesichter. „Nun ja, vielleicht ist es eine subtile Unterscheidung, aber sie ist wichtig!", führte er aus. „Zertifikat, das klingt wie *Gutschrift*. Oder *Bonus*. Das Wort vermittelt den

Das Ziel-Paradox

Eindruck, als habe der Käufer jetzt die offizielle Erlaubnis, eine Tonne CO_2 zu emittieren. Und das ist doch falsch! Daher haben wir uns im Paris Agreement darauf geeinigt, nur noch von ‚Mitigation Outcomes‘ zu sprechen. Diese Worte betonen die Minderung selbst, oder eben die ‚Mitigation‘. Der Fokus liegt somit auf der positiven Wirkung für die Umwelt, und nicht auf der Transaktion eines Zertifikats.“

„Also meinen Sie, ähm ...“, hob Robin vorsichtig an. „Also, wenn ich Sie richtig verstanden habe, dann sollten unsere Projekte keine CO_2-Zertifikate mehr erzeugen, sondern Mittago... ähm ...“ – „Mitigation Outcomes“, zischte Ella und trat ihn unter dem Tisch ans Schienbein. „Natürlich, genau, Mittagoschin Outcomes. Das wäre doch möglich, oder, Andy? Und könnten Sie diese dann kaufen? Wie besprochen bräuchten wir idealerweise einen Zehnjahresvertrag. Auf dieser Basis fänden wir dann bestimmt einen Investor ...“

Becker hob die Hand. „Halt. So einfach ist es nicht. Fast alle Länder haben das Pariser Abkommen unterzeichnet – auch Canland und Demba. Jedes hat eigene Klimaziele. Artikel 6 erlaubt Kooperation, bringt jedoch das Risiko der Doppelzählung mit sich. Lassen Sie mich erklären.“

Sein Gesicht nahm einen sehr ernsten Ausdruck an.

„Angenommen, unsere Regierung kauft Mitigation Outcomes aus Ihren Projekten in Demba. Diese Reduktionen werden automatisch Dembas Klimaziel angerechnet. Wenn wir in Canland dann sagen: ‚Seht her, wir haben diese Reduktionen finanziert und ermöglicht‘ und diese daher auch unserem Ziel anrechnen, so wird dieselbe Reduktion doppelt gezählt: einmal für uns, einmal für Demba.“

Er hielt inne, und alle nippten verlegen an ihren Wassergläsern.

Ella schien Beckers Ausführungen weiterhin folgen zu können. „Verzeihung, Herr Dr. Becker, ich verstehe das Problem der Doppelzählung, aber ließe es sich nicht recht einfach lösen? Demba und Canland könnten die Mitigation Outcomes beispielsweise halbieren. Fünfzig Prozent für Demba, fünfzig Prozent für Canland. Oder die beiden Länder schließen eine Vereinbarung: Canland bezahlt das

Projekt, dafür darf Demba diese Outcomes nicht für sein eigenes Ziel anrechnen."

„Korrekt, das wäre möglich", lächelte Becker zufrieden, beeindruckt von ihrer schnellen Auffassungsgabe. „Ihre zweite Idee hat sogar einen Namen: ‚Corresponding Adjustments' nennen wir das im Paris Agreement. Das ist eine Art doppelte Buchführung. Wenn Sie ein Mitigation Outcome aus Demba für sich beanspruchen, muss Demba Ihnen dafür ein entsprechendes Corresponding Adjustment ausstellen. Das bedeutet dann, dass Demba sein Reduktionsziel um genau diese eine Tonne CO_2 erhöhen muss."

Ellas Gesicht hellte sich auf. „Das sollte kein Problem sein! Hubert Spencer von Walmera hat exzellente Verbindungen zu den Regierungen in Demba und Lomba. Ich bin sicher, er kann solche Corresponding Adjustments relativ einfach..."

Diesmal trat Robin Ella ins Schienbein. Was plapperte sie da für unvorsichtiges Zeug! Klar, wenn Spencers Firma eine Forstkonzession von der dembanischen Regierung bekommen konnte, würde sie wohl auch einen Weg finden, um ein Corresponding Adjustment zu organisieren. Aber darüber spricht man sicher nicht mit einem Minister!

Becker ging jedoch nicht weiter auf Ellas Bemerkung ein.

„Leider gibt es ein noch größeres Problem", sagte er stattdessen ruhig. „Die Kernidee des Pariser Abkommens ist, dass jedes Land seine eigenen Ziele festlegt und erreicht. Wenn Canland nun anbietet, in Demba Mitigation Outcomes zu kaufen, so könnte das dazu führen, dass Demba seine eigenen Ziele sogar senkt. Denn je weniger CO_2 sie selbst reduzieren müssen, desto größer ist ja die potenzielle Menge an Mitigation Outcomes, die sie ins Ausland verkaufen können!"

Simon, der bisher weitgehend geschwiegen hatte, räusperte sich. Das hier war sein Terrain.

„Herr Dr. Becker, wenn ich etwas einwenden darf", begann er beherrscht, aber bestimmt. „Ich arbeitete bei der Canland International Finance Corporation. Wir finanzierten in Demba Schulen,

Das Ziel-Paradox

Kliniken, Waisenhäuser, Malariazentren und so weiter. Sie sagen, Auslandsfinanzierung im Klimabereich setze falsche Anreize, weil sie den lokalen Staat aus der Pflicht nimmt, selbst etwas fürs Klima zu tun. Diese Logik müsste doch auch für die gesamte Entwicklungshilfe gelten. Schulen oder Krankenhäuser, das sind alles staatliche Grundaufgaben. Wenn Ihre Argumentation für Klimafinanzierung gilt, warum denn nicht auch dort?"

Becker schwieg einen Moment mit halb geschlossenen Augen. „Sie haben schon recht. Im Prinzip ist das bei der ganzen Entwicklungsfinanzierung genauso problematisch", sagte er langsam, „und deshalb gibt es auch gelegentlich Kritik daran. Aber wir haben dieses Paradox irgendwie akzeptiert. Sehen wir Bilder von notleidenden Kindern, so fühlen wir uns verpflichtet, zu reagieren. Wir finanzieren Schulen. Wir schicken Hilfe. Doch damit lösen wir langfristig keine Probleme. Wir schieben das Problem auf die lange Bank. Viele Länder sind in einer Abhängigkeitsspirale gefangen."

Er setzte die Brille wieder auf.

„Beim Klima ist es anders. Das Problem ist zu dringlich. Beim Klimaschutz müssen sich nun alle Länder klare Ziele setzen und überprüfbare Ergebnisse liefern. Daran führt einfach kein Weg vorbei. Das Pariser System mag etwas technokratisch wirken. Aber es ist meine feste Überzeugung: Wenn wir das Klimaproblem in den Griff bekommen wollen, brauchen wir harte Regeln und quantifizierte Ziele. Und vor allem muss jedes Land erst einmal seine eigenen Ziele erfüllen, bevor es über die Grenzen schaut."

Die Diskussion schwirrte noch in ihren Köpfen, als sie die Treppen des Ministeriums hinunterstiegen. An der Wand neben dem Aufzug war eine große Tafel montiert: *CO_2 sparen beginnt hier! Treppe benutzen – Lift vermeiden!*

„Ich verstehe seinen Punkt schon", murmelte Andy, als sie wieder ins Freie traten, „aber ich halte das für eine Illusion. Für Canland kann ich's nachvollziehen. Natürlich müssen wir vor allem unsere eigenen

Klimaziele erreichen. Aber ich glaube kaum, dass sich Länder wie Demba bald zu verbindlichen und messbaren Maßnahmen verpflichten – und die dann auch noch umsetzen." – „Falls die Regierung nächstes Jahr überhaupt noch im Amt ist ...", fügte Ella hinzu. Die Enttäuschung in ihren Stimmen wog schwer. An der S-Bahn-Station schloss Simon sein Rad auf.

„Robin, du bist so still. Hast du wenigstens ein schönes Paradox für uns?", fragte Ella. Robin nickte langsam. „Ja. Und ich fürchte, diesmal ist es wirklich ein verzwicktes. Fassen wir nochmals zusammen. Gemäß dem Pariser Abkommen sollen alle Regierungen ihre Klimaziele im Laufe der Zeit erhöhen, richtig?" – „M-hm, das ist der Sinn der Sache", sagte Ella. „Gut", antwortete Robin trocken. „Und jetzt das Paradox. Je ambitionierter Demba seine Klimaziele setzt, desto weniger Projekte kann es mit CO_2-Zertifikaten finanzieren. Warum? Weil, je mehr sie selbst erreichen wollen, desto weniger haben sie zu ,verkaufen'. Drehen wir's um: Hält ein Land seine Ziele schön niedrig, hat es mehr Spielraum für solche Projekte, und kommt einfacher an internationale Mittel ran. Mit anderen Worten: Das System belohnt die Drückeberger. Schräg, oder? Ich würde es das *Ziel-Paradox* nennen." – „Das Paradox geht aber noch weiter", brummte Andy. „Wenn das nämlich alles stimmt, und deswegen Canland keine Zertifikate von Demba kaufen will, dann wird's doch höchstwahrscheinlich darauf hinauslaufen, dass in Demba genau gar nichts läuft für den Klimaschutz."

Das Schwarm-Paradox

Raum A13 der Volkswirtschaftlichen Fakultät an der Universität Niburg besaß den Charme einer Besenkammer. Im Untergeschoss gelegen, drang nur durch zwei winzige, verschmutzte Oberlichter ein schwacher Hauch von Tageslicht hinein. Die Einrichtung erinnerte an das Inventar eines Trödelladens: abgenutzte Holztische, wackelige Stühle, ein verschlossener Schrank ohne Schlüssel und ein alter Drucker. Über allem hing ein Bild von Adam Smith – blass, streng und sichtlich unbeeindruckt von dem, was man heute unter Wirtschaftswissenschaft verstand.

„Das ist fantastisch! Vielen Dank, Herr Professor", rief Ella mit einem breiten Lächeln, als Turman ihr den Zimmerschlüssel überreichte. „Es ist leider der einzige freie Raum, den ich im Moment habe", sagte er entschuldigend. „Aber Sie können ihn kostenlos nutzen, so lange, wie Sie wollen." Zwei Tage später brachte er noch einen kleinen runden Tisch und eine Kaffeemaschine vorbei. „Wir hatten zwei davon oben im Pausenraum und ich dachte, Sie könnten eine gebrauchen ..."

So wurde der Raum zu ihrem Hauptquartier. Etwas schäbig vielleicht, aber gemütlich – ein Ort mit guter Energie, wie Ella fand.

Das Klima-Paradox

Als Ella am Morgen nach ihrem Termin im Umweltministerium gerade dabei war, Kaffeebohnen in die Maschine zu schütten, tauchte Andy mit einer Schachtel herzförmiger Pralinen auf. „Ich wollte mich bei dir bedanken", sagte er verlegen. „Du warst großartig bei Rower. Und gestern schon wieder, beim Minister! Ich hätte weniger nörgeln und mehr anerkennen sollen, was wir bereits erreicht haben." Ella senkte den Blick. „Danke, Andy. Aber komm schon, es waren ja vor allem deine Zahlen, die überzeugt haben." Sie nahm ein Herzchen aus der Schachtel und sagte: „Trotzdem, wir stecken irgendwie fest. Ein Ölkonzern will mit uns zusammenarbeiten, aber wir sind skeptisch. Wir wollen mit dem Ministerium arbeiten, aber die sind skeptisch." Andy nickte. „Das Problem scheint mir zu sein, dass jeder irgendwie was anderes versteht unter CO_2-Zertifikaten."

In diesem Moment tauchte Robin im Korridor auf. *Was war das denn? Hatte Andy Ella Schokoherzchen gebracht? Oder Ella Andy?*

„Für uns alle ist der Zweck von CO_2-Zertifikaten offensichtlich", fuhr Andy fort, ganz zur Erleichterung von Robin. *Aha. Sie fachsimpeln ja nur.* „Die Verschmutzer sollen zahlen, und die Menschen in Demba sollen Geld verdienen, wenn sie Wälder schützen und wieder aufforsten. Für Rower ist's komplizierter. Ross persönlich will vielleicht die Wälder schützen, ich glaub's ihm ja gern. Aber für seine Firma könnten CO_2-Zertifikate ein billiges Mittel sein, um Emissionsreduktionen vorzuweisen."

„Aber interessiert das überhaupt irgendwen?", warf Ella ein. „Die meisten, die Benzin tanken, scheren sich doch keinen Dreck darum, ob Rower jetzt Emissionen reduziert hat oder nicht."

„Aber die Aufsichtsbehörde könnte das irgendwann schon interessieren", erwiderte Andy. „Stellt euch vor, eine Regierung beschließt plötzlich, eine hohe Steuer auf Öl und Gas zu erheben. Dann könnte Rower sagen: ‚Moment mal – wir haben doch die Emissionen reduziert, wir kaufen seit Jahren CO_2-Zertifikate. Jetzt macht mal halblang mit der neuen Steuer!'"

„Es ist sogar noch komplexer", ergänzte Robin. „Niemand weiß, ob dein Szenario je eintreten wird. Aber schon die bloße Möglichkeit, dass es eintreten *könnte*, macht viele Menschen misstrauisch, wenn Ölfirmen CO_2-Zertifikate kaufen."

Ella nahm ein weiteres Herzchen aus der Schachtel. „Das leuchtet mir nun überhaupt nicht ein. Aus wirtschaftlicher Sicht läuft das doch so: Rower ist bereit, CO_2-Zertifikate zu kaufen. Klar, heute sind die CO_2-Preise noch günstig und somit kann man auch nur die effizientesten Projekte durchführen. Aber andere Firmen werden dem Beispiel folgen, entweder freiwillig oder weil sie irgendwann von der Regierung gezwungen werden. Somit steigt die Nachfrage nach Zertifikaten, und folglich klettern auch die Preise. Und das wiederum macht's möglich, teurere Projekte anzustoßen!"

Sie zeigte auf das vergilbte Porträt über ihnen. „Das hat Adam Smith vor etwa 300 Jahren herausgefunden. Es geht nur um Angebot und Nachfrage! Also, wo liegt das Problem?"

Robin griff nun ebenfalls nach einem Schokoladenherz und bemerkte, dass Ella ihn kurz anschaute und lächelte. *Die Welt mag komplex sein, aber gewisse Dinge sind es nicht,* dachte er.

„Verdammt, die Seminararbeit!", rief Ella plötzlich. „Ich bin noch nirgends. Hab' eure Texte noch nicht mal gelesen und mein Teil hat noch null Struktur." – „Ich hab mich schon gewundert", lachte Andy. „Aber mach dir keine Sorgen, mein Entwurf ist ein ziemliches Chaos." – „Meiner auch", sagte Robin. „Ich weiß nicht mal so recht, worauf ich mich konzentrieren soll. Das Thema ist derart vielschichtig."

„Vielschichtig, ja ...", sinnierte Ella. „CO_2-Zertifikate bedeuten für jeden etwas anderes, und jeder findet was anderes wichtig."

„Das ist doch die Lösung!", rief Robin plötzlich. „Wir starten eine Umfrage! Fragen unsere Freunde und Bekannten, was sie von CO_2-Zertifikaten halten. Jeder soll seine Meinung loswerden. So kriegen wir eine Antwort auf unser Dilemma. Und aus den Ergebnissen basteln wir eine schöne Semesterarbeit. Zwei Fliegen mit einer Klappe!" – „Sensationelle Idee", gluckste Ella, „und wir schlagen sogar drei Fliegen mit einer Klappe. Denn gleichzeitig gibt das gratis Werbung für Five Elements!"

In den folgenden Tagen erstellte das Team eine Online-Umfrage. Im ersten Abschnitt erläuterten sie kurz das Prinzip der Zertifikate, definierten zentrale Begriffe und verlinkten die wichtigsten Quellen für alle, die mit dem Thema noch nicht vertraut waren. Nach einigen Diskussionen entschied sich das Team, den Begriff „CO_2-Zertifikate" beizubehalten, da der technischere Ausdruck „Mitigation Outcomes" nur zusätzliche Verwirrung gestiftet hätte. Anschließend stellten sie ihre Firma Five Elements kurz vor. „Komm schon, Ella", lachte Robin. „Wir können uns doch kaum einen *führenden Entwickler von Klimaschutzprojekten* nennen – unser Unternehmen ist gerade mal zwei Monate alt!"

Zum Schluss warfen sie die Kernfrage in die Runde: „Wer sollte CO_2-Zertifikate kaufen, unter welchen Bedingungen – und welche Projekttypen sollten Priorität haben?"

Sie boten einige Antwortmöglichkeiten, ließen den Befragten jedoch auch viel Raum für eigene Gedanken und Ansichten. Zwei Tage später fluteten sie ihre Social-Media-Kanäle mit Einladungen zur Umfrage.

Die Resonanz war überwältigend. Rower und Matipa teilten die Nachricht sofort in ihren Netzwerken, ebenso wie Professor Turman und Andys Mutter, Professor Lelong. Selbst Minister Paul Becker schickte eine anerkennende E-Mail und versprach, die Umfrage im Ministerium weiterzuleiten. Doch richtig Fahrt nahm die Sache erst auf, als unerwartet ein Influencer die Nachricht aufgriff.

Robin starrte auf sein Smartphone. „Studis gründen Start-up für Klimaschutzprojekte. Krasse Idee – mega cool, wenn sie's richtig hinkriegen. Supportet sie! Und sagt Eure Meinung!", las er laut vor. „Leute, dieser Beitrag hat schon über hunderttausend Likes und mehrere Tausend Kommentare!"

„Was? Wer hat das gepostet?", fragte Ella aufgeregt. „Luke! Remy hat's gleich geteilt. Während wir in Demba waren, sind sie mit ihren Climate Warriors voll durchgestartet."

„Schlau gemacht", lachte Robin. „Zwei Nächte im Niburger Schönwerd-Knast, und schon sind sie die wiedergeborenen Märtyrer. Was für einen krassen Anwalt hatten die denn? Er verwandelte den Prozess in einen Zirkus und warf den Behörden vor, die Sicherheit vernachlässigt und die Leute in Gefahr gebracht zu haben. Lukes Familie ist stinkreich, die konnten sich den Staranwalt leisten. Aber hey, wen kratzt das schon? Hauptsache, jetzt machen sie Werbung für unsere Umfrage!"

Über fünftausend Menschen nahmen letztlich an der Umfrage teil. Turman und die Kollegen an der Fakultät für Ingenieurwesen waren bereit, den Abgabetermin für die Semesterarbeit bis ins Frühjahr zu verschieben.

Die Analyse der Umfrage dauerte mehrere Wochen, und die Ergebnisse waren irritierend: Rund ein Viertel der Befragten lehnte CO_2-Zertifikate rundweg ab. Knapp die Hälfte hielt die Idee für sinnvoll, aber nur dann, wenn niemand sie als Vorwand nutzt, um selbst weniger CO_2 zu reduzieren. Rund zehn Prozent fanden das Konzept super. Der Rest kreuzte nichts an und schrieb stattdessen zum Beispiel: „Alles Bullshit! Der Klimawandel ist eine Lüge!"

Die offenen Kommentare waren noch widersprüchlicher:

„Kohlenstoff in Holzprodukten zu speichern, ist die einzige vernünftige Lösung", schrieb ein leitender Angestellter eines Holzbauunternehmens.

„Wasserstoff muss gefördert werden. Elektrofahrzeuge sind eine Umweltkatastrophe. Stoppt die schreckliche Lithium-Förderung für die Batterien!", kommentierte ein Mann aus der Automobilindustrie.

„Der Kampf gegen den Klimawandel ist aussichtslos, wenn wir die Überbevölkerung nicht in den Griff bekommen!", befand eine pensionierte Hotelfachfrau.

„Die Kernenergie ist die einzige realistische Option für ein kohlenstofffreies Energiesystem."

„CO_2-Zertifikate sind großartig, solange sie keine gefährlichen oder unbewährten Technologien wie Atomkraft oder Wasserstoff unterstützen."

Das Klima-Paradox

„Ein schneller Wechsel zur Elektromobilität ist unsere einzige Chance!"

„Windkraft muss überall gefördert werden, weil sie die sauberste und effizienteste Technologie ist."

„Tolle Idee, aber Windturbinen gehören verboten. Die Dinger sind hässlich und gefährden unsere Vögel!."

„CO_2-Zertifikate sind super, wenn das Geld wirklich nur in canländische Projekte fließt. Wir müssen zuerst vor unserer eigenen Tür kehren!"

„CO_2-Zertifikate sind ein vielversprechendes Instrument, um Projekte im Globalen Süden zu unterstützen. Projekte in Canland sind reine Geldverschwendung!"

Amy Dupont, eine Kollegin von Robin, schrieb: „Die Einlagerung von Kohlenstoff in der Tiefsee ist die einzige Klimalösung, die unlimitiertes Potenzial hat. Ich will ein Start-up gründen, habt ihr Bock mitzumachen?"

Und so ging es immer weiter.

„Meine Fresse", seufzte Andy. „Wo sollen wir da anfangen? Wie sollen wir hier jemals einen Konsens finden?"

Ella schüttelte nur den Kopf. „Ich werd verrückt. Je mehr Leute du fragst, desto mehr verschiedene Meinungen bekommst du. Und jeder ist komplett davon überzeugt, dass seine Meinung die richtige ist."

„Sagt euch die Schwarmintelligenz was?", fragte Robin unvermittelt.

Ella und Andy schauten ihn erstaunt an. Was sollte das jetzt wieder?

„Schwärme sind eine unheimlich starke Erfindung der Natur", begann Robin. Ein Schwarm winziger Fische kann derart bedrohlich wirken, dass ein großer Räuber erschrocken davonschwimmt. Oder stellt euch ein Orchester vor, das eine Beethoven-Symphonie spielt. Perfekt koordiniert – absolut überwältigend. Oder ein Schwarm ekstatischer Fußballfans, die unsere Niburger Hoppers zum Sieg schreien. Oder die Critical Mass, die jeden letzten Freitag im Monat durch Niburg rollt. Gegen all die Fahrräder haben weder Autos noch die Polizei eine Chance."

„Und jetzt, was willst du uns damit sagen, Herr Philosoph?", lachte Andy.

„Seht ihr das Paradox nicht?", gab Robin zurück. „Schwärme sind in der Regel unheimlich effektiv, um ein Ziel zu erreichen. Nur beim Klimaschutz ist es seltsamerweise genau umgekehrt. Die Klima-Bewegung zieht einen Schwarm von Menschen mit ganz unterschiedlichen Hintergründen und Ideen an. Alle sind sich zwar einig, dass die Krise dringend ist. Aber anstelle einer starken Bewegung haben wir ein völliges Durcheinander aus gegensätzlichen Ansichten. Es scheint mir fast so, als werde das Chaos immer größer und die Bewegung immer schwächer, je mehr Leute dazustoßen."

Ella und Andy blickten verblüfft. „Das *Schwarm-Paradox*. Meine Güte, das ist ein richtig gemeines Exemplar in deiner Sammlung", meinte Ella.

Das Kompensations-Paradox

„Große Pläne aus dem Kellerbüro" titelte das *Niburger Tagblatt* auf seiner Frontseite. Darunter ein Foto von Ella, Robin, Andy und Simon, die zusammengedrängt um den kleinen Kaffeetisch im düsteren Raum A13 der Volkswirtschaftlichen Fakultät saßen. Der Artikel war das Resultat einer Nachricht von Andy, nachdem die Umfrage viral gegangen war:

> Beatrix. Unser Ding geht durch die Decke. Willst du die Story nicht ins Tagblatt bringen?

Beatrix packte die Gelegenheit beim Schopf. Ihr Praktikum neigte sich dem Ende zu, und abgesehen von ein paar Konzertberichten aus dem Laguna war es ihr bislang kaum gelungen, klickstarke Themen in der Zeitung unterzubringen. Der Artikel war an Dramatik kaum zu überbieten:

„Ein blutendes Schimpansenbaby in Demba rührte uns zu Tränen. Wir wussten: Jetzt müssen wir handeln!", wurde Andy zitiert.

„Mit CO_2-Zertifikaten werden wir die Welt retten!", soll Robin gesagt haben.

Und Ella habe prophezeit: „Unsere Firma wird eines Tages den Rower Tower übernehmen!"

Keiner der drei konnte sich daran erinnern, etwas Derartiges gesagt zu haben.

„Hach, wen kümmert's, ob wir das wirklich so gesagt haben oder nicht", lachte Ella. „Es klingt doch gut – und genau darauf kommt's an! Wir sind in den News, und hoffentlich lesen das viele zukünftige Kunden!"

Doch Andy schüttelte den Kopf. „Da bin ich nicht sicher. Mein Vater sagt immer, man sollte unbedingt die eigenen Zitate überprüfen. Es geht nicht um positiv oder negativ, sondern um Genauigkeit, um Wahrheit. Und außerdem ... Die Erwartungen an unseren Erfolg sind jetzt gigantisch." – „Und das ist auch gut so", erwiderte Ella. „Der Ansporn tut uns gut. Jetzt müssen wir liefern!"

Die Umfrage erwies sich als genialer Schachzug, und Beatrix' Artikel katapultierte ihr Start-up mit einem Schlag in die Öffentlichkeit. Weitere Medien brachten Interviews, eine Homestory aus Ellas kleinem Studio wurde gesendet, und die *Canland Business Review* brachte ein langes Gespräch mit Professor Turman, in dem er aus wissenschaftlicher Sicht die Vorteile von CO_2-Zertifikaten denen von Spendengeldern gegenüberstellte. Er konnte seinen Stolz auf Ella und ihre Freunde kaum verbergen. Andys Mutter platzierte ein Statement im *Niburger Morgenblatt*: „Das Spin-off *Five Elements* ist ein weiteres leuchtendes Beispiel für das innovative Start-up-Ökosystem an der Universität Niburg."

Nach kurzem Zögern schrieb Ella eine E-Mail an Janice Hanratty – die Redakteurin der *Neuen Canländer Zeitung*, die sie damals in der Flughafenlounge getroffen hatten. Wie von ihr vorhergesagt, hatte Demba inzwischen dem lombanischen Präsidenten Nolayo mit Geld und Waffen unter die Arme gegriffen. Die Proteste in Port Lomba waren blutig niedergeschlagen worden. Eine Woche später kam Hanrattys Antwort:

Das Klima-Paradox

Glückwunsch zum Start von Five Elements.
Sobald eure Projekte weiterentwickelt sind und
belastbare Zahlen vorliegen, wäre eine
Hintergrundstory denkbar. Haltet mich bitte auf
dem Laufenden.

Der Medienzirkus verfehlte seine Wirkung nicht. Erste Anfragen kamen herein. Firmen, Privatpersonen und sogar Kinder meldeten sich. Einige wollten mehr Informationen, andere verlangten gleich ein konkretes Angebot.

„Wir brauchen 24.000 Zertifikate, um unsere Emissionen des letzten Jahres zu kompensieren. Bitte kontaktieren Sie uns", schrieb eine Speditionsfirma.

„Ich finde euer Projekt zur Wiederaufforstung toll. Ich will CO_2-Zertifikate kaufen, um den Schaden auszugleichen, den ich durch meine Flüge verursacht habe. Wie viele brauche ich und wo kann ich sie kaufen?", fragte ein pensionierter Pilot.

Und eine Zehnjährige schrieb auf eine Postkarte: „Ich will den Schimpansen helfen!"

Raum A13 platzte aus allen Nähten. Inzwischen waren zwei ehrenamtliche Mitarbeitende zum Team gestoßen. Ellas Freundin Sabina half beim Marketing und pflegte die Website, derweil Maurice, ein Studienkollege von Robin und Andy, die Projektdokumentation weiterbrachte. Die neue Unterstützung war bitter nötig, denn allen war klar, dass bald eine große Entscheidung zu treffen war: Jemand aus dem Team musste möglichst bald zurück nach Demba, um die Projekte vor Ort weiterzubringen. Andy mit seinen dembanischen Wurzeln war die offensichtliche Wahl.

So vergingen mehrere Wochen mit langen Arbeitstagen und hohem Verbrauch an Kaffeebohnen. Doch ein Problem trat immer deutlicher zutage:

„All das ist fantastisch, all das ist vielversprechend", seufzte Ella eines Morgens, „aber seien wir ehrlich: Uns fehlt ein Hauptkunde. Wir brauchen einen großen Namen, der nicht nur Zertifikate kauft, sondern uns auch das Geld gibt, um die Projekte zu starten und Five Elements professionell zu betreiben. Wir können das nicht ewig mit Freiwilligen stemmen."

Robin blickte von seinem Laptop auf. Jetzt im Dezember drang kaum natürliches Licht in ihr kleines Büro A13. „Du hast recht", antwortete er. „Was ich mir neulich überlegt habe: Was ist eigentlich mit Cresta? Erinnerst du dich an Matt bei der Cresta-Gala? Er sagte uns, wir sollen uns melden, sobald wir Zertifikate zum Verkauf haben. Nun, wir stehen natürlich noch am Anfang. Aber vielleicht können wir ihn davon überzeugen, schon jetzt mit uns zu arbeiten? „Also, ich meine, Ella", er lächelte etwas verlegen, „vielleicht kannst *du* ihn überzeugen?" – Ella nickte langsam. „Wir haben nur eine Chance bei Cresta", nickte Ella. „Sie würden uns sicher treffen. Aber wenn wir's dort verbocken, so sind wir draußen. Ich hab deshalb gedacht, dass wir vielleicht noch warten sollten. Aber es ist so, wir stehen unter Druck. Vielleicht ist jetzt doch der Moment!"

Matts E-Mail-Antwort kam nach nur fünf Sekunden: „Danke für Ihre Nachricht an Matthew Carter. Ich bin im Urlaub und ab dem 10. Januar wieder im Büro. Ihre E-Mail wird nicht weitergeleitet. Frohe Weihnachten und ein gutes neues Jahr!"

„Mistkerl!", rief Ella. „Die Welt geht vor die Hunde, und er macht mal locker drei Wochen Urlaub! Aber wart mal, er hat mir seine Visitenkarte gegeben, und ich habe seine Handynummer. Ich schicke ihm eine SMS!", fügte sie trotzig hinzu.

Diesmal antwortete Matt selbst – fast so schnell wie seine Abwesenheitsnotiz.

Hi, Ella. Was läuft bei euch? Euer Start-up – richtig cool! Ich chill grad im Sova-Tal, super Powder. Aber das Wetter ist mies. Nehmt's easy!

Robin konnte es kaum glauben. „Hat er Sova-Tal gesagt? Dort haben meine Eltern eine Skihütte! Früher haben wir jeweils Weihnachten dort verbracht. Heute sind sie ständig am Arbeiten."

„Das ist doch unsere Chance!", rief Ella. „Ist euer Haus nach Weihnachten frei? Dann verbringen wir ein paar Nächte dort oben und versuchen, Matt auf der Piste zu treffen. Das funktioniert vielleicht besser als ein weiteres steifes Meeting in einem langweiligen Büro!"

Andy brach in schallendes Gelächter aus, als er Ellas Antwort sah:

> „Hi Matt, was für ein Zufall! Bin nach Weihnachten auch im Sova-Tal. Wär cool, wenn wir uns treffen könnten!"

Der 27. Dezember war einer jener besonderen Tage, die einem noch jahrelang ein Lächeln ins Gesicht zaubern, sobald man sich an sie erinnert. Die ganze Nacht lang hatte es dicke Flocken geschneit. Doch als sie am frühen Morgen die dunkel gebeizten Fensterläden des Holzchalets von Robins Eltern aufstießen, empfing sie das sanfte, diffuse Licht eines klaren Wintertages, das einen kühlen, silbrigen Schimmer über den frisch gefallenen, noch unberührten Schnee legte.

Als sich die ersten Sonnenstrahlen am Horizont ankündigten, wurde Ella unruhig. „Leute, packen wir unser Zeug, den Kaffee können wir oben in der Bergstation trinken! Vergesst nicht, voll aufgeladene Batterien in eure Lawinenpiepser einzusetzen. Das wird ein legendärer Powder-Tag!"

Matt erwies sich als hervorragender Skifahrer. Noch wichtiger war aber, dass er das Skigebiet von Sova kannte wie seine Westentasche. Gemeinsam fuhren sie über versteckte Hänge, zogen ihre Spuren durch unberührte Wälder und sprangen über kleine Klippen – Ella auf ihrem Splitboard, Andy und Robin auf ihren extrabreiten Powder-Skiern.

Das Kompensations-Paradox

„Und wie laufen eure Projekte?", fragte Matt, als sie sich in vier Liegestühle an einer Schneebar fallen ließen, mit Kaffee Amaretto in der Hand und der Nachmittagssonne auf ihren müden Gliedern.

Ella kam ohne Umschweife zur Sache. „Nun ja, sie sind vielversprechend, Matt. Aber ganz ehrlich, wir brauchen deine Hilfe. Wir haben über hundert Anfragen für CO_2-Zertifikate bekommen. Aber uns fehlt ein großes Unternehmen, das vorangeht. Jemand, der bereit ist, einen Teil der Zertifikate vorab zu bezahlen. Du hast uns doch damals bei dem haarsträubenden Gala-Dinner im Sommer erzählt, dass Cresta schon seit fünf Jahren klimaneutral ist. Wie wäre es, wenn Cresta das erste große Unternehmen würde, das in CO_2-Zertifikate aus Demba investiert?"

Matt nahm einen Schluck von seinem Drink. „Wir kaufen eigentlich nur Zertifikate aus laufenden Projekten", erwiderte er nach einer Weile. „Aber wir unterstützen euren Partner Matipa schon seit vielen Jahren. Wir könnten das schon näher anschauen. Das eigentliche Problem ist jedoch ein anderes."

Ella sah ihn erwartungsvoll an.

„Ehrlich gesagt", fuhr er fort, „unser Klimaprogramm steht gerade ziemlich in der Kritik. Kennt ihr die Climate Warriors? Das sind die Leute, welche die Gala gecrasht haben." Er verzog das Gesicht zu einem schiefen Lächeln. „Ich muss zwar zugeben, ich fand die Show gar nicht so übel. Rower ist wirklich absolutes Greenwashing. Schwatzen ständig über all ihre grünen Projekte und bohren gleichzeitig in Demba nach neuem Öl. Gut, dass sie dem mal die Kappe gewaschen haben. Wie dem auch sei. Das Problem ist: Jetzt haben die Cresta im Visier. Sie hassen unsere Klimaneutralitäts-Zertifizierung."

Andy runzelte die Stirn. „Warum das denn?", fragte Andy. „Ist das Wort ‚klimaneutral' nicht längst Umgangssprache geworden? Es zeigt doch, dass ihr eine solide Klima-Strategie habt. Ihr habt eure Emissionen berechnet, habt so viel wie möglich reduziert und den Rest mit Zertifikaten ausgeglichen. Ist doch genau, wie man's machen sollte. Ich hab' neulich nachgesehen: ‚Klimaneutral' hat fast zwölf Millionen Treffer auf den Suchmaschinen im Internet!"

Matt kratzte sich am Kopf. „Ich seh das ja genauso. Aber die Climate Warriors sagen, der Begriff ‚klimaneutral' verwische die Grenze zwischen unseren eigenen CO_2-Reduktionen und denjenigen, die wir durch Projekte erzielen. Sie meinen, die Leute würden glauben, unsere Software und Server seien emissionsfrei, nur weil wir uns als klimaneutral bezeichnen. Das sei irreführend, sagen sie – wir hätten ja trotzdem Emissionen, auch wenn wir sie kompensieren."

„Aber Matt, wissenschaftlich gesehen liegen sie komplett falsch", beharrte Ella. „Für das Klima ist es egal, wo du CO_2 emittierst und wo du es reduzierst. Reduktion und Kompensation ergänzen sich." – „Ich weiß", erwiderte Matt. „Das Label ‚klimaneutral' war wohl einfach zu erfolgreich. Eigentlich paradox. Organisationen wie die Climate Warriors wollen nicht, dass Firmen ein solches Label in ihrer Kommunikation verwenden. Für sie riecht das nach Greenwashing. Sie hassen das."

Einen Moment lang schwiegen alle und blickten auf das fantastische Bergpanorama. Der Sova-Gletscher, hoch oben auf der anderen Talseite, leuchtete im schwindenden Nachmittagslicht. „Wie wäre es, wenn ihr statt ‚klimaneutral' einfach ‚kompensiert' benutzt?" begann Ella erneut. „Damit macht ihr deutlich, dass die Emissionen nicht einfach weg sind; es gibt sie noch, aber sie werden ausgeglichen. Und ‚kompensiert' klingt bescheidener als ‚klimaneutral'." Andy klickte wieder auf seinem Handy herum und rief dann: „Ja, und ‚Klima-kompensiert' ergibt auch fast sieben Millionen Treffer im Netz!"

Matt schüttelte erneut den Kopf.

„Das haben wir bei einem Treffen mit den Climate Warriors auch vorgeschlagen", sagte er. „Aber sie können das Wort ‚kompensiert' genauso wenig leiden. Ihrer Meinung nach lenkt Kompensation nur vom Reduzieren ab – als könnten sich Unternehmen einfach freikaufen. Sie nennen es Ablasshandel."

„Ablasshandel?" Ella fuhr hoch, als hätte sie eine Wespe gestochen. „Ein CO_2-Zertifikat ist doch kein leeres Versprechen, das man in den Himmel schickt und mit Glück irgendwann im Jenseits wiederfindet! Wenn überhaupt, dann passt der Vergleich eher auf Spenden, bei denen keiner genau weiß, was eine einzelne Krone bewirkt!"

Matt nickte langsam.

„Da hast du recht. Aber die Warriors machen einfach gute PR. Bei Kompensation denken jetzt alle sofort an Ablasshandel – auch wenn das wissenschaftlich null Sinn ergibt. Remy Selnass hat es neulich sogar mit einem untreuen Ehemann verglichen, der glaubt, seine Sünde mit einem Blumenstrauß wiedergutmachen zu können."

Ella riss die Augen halb verärgert, halb belustigt auf.

„Ha, ha. Und das soll witzig sein? Die vergleichen unsere Arbeit, die Bäume in Coltra East zu retten, ernsthaft mit einem Seitensprung? Waren die überhaupt jemals in Demba? Außerdem sollten Männer ihren Frauen sowieso Blumen schenken – egal, ob sie untreu waren oder nicht. Genau wie sie Zertifikate kaufen sollten, egal, ob sie was verschmutzt haben oder nicht!"

Robin bewarf sie mit einem Schneeball, und Matt brach in Gelächter aus – wurde dann aber ernst.

„Ehrlich gesagt, ich versteh's auch nicht. Cresta gibt für alles Mögliche Geld aus. Wir sponsern den Canland Climate Summit, finanzieren das Cresta KI-Lernzentrum an der Uni, spenden an Matipa und sind Hauptsponsor des Niburg Hockey Clubs. Keiner regt sich darüber auf. Aber bei CO_2-Zertifikaten, die ja dem Klima helfen sollen, da ist plötzlich alles Teufelszeug!"

„Ein weiteres Paradox, meine Lieben", warf Robin ein. „Die Climate Warriors hassen Klimakompensation gerade deshalb, weil sie dasselbe Ziel verfolgen – den Klimawandel zu bekämpfen. Damit stehen sie im Wettbewerb mit den Emissionssenkungen im Betrieb. Dasselbe Muster sieht man bei der Plastikdebatte: Die schärfsten Kritiker sind oft diejenigen, die glauben, Recycling lenke nur von der eigentlichen Aufgabe ab – nämlich, allen Plastik komplett loszuwerden."

„Genau!", rief Andy. „Als Fans vom HC Niburg – wen hassen wir am meisten? Die Fans der verdammten Niburg Ice Bears!"

Das Klima-Paradox

„Und wen hassen wir Skifahrer am Berg?", fragte Matt und grinste Ella an. „Nicht die Wanderer, nicht die Gleitschirmflieger – es sind die Snowboarder, die uns mit ihrem Gerutsche die Piste ruinieren!"

„Wie nennen wir dieses Paradox?", fragte Robin. „Das *Kompensations-Paradox?*"

„Nenn's, wie du willst", meinte Ella verschmitzt und zeigte auf ein großes Banner über der Schneebar: *Après-Ski ist auch ein Sport!*

„Vielleicht haben wir einfach das falsche Business gewählt. Warum gründen wir nicht lieber eine Brauerei, statt CO_2-Zertifikate zu verkaufen?"

„Es gibt tatsächlich einfachere Wege, Geld zu verdienen", lachte Matt. „So ziemlich jeden. Kommt – eine Abfahrt schaffen wir noch, bevor der Sessellift schließt!"

Das Versprechen-Paradox

„Andy, ich hab's dir schon hundertmal gesagt! Das ist alles viel zu kompliziert!"

Andy zuckte zusammen und hielt das Handy ein Stück vom Ohr weg. Wanga war außer sich. So wütend hatte er sie zuletzt in der Matipa Lodge erlebt, als Ella vorgeschlagen hatte, dass Käufer aus Canland direkt kontrollieren sollten, wie die Projektgelder in Demba verwendet würden. Normalerweise war Wanga ruhig und besonnen, doch damals war sie regelrecht explodiert, genauso wie jetzt.

„Hör zu", fuhr sie mit schneidender Stimme fort. „Seit eurem Besuch in Demba sind sechs Monate vergangen. Ich habe euch ein Treffen mit Ross Murphy eingefädelt, und Rower wäre bereit, diese Projekte zu finanzieren. Aber jetzt ruft mich Ross an und ist stinksauer! Er sagt, ihr hättet euch schon zweimal mit seiner Assistentin getroffen und trotzdem liege noch kein Vorschlag auf dem Tisch. Stattdessen sprecht ihr mit Journalistinnen, macht nette Umfragen und redet mit der Regierung. Ist ja alles schön und gut. Aber wo bleiben die Resultate? Was sind die nächsten Schritte? Und jetzt kommst du mir mit der Frage, ob Cresta das Ganze ‚Klimaneutralität', ‚Kompensation', ‚Klimabeitrag' oder ‚Mitigation Outcomes' nennen soll – wen kümmert das? Wen zur Hölle interessiert es, wie das alles heißt? Wir verlieren die Wälder, verdammt nochmal!"

„Aber, Wanga –", versuchte Andy sie zu beschwichtigen.

„Nein, jetzt hör mal zu! Walmera steht unter Druck. Morgan hat mich heute Morgen wieder angerufen. Er kann Spencer nicht länger hinhalten. Sie haben sich für dieses Jahr ein Ziel gesetzt für den Anbau von Palmöl. Wenn er stattdessen Waldschutz vorschlagen will, braucht er sofort grünes Licht von seinem Verwaltungsrat. Uns läuft die Zeit davon!"

Andy begann vorsichtig von Neuem. „Wir tun, was wir können, Wanga. Aber die Lage ist kompliziert. CO_2-Zertifikate sind umstritten, so verrückt das für dich auch klingen mag. Wir müssen aufpassen, dass wir keinesfalls in ein Fettnäpfchen treten. Und Cresta ist noch nicht vom Tisch. Matt ist nach wie vor interessiert."

Wangas Stimme hatte sich etwas beruhigt. „Andy, glaub mir. Ich hab mein halbes Leben mit Spendensammeln verbracht. Ganz egal, wie komplex das alles sein mag, eure Geschichte muss simpel sein. Einfach. Überzeugend. Sonst kauft dir niemand was ab."

Die Semesterferien standen vor der Tür, und die Entscheidung ließ sich nicht länger aufschieben. Robin, Ella und Andy hatten in diesem Halbjahr fast alle Vorlesungen geschwänzt. Ihre Professoren – darunter Turman – hatten darüber hinweggesehen; die Arbeit an Five Elements hatte Vorrang. Doch ihre Semesterarbeit lag als chaotischer Stapel aus Notizen und Recherchen herum, ohne Einleitung, ohne Hypothese und ohne Schlussfolgerung.

Im nächsten Semester konnte es nicht so weitergehen, so viel war klar. Zuerst standen Prüfungen an, dann die Bachelorarbeit. Die Frage stand immer drängender im Raum: Sollten sie alles auf die Firma setzen und ihr Studium unterbrechen? Oder war der ganze Traum schlichtweg nicht realistisch?

Die Stimmung im Kellerbüro war am Nullpunkt, genauso wie die Temperaturen an diesem grauen Morgen im Februar, als Simon der Kragen platzte. „Alles vergeudete Zeit!", rief er durch's Büro. „Freiwillige CO_2-Märkte funktionieren nicht. Wanga hatte recht, es ist zu komplex. Wir sollten zurück zu Paul Becker. Der einzige Weg ist doch die staatliche Regulierung. Alles andere ist verschwendete Energie."

„Hast du Becker überhaupt zugehört?", fuhr Ella ihn an. „Seine Ideen zu Emissionszielen und *Corresponding Adjustments*? Das war die reinste Bürokratie-Hölle! Aber genau, Wanga hat recht. Wir sollten Ross anrufen und uns entschuldigen. Er hat schließlich das Geld und will die Projekte finanzieren! Und wir zicken hier seit Monaten rum und fürchten uns vor unsinnigen Greenwashing-Vorwürfen!"

Simon schüttelte den Kopf. „CO_2-Zertifikate lösen das Klimaproblem doch nicht. Die einzige richtige Lösung ist eine globale CO_2-Steuer. Eine universelle Steuer, hoch genug, um die tatsächlichen Klimakosten abzudecken. Alles andere ist nur Schall und Rauch!" Simons Augen hatten einen angespannten, fast manischen Ausdruck angenommen. Ella wich unwillkürlich einen Schritt zurück. Ein Frösteln lief ihr den Rücken hinunter. Simon sah zu Boden und murmelte mehr zu sich selbst: „Ich bin derjenige, der hier alles zusammenhält. Ich kümmere mich um Papa, während du dich in der naiven Fantasie verlierst, dass canländische Firmen irgendwo am anderen Ende der Welt die Wälder retten können."

Schließlich trat Robin energisch dazwischen. „Schluss jetzt, ihr beiden. Wir drehen uns im Kreis. Wir brauchen eine Pause. Nur einen halben Tag. Lasst uns auf den Niburger Berg gehen! Ich war schon seit meiner Kindheit nicht mehr dort, aber früher habe ich's geliebt. Im Sommer zum Grillen und im Winter zum Schlitteln. Holt euer Winterzeug!"

Eine Stunde später trafen sie sich, dick eingepackt, am Busbahnhof. Sie waren die letzten Fahrgäste, als der Bus die Endhaltestelle am Waldrand erreichte, gleich hinter den vornehmsten Villen der Stadt.

Kahle Eichen säumten den schmalen Pfad, der sich in mehreren Kehren den Niburger Berg hinaufwand. *Welche Geschichten würden diese Bäume wohl erzählen, wenn sie es könnten?*, dachte Robin. *Seit Jahrhunderten stehen sie hier und beobachten unser ewiges Ringen um Lösungen für Probleme, die wir selbst geschaffen haben. Immer wieder sehen sie uns zum Wald zurückkehren, auf der Suche nach Einfachheit, Klarheit und Verbundenheit. Würden sie über uns lachen, wenn sie könnten? Oder uns bedauern? Oder Mitgefühl empfinden?*

Nach einer knappen Stunde Wanderung lichtete sich der Wald und gab den Blick auf eine weite, bräunliche Wiese frei, die noch gut fünfzig Höhenmeter bis zum Gipfel des Niburger Berges hinaufführte. Oben angekommen, erblickten sie ein leicht in die Jahre gekommenes Restaurant, einen verlassenen Spielplatz und einen verriegelten Aussichtsturm, die der Szenerie einen etwas tristen Anstrich verliehen. Doch als sie die Betonplattform erreichten, von der man eine spektakuläre Aussicht auf die Stadt hatte, brach zum ersten Mal seit Wochen die Sonne durch die dicken Wolken. In der Ferne glänzte der Rower Tower majestätisch im Abendlicht, und dahinter erstreckte sich der Hafen, der an die große, weite Welt irgendwo da draußen erinnerte.

Schweigend sogen sie die letzten Strahlen in sich auf. Als sie den Blick über den Wald, die Stadt und den Ozean schweifen ließen, spürten sie einen Schimmer von Hoffnung in sich aufsteigen. Da schossen zwei Rehe aus dem Unterholz hervor, rannten über die steile Wiese und verschwanden im nächsten Moment wieder im dichten Wald unter ihnen.

„Erinnert ihr euch an die fünf Elemente der Belé?" lachte Robin. „Himmel, Tiere, Berge, Wald und Meer. Alle sind da!"

„Ja, es ist inspirierend", murmelte Andy. „Das Abendlicht, das diese Millionen von Dächern und Millionen von Bäumen in sein Licht taucht..."

„Eine Million Bäume! Eine Million Dächer!", rief Ella plötzlich und ruderte wild mit den Armen.

„Ella, was ist los?", rief Robin erschrocken.

„Das ist es! Das ist die Lösung!", rief sie begeistert, während die anderen sie verwirrt ansahen. „Was, wenn Cresta aufhört zu behaupten, sie seien klimaneutral? Oder dass sie alle Emissionen kompensieren? Was, wenn sie stattdessen sagen: Wir ermöglichen eine Million Solardächer. Und wir pflanzen eine Million Bäume. Wir zahlen für unsere Emissionen. Wir finanzieren Projekte in Demba. Einfach, klar, ehrlich. Wie hört sich das an?"

Robin und Andy sahen sie fassungslos an. Ein Windstoß wehte ihr die Locken ins Gesicht.

„Ich glaube, das ist genial", sagte Robin schließlich. „Das könnte funktionieren. Aber... ist es nicht zu vage? Du hast doch selbst gesagt, die Stärke von Begriffen wie ‚Kompensation' oder ‚klimaneutral' liege in ihrer Genauigkeit. Exakte Zahlen, exakte Abrechnung."

Ella schüttelte den Kopf. „Genau das ist das Problem. Präzision macht angreifbar. Vage Ziele dagegen haben einen entscheidenden Vorteil: Niemand kann dich darauf festnageln. Niemand kann dich kritisieren. Außerdem klingt ‚Solardächer bauen' und ‚Bäume pflanzen' inspirierend. Und riecht nicht so streng nach Bürokratie."

„Überzeugend und einfach, ja", meinte Andy. „Aber es gibt einen Haken. Heute heißt es: Jede Tonne CO_2 wird eins zu eins ausgeglichen. Mit deiner Variante würde diese klare Berechnung wegfallen."
„Das Risiko besteht schon", entgegnete Ella. „Aber Cresta könnte ja weiterhin ein Zertifikat kaufen für jede Tonne, die sie emittieren. Wir ziehen einfach die Kommunikation darüber neu auf. Ich schreib mal Matt. Mal sehen, was er dazu meint."

Sie machten sich auf den Rückweg und beleuchteten mit ihren Handys den Weg, der sich zwischen den uralten Eichen hindurchzog. *Menschen ...,* flüsterten die Bäume sicherlich zueinander. *Mal verzweifelt, mal voller Hoffnung – ständig im Kampf mit sich selbst.*

Kurz vor der Bushaltestelle summte Ellas Handy. Ihr Gesicht leuchtete im bläulichen Licht des Displays. „Matt hat schon geantwortet", sagte sie mit großen Augen.

Das Klima-Paradox

Ella, habe es Lara gezeigt. Ihr Marketing-Team hatte eine ähnliche Idee. Sie sind interessiert. Besprechen es morgen intern. Komm um 17 Uhr in unser Büro und bring deine Gang mit.

Noch ein Paradox, dachte Robin später im Bett – *das Versprechen-Paradox. Man würde denken, ein Unternehmen mache alles richtig, wenn es sich ein ambitioniertes, messbares Klimaziel setzt, so wie „Netto Null" oder „klimaneutral". Aber weit gefehlt. Denn verpasst die Firma dieses Ziel, so hagelt es Kritik.*

Ganz anders, wenn die Firma sich nur ein vages, unverbindliches Ziel setzt. „Wir pflanzen eine Million Bäume" ist da schon viel besser: Es hört sich überzeugend an, und sobald die Setzlinge im Boden stecken, ist das Versprechen bereits erfüllt. Noch geschickter wären wohl Erklärungen wie „Wir unterstützen den technologischen Fortschritt" oder „Unsere Firma steht hinter dem Klimaschutz". Klingt super, sagt aber genau nichts aus. Wer kann da schon dagegen sein!

Robin überkam eine große Müdigkeit. Die Wanderung auf den Niburger Berg war anstrengend gewesen, und er trieb eindeutig zu wenig Sport. *Am allerbesten fahren aber wohl Firmen, die einfach überhaupt nichts sagen. Ganz nach dem Motto: Ich verspreche nichts, und das halte ich auch,* dachte er. Dann schlief er ein.

Das Geschwindigkeits-Paradox

„Nein – fünfzehnte Etage", grinste Matt, als Ella wie immer den Knopf für den siebten Stock drückte. Es war bereits ihr dritter Besuch im Cresta Tower seit dem Snowboard-Trip. Matts Nachhaltigkeitsteam teilte sich dort das Büro mit Dutzenden Softwareentwicklern – eine ziemlich nerdige Atmosphäre. Überall leuchteten bunte Tastaturen zwischen ergonomischen Mäusen, VR-Brillen, USB-Hubs und Konsolen. Im Raum war nur das Summen der Serverlüfter zu hören, das Klicken der Tasten – und gelegentlich das Rascheln einer Sandwich-Folie.

Diese Typen würden's wahrscheinlich nicht mal bemerken, wenn die Welt brennt, dachte Ella. *Und wenn doch, so entgehen sie dem Weltuntergang, indem sie sich selbst als VR-Avatare in die Cloud klonen.*

Heute aber steckte Matt einen Schlüssel ins Bedienfeld, drehte ihn um und schaltete damit den Zugang zur fünfzehnten Etage frei. „Dr. Cresta will uns sehen", sagte er mit einem verschmitzten Lächeln.

Ella blickte ungläubig. *Dr. Cresta persönlich?* Seit ihrem kurzen Treffen an der ominösen Gala waren einige ereignisreiche Monate vergangen...

Thomas Crestas Büro war ebenfalls ein Statement, jedoch ein ganz anderes als die Büros von Ross Murphy oder Paul Becker. Hinter den

Lifttüren eröffnete sich der Blick auf einen großzügigen Salon, der an ein überdimensioniertes Wohnzimmer oder an den Therapieraum eines Star-Psychiaters erinnerte. Hohe Bücherregale säumten die Wände links und rechts, raumhohe Fenster boten nach hinten einen grandiosen Blick über den Niburger Hafen – eine Grandezza, gepaart mit eigentümlicher Bescheidenheit. In der Mitte des Raums funkelte ein viktorianischer Kronleuchter, dessen warmes Licht sich im polierten, dunklen Parkett spiegelte. „Zu hundert Prozent nachhaltig angebautes Teakholz", wie Cresta später beflissen erläutern sollte. Direkt unter dem Kronleuchter waren ein dunkelrotes Plüschsofa sowie mehrere Designer-Sessel um einen großen, gläsernen Couchtisch angeordnet. Robin ließ den Blick über die Buchrücken schweifen. Zu seiner Überraschung fand er da kaum hippe Managementliteratur oder Bücher zur Zukunft der künstlichen Intelligenz. Stattdessen nahm Immanuel Kants *Kritik der reinen Vernunft* einen prominenten Platz ein, gleich neben Hermann Hesses *Gesammelten Werken in zwanzig Bänden*. Daniel Kahnemans *Schnelles Denken, langsames Denken* stand ein Regal tiefer, welches Cresta offenbar ganz dem Fachbereich der modernen empirischen Psychologie gewidmet hatte.

„Wenn man verstehen will, welche Produkte die Menschen morgen begehren", erklang eine Stimme hinter ihnen, „muss man zuerst ergründen, wie sie heute denken, was sie fühlen und wovon sie träumen."

Dr. Cresta stand in einer kleinen Teeküche gleich neben dem Lift, die sie zunächst übersehen hatten. Er lächelte und fuhr fort: „Und apropos fühlen und träumen: Mit Ihrer Idee von *einer Million Solardächern* haben Sie einen Nerv getroffen. Unsere Rechenzentren verschlingen Unmengen von Strom, da liegt der Zusammenhang auf der Hand. Auch die Slogans *Eine Million neue Bäume pflanzen* und *Eine Milliarde Bäume retten* gefallen mir. Das ist eine einfache, inspirierende Sprache, mit der wir unser Engagement für Klimaschutzprojekte treffend erklären können.

Seine Marketingabteilung hatte offenbar bereits vorsondiert. Selbst die Climate Warriors schienen zu akzeptieren, dass der Gebrauch von CO_2-Zertifikaten in Ordnung war, solange niemand die verhassten

Labels wie „klimaneutral" oder „CO_2-kompensiert" verwendete. Den Rest des Abends verbrachten sie gemeinsam auf dem roten Sofa, prüften Ellas Finanzmodelle und testeten Andys Berechnungstool.

Nach zwei Stunden legte Cresta seinen Stift auf den edlen Couchtisch. „Also, ich fasse meinen Vorschlag nochmals zusammen. Cresta verpflichtet sich, in den ersten zehn Jahren fünfzig Prozent aller Ihrer Zertifikate zu kaufen. Für die anderen fünfzig Prozent müssen Sie weitere Käufer finden. Wir wollen nicht allein das ganze Risiko tragen. Wir zahlen die Hälfte vorab, um die Projekte anzuschieben, den Rest bei der Lieferung der Zertifikate. Außerdem beteiligen wir uns an *Five Elements*, damit Sie ein solides Team aufbauen können. Und schließlich" – er warf Andy einen Blick zu – „wird Cresta eine geeignete Software entwickeln, damit Sie alle Projektdaten transparent verwalten können. Gleichzeitig sollten wir andere Firmen dazu ermutigen, unserem Beispiel zu folgen. Aber da ist noch etwas", fuhr er fort und schaute zu Matt: „Das richtige Tempo ist entscheidend. Ich weiß, dass Matipa und Walmera den Vertrag so schnell wie möglich benötigen. Aber ich hoffe, Sie verstehen, dass wir vor einer endgültigen Zusage noch eine gründliche Prüfung der Projekte und Partner durchführen müssen. Sonst ist das Risiko hoch, dass wir sofort wieder kritisiert werden, und das hilft niemandem."

„Wir sind bereit, Dr. Cresta", sagte Ella. „Wir liefern Ihnen alle Unterlagen, die Sie benötigen. So gut wir können."

Cresta verschwand kurz in der Teeküche und kehrte mit einer Flasche Château Margaux und fünf Gläsern zurück. „Danke für die Inspiration und den tollen Einsatz. Der Weg wird noch lang, aber heute stoßen wir schon mal darauf an, dass wir versuchen, die Welt ein kleines Stück besser zu machen. Und noch etwas Letztes", seine Stimme wurde leiser, „Lasst uns bei der Kommunikation sehr vorsichtig sein. CO_2-Zertifikate sind wie Zwiebeln. Auf den ersten Blick erscheinen sie einfach und glatt – eine Traumlösung. Aber je mehr man die Zwiebel schält, je tiefer man sich in die Details eingräbt, desto mehr Kontroversen entdeckt man. Wir sollten also vorsichtig vorgehen!"

Diese Warnung sollte sich in den folgenden Monaten als berechtigt erweisen.

Das Team von *Five Elements* machte sich an die Arbeit. Und wie. Unterstützt von Robins Mutter Deborah, der erfahrenen Juristin, erstellten sie zunächst die rechtliche Struktur des gesamten Vorhabens. Sie setzten Dutzende Verträge auf, schufen neue rechtliche Gefäße und eröffneten neue Bankkonten. Dies erwies sich als äußerst kompliziert, denn mehrere Niburger Banken waren kurz zuvor in einen großen Geldwäschereiskandal mit dembanischen Rohstoffhändlern verwickelt gewesen. Jetzt aber, wo sich für die Banken die Chance geboten hätte, sinnvolle Projekte zu ermöglichen, waren ihre Risikoabteilungen plötzlich sehr emsig bei der Sache und hinterfragten jedes Detail. Danach begannen die Verhandlungen zwischen den beteiligten Parteien, und bald rückte eine Kernfrage ins Zentrum der Diskussion: die Gewinnbeteiligung der Dorfgemeinschaften. Wangas Worte hallten in ihren Ohren nach: „Denkt daran, wenn die Dorfbewohner unsere Ideen nicht unterstützen, werden wir sie unmöglich umsetzen können."

In jedem Fall würden die Projekte zahlreiche lokale Arbeitsplätze schaffen. Wanga schätzte den Bedarf auf mindestens zweitausend Mitarbeiter für die Aufforstung in den Lester Hills und weitere fünfhundert für den Waldschutz in Coltra East. Der Bau von Solardächern sollte Zehntausenden Menschen saubere und erschwingliche Energie liefern – und zugleich mehrere Dutzend Installateure und Servicetechniker beschäftigen. Die Preise der SunScore-Module waren zwar absurd hoch, doch das Unternehmen hatte ab einer Bestellmenge von zehntausend Dächern erhebliche Rabatte zugesagt.

Darüber hinaus schlug Wanga zwei lokale Treuhandfonds vor: den Lester Prosperity Fund und den Coltra Prosperity Fund. Jeweils zehn Prozent der Erlöse aus dem Zertifikateverkauf sollten in diese Fonds fließen, die direkt von den Ältestenräten der Dörfer verwaltet würden. So könnten die Gemeinden eigene Projekte gemäß ihren jeweiligen Prioritäten umsetzen.

Das Geschwindigkeits-Paradox

Als das Vertragsgerüst stand, begann aber erst die eigentliche Arbeit. Crestas Anwälte prüften in einem mühsamen, langwierigen Prozess jedes Projekt auf Herz und Nieren, durchleuchteten sämtliche Dokumente, Berechnungen und Partnerschaften und forderten unablässig neue Akten an. Nach unzähligen Anrufen, Mails, Chats, Flipcharts, Kalkulationstabellen und Vertragsentwürfen, nach Stunden ausufernder Debatten und Unmengen an Kaffee stand ein Kompromiss. Wie Wanga gewarnt hatte, war es kompliziert, in Demba Geschäfte zu machen. Niemand war ganz zufrieden, und Crestas Anwälte monierten das weiterhin viel zu hohe Risiko. Aber zuletzt war Cresta doch bereit zu unterschreiben, ebenso wie SunScore, Walmera und Matipa.

Nun galt es nur noch, eine letzte Hürde zu überwinden. Walmera hatte gegen Ende der Verhandlungen klargemacht, dass ihr Vorstand abschließend über den Deal zu entscheiden habe. Das Geschäft war für die Sitzung am Donnerstag, den 5. Mai, traktandiert. Und dafür, verlangten sie, müsse mindestens ein Gründer von Five Elements persönlich in Demba erscheinen.

„Ich bin durch", rief Robin eines Abends im April. „Zeit für den Bungalow!" Erschöpft schleppten sie sich durch die Altstadt, vorbei an der dunklen Universität am Platz der Wissenschaften, und erreichten schließlich Brigittes Bungalow in der kleinen Gasse, die zum Hafen führte. Die Bar war schon halb leer an diesem Mittwoch, aber Brigitte selbst stand noch hinter dem Tresen – mit hochgesteckten silbernen Haaren, wachsamen Augen und einem überraschend jugendlich wirkenden Körper, der sich im Takt zu ihrer Punkrock-Playlist bewegte.

„Wie seht ihr auch aus, ihr Bleichgesichter!", lachte Brigitte. „Hat euch das Büro verschluckt? Wann wart ihr zum letzten Mal draußen?" Sie stoppte die Punk-Gitarren mitten im Riff und kramte in einer Schublade. „Ihr braucht keinen Punk. Ihr braucht eine Prophezeiung." Sie legte eine zerkratzte alte CD in den Player: Tracy Chapman, *Talkin' 'bout a Revolution*. Als die ersten Akkorde ertönten, begann sie, vier Drinks zu mixen, und murmelte mehr zu sich als zu ihnen: „Für alle, nicht für wenige."

„Was für ein wilder Ritt", seufzte Ella und nippte an ihrem Bison-gras-Wodka-Tonic. „Wie viele Fragerunden haben Crestas Anwälte mit uns gedreht? Fünf? Sieben? Ich hab aufgehört zu zählen." – „Keine Sorge, das war noch der leichte Teil", entgegnete Andy trocken über dem roten Schimmer seines Negroni Sbagliato. „Du wirst sehen. Die Validierung der Zertifikate beim *Green Climate Standard* dauert locker ein ganzes Jahr. Die wollen jede Zahl, jeden Datenpunkt, jeden Beleg haben."

Ella leerte ihr Glas. „Bis wir das *alles* belegt haben, steht in Coltra East kein Baum mehr. Dieses unsäglich langsame Tempo killt die Projekte. Und nein, Robin – ich will jetzt nichts über Paradoxe hören." Robin grinste und hielt seinen Gin Tonic fest. „Zu spät. Du bist schon reingelaufen. Hier ist es, das *Geschwindigkeits-Paradox.* Drückst du aufs Tempo, riskierst du Fehler. Bist du zu langsam, stirbt das Projekt, bevor es überhaupt gestartet hat."

„Hör auf!", sagte Ella, halb lachend. Dann wurde sie ernst. „Aber mal ehrlich: Ist euch klar, wie nah wir dran sind? Wenn Walmera unterschreibt, kann Crestas Geld an Matipa fließen, die wiederum mit dem Schutz von Coltra East und den Pflanzungen an den Lester Hills beginnen können. Zehntausende Dächer bekommen neue Solarpaneele. Und wenn's klappt, ziehen hoffentlich andere Dörfer nach, vielleicht sogar andere Länder!"

Andy nickte langsam. „Kaum zu glauben. Erinnerst du dich an unseren Krach vor ein paar Monaten? Wir wollten alles hinschmei-ßen. Und jetzt... sind wir hier." Er holte Luft. „Ich hab's mir über-legt. Ich werde nach Demba fliegen und die Projekte vor dem Walmera-Vorstand präsentieren. Wenn sie zustimmen, bleibe ich noch ein paar Monate und begleite den Aufbau vor Ort." Er schaute zu Simon. „Kommst du mit? Ich brauche dich für den Investment-Case."

Simon hatte bis dahin nur schweigend zugehört. „Klar", sagte er nur trocken. „Wenn wir es schaffen, dass diese Ausbeuter endlich was von ihrem gestohlenen Geld zurückgeben, dann bin ich schon dabei."

In diesem Moment kam Brigitte mit einer weiteren Runde Drinks.

Das Erwartungs-Paradox

Diesmal hatte Nestor sein „Matipa"-Schild nicht mitgebracht. Eine Freudenträne lief ihm über die Wange, als er Andy erblickte, den „verlorenen Sohn von Demba", wie er ihn einst im Scherz genannt hatte.

„Darf ich vorstellen: Das ist Simon, Ellas Bruder", sagte Andy, nachdem er Wanga umarmt hatte.

Der Kontrast zwischen dem grauen, frostigen Canland und dem farbenfrohen, feuchtheißen Demba war im März noch schärfer als im vergangenen Sommer. Die Lebenskraft dieses Landes – oder war es sein Lebenswille? – nahm sofort alle Sinne in Beschlag.

Die Fahrt vom Flughafen dauerte diesmal nur knapp dreißig Minuten, der Küste entlang auf dem achtspurigen City Highway. Vor dem Wagenfenster glitt ein Lichtermeer aus tausenden Leuchtreklamen, Autokolonnen, Wolkenkratzern und Shoppingmalls vorbei – nur vereinzelt unterbrochen von dunklen Flecken, hinter denen sich die Wellblechdächer der Slums verbargen. Simon blickte schweigend aus dem Fenster und nahm die grellen Kontraste mit unbewegter Miene wahr. Schließlich verließ der Wagen die Autobahn, bog auf die Strandpromenade ein und hielt kurz darauf vor dem großen Portal des Port Kewala Palace Hotels.

Das Klima-Paradox

Drei uniformierte Portiers, gekleidet in perfekt sitzende rot-goldene Anzüge und weiße Handschuhe, salutierten und öffneten mit höflichem Lächeln die Wagentüren, bevor sie mit geübten Handgriffen das Gepäck auf große, goldglänzende Kulis luden. Der Duft frischer Blumen lag in der Luft, ein Springbrunnen plätscherte neben der Eingangshalle, und leise Pianoklänge drangen aus der Lobby.

„Sie sind von Walmera, meine Herren? Herzlich willkommen im Kewala Palace Hotel. Die Executive-Suiten sind bereits bezahlt, Minibar und Frühstück inbegriffen", hauchte die elegante Rezeptionistin mit unverkennbarem Belé-Akzent. Andy fühlte sich etwas unwohl in seinem verschwitzten Surfer-T-Shirt. Wenigstens hatte er einen nagelneuen Anzug im Koffer. Der Smoking seines Vaters war nach dem desaströsen Gala-Dinner im letzten Sommer nicht mehr zu retten gewesen.

Nach dem Einchecken knurrte Andys Magen. „Los, holen wir uns was zu essen. Ich hab vor dem Tor ein paar Essensstände gesehen. Auf eine Runde dembanischen Streetfood freu ich mich schon ewig", lachte er. Doch als das Team gerade aus der Lobby schlendern wollte, hielt sie ein Concierge mit freundlichem, aber bestimmtem Ton zurück:

„Verzeihung, Sirs – Sie können da nicht einfach hinausspazieren. Das ist viel zu gefährlich. Aber keine Sorge: Wir bieten im Hotel sechs verschiedene Restaurants an. Sie haben also reichlich Auswahl."

Enttäuscht gaben sie ihren Plan auf und landeten schließlich in einem schicken, aber eigenartig leeren Lokal, das Demban-Asian-Fusion servierte.

„Morgans Fahrer wird uns morgen früh um acht vor dem Palace abholen", begann Wanga, nachdem sie einen Teller pampiges und überteuertes Sushi geteilt hatten. „Die Walmera-Vorstandssitzung beginnt um neun. Wir müssen alle wichtigen Zahlen parat haben. Bitte bemüht euch, die Namen der Vorstände korrekt auszusprechen. Das ist in Demba ganz wichtig. Andy, bitte schau nicht auf die Folien, während du sprichst. Schau ins Publikum. Die Leinwand wird hinter dir hängen und die Tische werden in einem Halbrund angeordnet sein. Sagt Morgan. Hubert Spencer macht zuerst eine

Einführung. Wenn der Vorsitzende dir dann das Wort gibt, Andy ...“

„Der Deal ist doch eine Katastrophe!“, unterbrach Simon.

Alle drehten sich überrascht nach ihm um. „Wie bitte? Was meinst du damit?“, fragte Wanga.

„Schaut euch den Preis für Palmöl an. Er fällt seit sechs Monaten. Walmera hat doch null Interesse an neuen Plantagen. Wir lösen denen bloß ihr Problem! Anstatt Geld für neue Plantagen zu verschwenden, können sie jetzt von den CO_2-Zertifikaten profitieren. Ihr hättet viel härter verhandeln müssen.“

„Aber Simon“, widersprach Wanga, nachdem sie sich wieder gefangen hatte, „glaub mir, wir haben monatelang verhandelt. Morgan war extrem hilfreich; er spielte eine Doppelrolle. Offiziell war er Walmeras Chefunterhändler, aber er hat uns ständig Insiderinformationen über Spencers rote Linien zugespielt.“

„Und außerdem, Simon“, fügte Andy hinzu, „steht deine Hypothese auf wackeligen Füßen. Ja, der Palmölpreis ist gerade niedrig. Aber das bedeutet doch nicht, dass der Druck auf die Wälder sinkt. Im Gegenteil! Die Walmera-Aktionäre wollen höhere Renditen sehen. Dafür braucht Walmera noch mehr Plantagen, da jede einzelne weniger Profit abwirft.“

„Das ist einfach eine Sauerei!“, fuhr Simon zornig dazwischen. „Habt ihr all die Slums entlang der Autobahn gesehen? Wir hocken hier in einem grotesken Luxushotel, fressen teures Sushi, das von Walmera bezahlt wird, während die Menschen da draußen verhungern. Klar, dieser Deal hilft vielleicht der lokalen Bevölkerung. Aber Walmera hat das Land ausgebeutet und die ganze Ungleichheit verursacht – und jetzt machen sie auch noch Kasse mit den CO_2-Zertifikaten!“

Wanga und Andy schwiegen und starrten auf die Reste von Wasabi und Sojasoße auf ihren Tellern. Nach einer peinlichen Stille hob Wanga den Blick. „Ich bin bei dir, Simon“, sagte sie langsam. „Ich habe mein Leben der Arbeit mit den lokalen Gemeinschaften gewidmet, und es ist brutal: Ungleichheit und Ungerechtigkeit, wohin du auch blickst. Trotzdem glaube ich ehrlich, dass dieser Deal ein guter Anfang ist. Er ist besser als nichts, und in jedem Fall besser als alles, was wir bisher erreicht haben. Oder willst du das jetzt wirklich stoppen?"

Am nächsten Morgen stand Andy hilflos am Bügelbrett und versuchte verzweifelt, eine krumme Bügelfalte in seinem Hemd zu glätten. Die fünfzig Quadratmeter große Suite war mit poliertem Teakholzboden, Marmorbad und 85-Zoll-Flachbildschirm ausgestattet und strahlte eine kalte, unpersönliche Eleganz aus, während sich hinter dem hohen Zaun, der das Hotel von der Strandpromenade abschirmte, das dunkle Meer erstreckte. Er hätte dieses Zimmer auf der Stelle eingetauscht gegen eine enge Koje mit Moskitonetz in der Matipa Lodge, wo die Luft nach feuchter Erde roch und das Lachen der Tierpfleger beim nächtlichen Kartenspiel durch die dünnen Wände drang.

Die Vorstandssitzung hatte Verspätung, noch bevor sie überhaupt richtig begonnen hatte, denn der Vorsitzende war zu einem kurzfristig anberaumten Briefing mit dem Energieminister gerufen worden. Für das Team bedeutete dies eine zweistündige Wartezeit in einem fensterlosen Sitzungsraum im zweiunddreißigsten Stock des Walmera Centers, dem Hauptquartier des Konzerns. Andy stellte fest, dass sein Anzug doch etwas zu eng geschnitten war – und je mehr Zeit verstrich, desto fester schien seine Krawatte, die nur Wanga richtig hatte binden können, seine Halsschlagader abzudrücken wie eine aufgerollte Würgeschlange.

Doch dann kam mit einem Mal Hektik auf. Die Tür schwang auf, und ein großer, ernst blickender Walmera-Mitarbeiter bedeutete ihnen, zu folgen. Sie gingen durch einen langen Korridor, dessen schwerer Teppich das Geräusch ihrer Schritte verschluckte.

Das Erwartungs-Paradox

Im großen Sitzungssaal herrschte geschäftiges Treiben. Die erste Pause hatte gerade begonnen, und die rund fünfundzwanzig Vorstandsmitglieder streckten sich auf ihren Stühlen, tippten auf ihren Laptops oder standen in kleinen Gruppen um die Kaffeemaschine in der Ecke. Andys Blick wanderte durch den Raum bis ans andere Ende, wo – flankiert von zwei Sekretärinnen – das leicht erhöhte Pult des Vorsitzenden vor einem riesigen Fenster stand, das den Blick auf das schlossähnliche Parlamentsgebäude und den dahinterliegenden, von opulenten Grünanlagen umgebenen Präsidentenpalast freigab.

„Ruhe bitte, meine Herren!" donnerte eine tiefe Stimme jetzt vom Pult her. Der Vorsitzende war Dr. Mentawa, einer der reichsten Männer Dembas und, wie Wanga am Vorabend beim Sushi erklärt hatte, Besitzer zahlreicher Unternehmen. *Meine Herren?* dachte Andy, während er nochmals durch den Raum schaute. Tatsächlich war offenbar keine einzige Frau im Vorstand vertreten.

„Wir haben jetzt die große Freude, zwei Herren aus Canland zu begrüßen. Es sind die Gründer und Eigentümer der Firma Five Elements, Herr Andreas Lelong und Herr Simon Andersson. Außerdem beehrt uns heute unsere Schwester Wanga Namira, die aus dem schönen Duiba stammt. Bitte treten Sie vor! Herr Spencer, würden Sie freundlicherweise den nächsten Punkt auf der Tagesordnung vorstellen?"

Simon stand unbeholfen zwischen Leinwand und Projektor, dessen grelles Licht ihn blendete und den Schatten seines leicht zerzausten Haars an die Wand warf.

Spencer erhob sich und ließ seinen ruhigen Blick durch den Raum gleiten. „Meine Herren, mit Ihrer Erlaubnis – beim nächsten Punkt geht es um CO_2-Zertifikate", begann er. „Das Management von Walmera schlägt eine völlig neuartige Transaktion vor, die nicht nur für Demba, sondern wahrscheinlich für die ganze Welt ein absolutes Novum bedeutet. Diese Initiative ist Teil unserer Bemühungen, eines der ersten Agrarunternehmen mit einem ‚Netto-Null'-Label zu werden, um unser bereits mehrfach ausgezeichnetes Engagement für Nachhaltigkeit und Umweltverantwortung zu bekräftigen. Damit schärfen wir weiter unser Profil gegenüber Wettbewerbern wie Kewala Palm International und sichern unsere führende Marktposition in Ländern wie Canland, deren Bevölkerung großen Wert auf Nachhaltigkeit legt."

Spencer räusperte sich. „Kurz gesagt: Wir schlagen vor, einen Teil unserer Forstkonzessionen an Frau Namiras Organisation Matipa zu verpachten, um gemeinsam einen der größten Produzenten von CO_2-Zertifikaten weltweit aufzubauen. Die Emissionsreduktionen wollen wir erreichen, indem wir Teile der Lester Hills renaturieren, das Schutzgebiet von Coltra East erweitern und mit den lokalen Gemeinschaften zusammenarbeiten, damit sie ihr Land nachhaltiger bewirtschaften."

„CO_2-Zertifikate", fuhr er nach einer kurzen Pause fort, „werden nach den Prognosen renommierter Analysten bald zu einem Milliardengeschäft. Unsere eigenen Berechnungen zeigen deutlich steigende Preise pro Zertifikat" – die blaue Linie seiner Projektion lief quer über Simons weißes Hemd, und die Zahl *2032* erschien auf seiner Brust – „und als *early mover* könnte Walmera enorm profitieren!"

„Unser Risiko ist dabei höchst überschaubar." Er wandte sich Andy zu mit einem selbstsicheren Lächeln. „Dank der Firma Five Elements sind bereits große Teile unserer Einnahmen in harter Währung garantiert, denn Herr Lelong und seine Partner haben entsprechende Verträge schon unter Dach und Fach. Außerdem beginnen wir nur mit einem Bruchteil unserer Konzessionen in Lester Hills und Coltra East. Falls wir Erfolg haben, wovon ich überzeugt bin, werden wir dem Vorstand in den kommenden Jahren weitere Vorschläge unterbreiten." Spencer präsentierte noch ein paar Zahlen und übergab anschließend das Mikrofon wieder an Dr. Mentawa.

Der Vorsitzende erhob sich leicht und wandte sich an Andy. „Herr Lelong, möchten Sie ein paar Worte sagen?"

Andys Hände zitterten vor Nervosität. Die Präsentation, an der er so gewissenhaft gefeilt hatte, blieb verschwunden. Ein Servicetechniker hatte sich über den Laptop gebeugt, klickte hastig, steckte ein Kabel ein und wieder aus, seufzte dann und zuckte hilflos die Schultern. Auf der Leinwand flimmerte nur der Bildschirmschoner, der eine endlose Abfolge von Fotos riesiger Palmölplantagen sowie ein Walmera-Logo zeigte. *Wäre doch Ella hier und würde mir aus der Patsche helfen.* Hitze stieg ihm ins Gesicht, und seine Gedanken drehten sich immer schneller – wie auf einem Karussell, das sich nicht anhalten ließ.

„Danke, Walmera ...", stotterte Andy, „danke für Ihre ... ähm ... visionären Ideen. Danke für Ihre Bereitschaft ... ähm ... den Klimawandel aufzuhalten und den Menschen in Lester und Coltra zu helfen ..." Er warf Mentawa einen hilflosen Blick zu.

Der Vorsitzende lächelte und nickte Andy nachsichtig zu. „Es ist uns doch eine Freude, Herr Lelong. Verantwortungsbewusstsein gegenüber der Natur und den Menschen ist selbstverständlich das Herzstück unserer Arbeit. Nun, meine Herren, gibt es noch Fragen?"

Ein leises Murmeln ging durch den Raum, und ein paar skeptische Blicke wurden gewechselt, doch meldete sich niemand zu Wort. „Dann kommen wir zur Abstimmung", fuhr der Vorsitzende fort. „Wer ist dafür, den Antrag zu genehmigen?" Fast alle erhoben die Hand. „Und wer ist dagegen?" Drei Männer im hinteren Teil des Saals hoben zögerlich ihre Hände, nahmen sie aber sofort zurück, als sie bemerkten, dass niemand sonst ihnen folgte.

„Prima. Dann ist das hiermit beschlossen. Vielen Dank! So, meine Herren. Der nächste Punkt auf der Tagesordnung betrifft die Palmölraffinerie in Lower Coltra. Wie Sie wissen, sind die Blöcke drei, vier und fünf seit Juli letzten Jahres außer Betrieb ..." Morgan gab Wanga ein kurzes Zeichen. „Gehen wir", flüsterte sie.

Zehn Minuten später steckten sie wieder im Verkehrsstau von Port Kewala, auf dem Rückweg zum Palace Hotel. Simon kochte bereits, als sie die Lobbybar erreichten.

„Ich hab's euch gesagt!", fuhr er sie an und stellte sein Glas so heftig auf die Marmorplatte, dass die Eiswürfel klirrten. „Walmera geht das Ganze doch komplett am Arsch vorbei! Sonst hätten sie das Thema nicht in dreißig Minuten abgehakt. Walmera nimmt sein Netto-Null-Ziel nicht ernst – es geht ihnen einzig ums Geld! Und du lobst sie auch noch für ihre visionären Ideen?" Er lachte kurz, bitter auf. „Lächerlich, das ist es!"

Andys Gesicht war bleich und seine Finger strichen gedankenverloren über den Rand seines Glases. Er wusste, dass sein Auftritt gründlich in die Hose gegangen war. Er spürte Simons bohrenden Blick, scharf vor Enttäuschung und Bitterkeit. „Simon, bitte schau's doch aus einer anderen Perspektive an", antwortete Andy vorsichtig. „Wir haben gerade die Zustimmung zu unserem ersten CO_2-Zertifikate Deal erhalten, nach monatelangen Verhandlungen. Wir werden die ersten Teile von Coltra East unter Schutz stellen. Matipa kann mit der Aufforstung beginnen. Wir können zudem weitere Bauern außerhalb des Projektgebiets treffen, um herauszufinden, was genau sie dort brauchen, damit sie das Abholzen stoppen. Ist das nicht ein Grund zum Feiern?"

Simon schnaubte und schüttelte den Kopf. „Das ist so krank. Wenn sie es ernst meinten, würden sie doch ganz Coltra East schützen! Die Regierung Dembas sollte Walmera die Lizenz sowieso entziehen! Und welche erbärmliche Rolle spielt eigentlich Canland bei der ganzen Sache? Unser Land sollte eingreifen und den Naturschutz sowie die Aufforstung finanzieren. Stattdessen sehen wir diesem Skandal tatenlos zu und lächeln dazu noch freundlich."

Andy versuchte, das Thema zu wechseln. „Aber Simon, morgen treffen wir SunScore. Noch ein Deal, den wir hoffentlich abschließen können. Damit ermöglichen wir Solarenergie für Hunderte Familien!" Simon lachte bitter. „Der SunScore-Deal? Der ist noch ungerechter! Ein großer internationaler Solarkonzern macht hier das dicke Geschäft. Die produzieren ihre Systeme nicht einmal in Demba. So wird das Land noch abhängiger von importierter Technologie."

Andy seufzte. „Aber Simon, niemand produziert Solarpaneele in Demba."

Simons Augen blitzten. „Eben! Genau das wär doch mal ein sinnvolles Projekt. Stell dir vor, wir würden die erste Solaranlagenfabrik in Demba bauen. Nachhaltige Arbeitsplätze, lokale Wertschöpfung – endlich etwas mit Bestand."

Andy versuchte mit fester Stimme, das Gespräch wieder in realistische Bahnen zu lenken. „Aber Simon, wir können nicht alles auf einmal machen. Das hier ist ein Schritt in die richtige Richtung. Wir helfen dabei, zuverlässige Solarenergie in die Dörfer zu bringen. Viele Familien werden ihre Handys laden und digital bezahlen können. Die Menschen können Gewerbe treiben. Viele Kinder werden am Abend Licht zum Lesen haben. Findest du nicht auch, dass das eine gute Sache ist?‘“

Simons Gesicht verfinsterte sich und seine Stimme wurde noch lauter. „Glaubst du ernsthaft, das ist ihr größtes Problem? Ihre Handys laden? Malaria wütet im Land. HIV breitet sich aus. Die Kindersterblichkeit ist massiv. Ich habe gerade den neuesten WHO-Bericht gelesen. Die Zahlen sind alarmierend. Und was tun wir für das Gesundheitswesen? Genau nichts!“

Die Bar um sie herum summte vor gedämpften Gesprächen, klirrenden Gläsern und dem geschäftigen Murmeln einer Welt, die unbeirrt weiterdrehte.

Andy lehnte sich zurück, blickte auf sein unberührtes Glas und schüttelte kaum merklich den Kopf. Jenseits der getönten Scheiben erstreckte sich die Hauptstadt mit ihren flackernden Lichtern und den Millionen von Menschen mit ihren unzähligen Geschichten und Problemen, die sich an diesem Abend alle nicht lösen ließen.

Es war ein weiteres Paradox, dachte Robin spät in jener Nacht, nachdem Andy ihm von dem denkwürdigen Treffen mit dem Walmera-Vorstand und dem anschließenden Streit mit Simon berichtet hatte – *das Erwartungs-Paradox.*

Klimaschutzprojekte sollen die Welt ein Stück gerechter machen. Wir fördern saubere Energie, pflanzen Bäume, schützen bedrohte Wälder. Doch während wir ein Problem zu lösen versuchen, treten alle anderen ungelösten umso deutlicher hervor.

„Ist ja schön, dass ihr den Wald schützt“, sagen die Leute dann, „aber

warum kümmert ihr euch nicht um die Armut, um Gleichberechti-
gung, um die Gesundheit der Menschen?"

Mit jedem Fortschritt im Umweltschutz steigen die Erwartungen,
auch in anderen Bereichen ein Vorreiter zu sein. Gelingt das nur teil-
weise, überwiegt am Ende paradoxerweise die Enttäuschung.

Hätten wir stattdessen einfach ein Kohlekraftwerk gebaut, wäre
niemand auf diese Idee gekommen.

Das Vermeidungs-Paradox

Die folgenden Wochen in der Matipa Lodge waren bestimmt von Zahlen, Karten – und einem fürchterlich langsamen Internet. Andy und Simon vertieften sich in die Dokumentation der drei Projekte, sichteten Satellitenbilder, verfeinerten die Berechnungen für die Emissionsreduktionen und sahen sich Videos über Baumkronendichte und Humusaufbau an. Die Arbeit kam nur schleppend voran, doch Andy in seiner Lodge war jeden Tag dankbar, die Stimmen des Dschungels zu hören statt das monotone Summen der Klimaanlage im Palace Hotel.

Auf das heikle Gespräch, das sie an der Bar nach dem Treffen mit dem Vorstand geführt hatten, kamen sie nie wieder zurück. *Vielleicht*, dachte Andy, *hatte Simon sich endlich mit der harten Wahrheit abgefunden. Ihre Projekte waren, bei allem guten Willen, nichts weiter als bescheidene Versuche, CO_2 zu reduzieren – und dabei der lokalen Bevölkerung so viel Nutzen wie möglich zu bringen. Aber natürlich konnten sie all die tief sitzenden, hartnäckigen Probleme von Demba niemals auch nur annähernd lösen.*

Auf jeden Fall hatte Simon Bobby ins Herz geschlossen, das Schimpansenbaby, das während ihres Besuchs im Vorjahr gerettet worden war. Inzwischen war Bobby zu einem lebhaften, schelmischen Wesen herangewachsen, das mit funkelnden Augen und ungestümer

Energie durch seinen Käfig sprang. Simon lehnte sich gegen das Gehege und beobachtete den kleinen Primaten beim Spielen. „Sagen wir es mal so", lachte er und schüttelte den Kopf. „Unsere Projekte werden die kaputte Welt nicht retten, aber zumindest schaffen sie mehr Platz für die Schimpansen."

Als der Moment des Abschieds gekommen war, lud Simon seine Taschen in Nestors Matipa-Truck und winkte ein letztes Mal vom Beifahrersitz. Andy sah dem Wagen nach, wie er Richtung Flughafen davonrollte, und hielt an der Hoffnung fest, dass Simon neuen Glauben an ihr Vorhaben gefasst hatte. Doch die Wunde war nicht verheilt – nur überzogen von einer brüchigen Kruste.

Ende Juni war ein weiterer Meilenstein erreicht. Die Verträge mit Walmera und SunScore waren unter Dach und Fach, und Cresta hatte bereits die erste Tranche an Matipa überwiesen. Doch die Euphorie verflog schnell. „Wir müssen die Arbeiter in lokaler Währung bezahlen", klagte Wanga. „Aber über die Bank bekommen wir nur den offiziellen Wechselkurs – und der ist miserabel. So verlieren wir die Hälfte des Geldes, bevor es überhaupt ankommt. Wenn wir es nur in canländischen Kronen auszahlen könnten!"

Andy hatte beschlossen, mindestens bis zum Jahresende in der Matipa-Lodge zu bleiben, um Wanga beim Aufbau der Projekte zu unterstützen und fehlende Daten für die Projektdokumentation zu sammeln. Er bestand darauf, den ersten neuen Setzling am Rand der Lester Hills, nur eine kurze Autofahrt vom Dorf Duiba entfernt, selbst zu pflanzen.

Währenddessen trieb Sophie im Coltra East Wildlife Reserve die Vorbereitungen für das neue Schutzgebiet voran. Zunächst mussten geeignete Ranger ausgebildet werden. Dafür ließ sie gleich neben der Lodge zwei Unterrichtsräume errichten, in denen bis zu hundert Parkwächter geschult werden konnten.

Ihre Aufgaben sollten weit über einfache Patrouillen hinausgehen: Sie würden den Wald regelmäßig begehen, Karten anlegen, den Zustand des Parks überwachen – und den ständigen Austausch mit der Bevölkerung über die neuen Projekte pflegen. Aus rund tausend

Bewerbungen wählte Sophie schließlich fünfzig Frauen und fünfzig Männer aus.

Das geplante Reservat sollte sich vom Flugfeld bis zu den Hügeln vor dem Dorf Yolo erstrecken.

Mit dem Segen von Chief Emmanuel übernahm Tila, Morgans Nichte, stolz die Rolle der Bezirkskoordinatorin des *Coltra East Emissions Reduction and Forest Conservation Project*. Sie kam mit den Ältestenräten von Yolo und Mutela überein, dass die erste Auszahlung aus dem Coltra Prosperity Fund für den Bau einer Sekundarschule in Yolo und anschließend für ein Gesundheitszentrum in Mutela verwendet werden sollte. Kurz darauf begannen die Bauarbeiten.

Der Grundstein wurde im Rahmen einer feierlichen Nolé-Zeremonie gelegt – einem farbenfrohen Fest voller Tanz und Musik. Tuks Wunsch war endlich in Erfüllung gegangen: Er fuhr die erste Ladung Zement nach Mutela, die für das neue Gesundheitszentrum bestimmt war. Ein Jahr nach dem brutalen Angriff auf das Walmera-Auto waren seine Wunden verheilt und sein ansteckendes Lächeln zurückgekehrt.

Wanga stand mitten in der Menge und grinste zufrieden. „Im Namen des Himmels, der Tiere, der Berge, des Waldes und des Ozeans", rief sie lachend. „Dieses kleine Gebet wird sowohl in der Belé- als auch in der Nolé-Tradition gesprochen. Es verbindet unsere Kulturen, die viel enger miteinander verflochten sind, als die Menschen oft glauben."

Unterdessen hatte Matipa zugestimmt, den leer stehenden Lagerraum der DFRRU in ein Depot für die Solaranlagen von SunScores umzuwandeln.

„Ist das nicht schön?", fragte Andy lächelnd. „Dasselbe Lager, in dem ihr damals die Notfallausrüstung für die Flutkatastrophe aufbewahrt habt, wird nun zur Heimat für Solarpaneele – um den Klimawandel zu bekämpfen."

Bald darauf rollten Lastwagen von SunScore mit Paneelen, Wechselrichtern, Batterien und Kabeln vom Hafen in Port Kewala heran.

Doch die Frage, wer zuerst von der neuen, verlässlichen Solarenergie profitieren sollte, führte in den Dörfern zu Unruhe.

Zunächst konnten nur Familien mit gesichertem Einkommen an einem Kreditprogramm teilnehmen, das die lokale Filiale der Demba Agricultural Bank aufgelegt hatte. Die leitenden Angestellten der Plantagenfirmen wurden als erste begünstigt, da ihre Rückzahlungen direkt von ihren Gehältern abgezogen werden konnten. Das verringerte das Risiko für die Bank und senkte die Zinsen. Im Zentrum stand die Sicherheit, nicht die Gerechtigkeit. Matipa arbeitete an einer Lösung für weitere Familien.

„Andy, kennst du eine Frau namens Janice Hanratty?", fragte Wanga eines Morgens im Juli.

„Ja – das ist eine Reporterin der Neuen Canländer Zeitung. Wir haben sie letztes Jahr am Flughafen von Port Kewala getroffen. Warum?"

„Sie hat mich gerade angerufen. Offenbar hat Ella ihr meine Nummer gegeben. Sie ist in Port Kewala, berichtet über die Wahlen und interviewt Ministerin Keita. Sie möchte mehr über unsere Arbeit erfahren – und fragte, ob sie an einer Besichtigung in Yolo teilnehmen könnte."

Andys Gesicht hellte sich auf. „Das ist großartig. Unbedingt! Vergangenes Jahr hat sie gesagt, dass sie vielleicht einen Hintergrundbericht schreiben würde, sobald die Projekte weiter fortgeschritten sind. Schön, dass sie noch interessiert ist!"

Ein paar Tage später kam Janice Hanratty in der Matipa Lodge an. Wanga und Andy führten sie zunächst zu den Pflanzungen, dann weiter nach Duiba und Limata. Im Coltra East Wildlife Center übernahm Tila die Führung und zeigte ihr anschließend die Baustelle der St. Lawrence Secondary School in Yolo.

Doch während Hanratty das Land bereiste, verschlechterte sich die politische Lage in Port Kewala rasch. Nach seiner Wahlniederlage behauptete der Oppositionskandidat, die Abstimmung sei manipuliert worden. Demonstranten stürmten das Parlamentsgebäude, und bald erschütterten Unruhen die Stadt. Hanratty verlagerte ihren Fokus: Statt über Matipa und Five Elements zu berichten, schrieb sie einen langen, verstörenden Artikel über die politischen und ethnischen Spannungen zwischen den Belé und den Nolé – zwei Gruppen, deren Unterschiede in Wahrheit gering waren, aber von den Kolonialmächten über Generationen hinweg vertieft worden waren.

Der Bericht über Matipa erschien nie. Überschattet von blutigeren Schlagzeilen, wurde er stillschweigend beiseitegelegt.

Inzwischen kam die Projektvalidierung beim Green Climate Standard Schritt für Schritt voran. Unabhängige Experten prüften sämtliche Unterlagen und besuchten mehrmals die Standorte. Auf dem Papier wirkte die Berechnungsmethode überschaubar, fast wie ein Kochrezept. In der Praxis entpuppte sie sich jedoch als ein Labyrinth aus Formeln, Fachbegriffen und Fußnoten, das sich bald in immer umfangreicheren Dokumenten verlor. Andy und Simon schickten die überarbeiteten Versionen unzählige Male an die Auditoren und bekamen jedes Mal weitere Fragen zurück.

„Die Validierung eines Projekts", witzelte Andy einmal, „ist wie der Versuch, eine Steuererklärung mit verbundenen Augen auszufüllen – während eines Erdbebens."

Im Dezember gelang es Andy und Simon schließlich, ihre Projektdokumentation beim *Green Climate Standard* einzureichen. Überraschenderweise mussten sie nicht lange auf eine Antwort warten. „Abgelehnt", stand in dem Schreiben, das kurz vor Weihnachten im Büro von Five Elements eintraf. „Der Additionalitätsbeweis konnte nicht erbracht werden. Die Projekte würden wahrscheinlich auch ohne CO_2-Finanzierung umgesetzt", lautete das vernichtende Urteil des Standards.

Andy wäre im Schock beinahe vom Stuhl gefallen, als Ella ihm die katastrophalen Neuigkeiten ins Telefon schrie. Wie um alles in der

Welt war das möglich? Nach all den Berechnungen, Nachweisen und Dokumenten, die sie eingereicht hatten – all der Arbeit, all der Stunden, die sie in jeden einzelnen Punkt gesteckt hatten?

Natürlich waren die Projekte auf die Klimafinanzierung angewiesen! Um das zu verstehen, hätte eigentlich schon ein kurzer Besuch in Demba gereicht. Andy starrte auf die letzte Version der Dokumente, die Simon an den Green Climate Standard geschickt hatte. Und dann dämmerte es ihm. Ein noch viel heftigerer Schock durchfuhr ihn. Er griff zum Handy und wählte Simons Nummer in Canland.

„Sag mal, bist du komplett durchgeknallt?", schrie er ins Telefon. „Du hast das Investitionsmodell in letzter Minute abgeändert! In deinem neuen Modell gehst du davon aus, dass Walmera innerhalb von drei Jahren zerschlagen wird, und die Regierung von Demba die Solarenergie massiv subventioniert. Das ist doch verrückt!"

„Genau das muss passieren!", fauchte Simon zurück. „Ich habe alles durchgerechnet. Demba hat sich im Pariser Abkommen zu einer Reduktion der Treibhausgasemissionen um vierzig Prozent verpflichtet. Das schaffen sie niemals, ohne Walmera stillzulegen und massiv in Solarenergie zu investieren."

Andy schnaubte. „Ach ja? Demba ertrinkt in über 20 Milliarden Dollar Schulden. Vor zwei Monaten hat die Regierung nur knapp überlebt nach den Massenprotesten. Und du glaubst, die pumpen plötzlich Geld in eine Solarrevolution? Und zerschlagen Walmera, ihren Goldesel? Komm schon, Simon – das ist naives Wunschdenken!"

Nach mehreren hitzigen Diskussionen einigten sie sich schließlich darauf, die Projekte mit dem ursprünglichen Investitionsmodell noch einmal einzureichen. Als Wanga von einer neuen Holzkonzession für Kewala Palm berichtete – sowie von der staatlichen Genehmigung für zwei weitere Kohlekraftwerke –, schien Simon zu erkennen, dass ein Klimaziel unter dem Pariser Abkommen nicht zwangsläufig bedeutet, dass ein Land es auch tatsächlich umsetzt. Zumindest ging Andy davon aus.

Diesmal hatten sie mehr Erfolg. Der Green Climate Standard begann den offiziellen Registrierungsprozess für ihre drei Projekte.

Das Coltra East Emissions Reduction and Forest Conservation Project setzte direkt bei Walmeras unerschlossener Waldkonzession an. Es stoppte die Abholzung, finanzierte Initiativen in den betroffenen Dörfern und förderte nachhaltige Landnutzung, während gleichzeitig neue Arbeitsplätze entstanden.

Das Lester Hills Forest Restoration Project startete ein großangelegtes Renaturierungsprogramm in den stark abgeholzten Lester Hills. Für die lokalen Gemeinschaften brachte es zusätzliches Einkommen durch Landwirtschaft, nachhaltige Fischerei und Imkerei.

Beim Demba Community Power Project wurden Solaranlagen auf den Dächern der Dörfer installiert, mit Batterien zur Stromversorgung während der Abendstunden.

Jedes Projekt kämpfte mit seinen eigenen Herausforderungen, doch gemeinsam bildeten sie das Fundament einer größeren Vision: die Verbindung von Modernisierung, Wachstum und Naturschutz.

Andy platzte fast vor Stolz, als sich Dr. Cresta höchstpersönlich in einem ihrer Teamcalls zuschaltete, nur um ihm zu gratulieren. Unterdessen gewannen Ella und Robin zwölf neue Kunden, die sich von Crestas Beispiel hatten inspirieren lassen. Im März bezog Five Elements neue Büros im Cresta Tower, nur eine Etage unterhalb des Nachhaltigkeitsteams von Matt. Professor Turman ließ sich persönlich blicken und brachte als Abschiedsgeschenk seine Kaffeemaschine mit.

An einem regnerischen Aprilmorgen schloss Ella in der Garage des Cresta Towers gerade ihr Fahrrad ab, als auf ihrem Handy eine unbekannte Nummer aufblinkte.

„Guten Morgen. Spreche ich mit Ella Andersson, CEO von Five Elements?", fragte eine Frauenstimme, die durch den schlechten

Das Klima-Paradox

Empfang im Untergeschoss leicht verzerrt war. „Ja, hier ist Ella. Wer spricht da?" – „Mein Name ist Lena Goldman, ich bin vom Ersten Canländischen Fernsehen. Zunächst einmal: Herzlichen Glückwunsch, Frau Andersson!"

Ella war verwirrt. Das konnte doch nicht sein. War das wirklich Goldman selbst? Das ehemalige Topmodel, heute Star-Moderatorin beim ECF? „Ich moderiere die ECF Canland Awards Night", fuhr Goldman fort. „Ich freue mich, Ihnen mitzuteilen, dass unsere internationale Jury Dr. Cresta und Sie als Finalisten in der Kategorie ‚Leader for a Better Planet' nominiert hat. Ihr ‚Million Trees Project' in Demba hat unsere Jury als besonders mutige Investition überzeugt. Die Preisverleihung findet am 19. August statt und wird live aus dem Niburger Kongresszentrum übertragen. Wären Sie an diesem Abend verfügbar und würden uns mit Ihrer Teilnahme beehren?" Ella wäre beinahe das Handy aus der Hand gefallen.

„Ähm, nun, ich bin sprachlos, Frau Goldman. Es ist mir eine große Ehre." – „Völlig verdient, Frau Andersson! Wenn das in Ordnung ist, wird sich in Kürze ein Filmteam bei Ihnen melden. Wir möchten einen Fünf-Minuten-Clip über Sie und Herrn Cresta hier in Niburg drehen und außerdem ein Team nach Demba schicken, um Ihr Projekt zu zeigen."

Ella versuchte, sich zu beruhigen. „Vielen Dank, Frau Goldman. Ich werde sehr gern mit Ihrem Team zusammenarbeiten! Aber... darf ich eine Frage stellen? Five Elements betreibt nämlich zwei weitere Projekte in Demba. Unser größtes schützt die Wälder in Coltra East. Es ist unser ‚Save a Billion Trees Project'. Ziel ist es, weitere Rodungen und neue Ölpalmenplantagen zu vermeiden. Gleichzeitig arbeiten wir mit den Gemeinden zusammen, um die Abholzung durch Armutsbekämpfung zu verringern. Dieses Projekt ist am weitesten fortgeschritten und erzielt wohl auch die größte Wirkung. Das andere ist die Installation von Solarstrom in den Dörfern, unser ‚Million Solar Roofs Project'. Damit verbannen wir schmutzige Dieselgeneratoren. Diese beiden Projekte sind fast noch wichtiger, weil sie CO_2-Emissionen an der Quelle verhindern, und ..."

Das Vermeidungs-Paradox

„Gewiss, gewiss, Frau Andersson", unterbrach Goldman. „Unsere Jury kennt Ihre anderen Projekte sehr wohl. Sie sind ebenfalls herausragend und machen Sie und Dr. Cresta zu noch stärkeren Kandidaten! Allerdings kam die Jury zum Schluss, dass ihr Aufforstungsprojekt in den Lester Hills – nun, wie soll ich das sagen – irgendwie greifbarer ist, also, ich meine, halt einfacher zu verstehen fürs Publikum, wissen Sie? Da pflanzen Sie neue Bäume und saugen CO_2 direkt aus der Luft. Auch unser Filmteam ist begeistert. Es würde Ihr Team gern an einem Pflanztag begleiten, zusammen mit den Dorfbewohnern! Wäre das möglich?"

„Gut gemacht, Ella!", lachte Robin, als Ella die frohe Botschaft verkündete. „Aber es ist schon schräg. Wir werden fürs Bäumepflanzen nominiert, aber nicht fürs Bäumeschützen? Das ist doch paradox."

Ella lachte. „Fang nicht wieder mit deinen Paradoxen an."

„Doch, ich meine es ernst", sagte Robin. „Das *Vermeidungs-Paradox*: Wälder zu schützen ist fürs Klima im Grunde viel wichtiger, als neue Wälder anzupflanzen. Denn wenn die Bäume mal abgeholzt sind, dauert es Jahrzehnte, bis der Wald wieder intakt ist. Aber Waldschutz kann man nicht sehen. Niemand feiert, was *nicht* passiert. Stell dir mal eine Schlagzeile in der Zeitung vor: ,*Ein Wald wurde nicht zerstört!*' Die Leute wollen etwas Konkretes, worauf sie zeigen können: Setzlinge, Schaufeln, lachende Gesichter. Das gibt gute Fotos." – „Ja, ja, du hast ja recht", gab Ella etwas gereizt zurück. „Aber du könntest jetzt auch mal feiern, statt immer nur Paradoxe wälzen! Komm schon, wir wurden für den ECF-Award nominiert! Wie cool ist das denn!"

Mit der Übermittlung der Projektanträge war die Arbeit aber noch längst nicht abgeschlossen. Der *Green Climate Standard* hatte ihre Projekte auch Monate nach dem Einreichen noch nicht registriert.

Auf jede beantwortete Frage folgten zwei neue. Die Unterlagen schwollen auf tausende Seiten an: Karten, Tabellen, Formeln, Grafiken und alle möglichen Anhänge. Robin und Sabina beantworteten derweil neue Kundenanfragen, gaben Live-Updates aus Demba durch und bereiteten Ella auf Interviews vor. Die News ihrer Nominierung für den ECF Award waren durchgesickert, und auf einmal wurden sie von Journalisten belagert.

Beatrix Lemore war schnell zur Stelle und veröffentlichte ein überschwängliches Interview mit Ella. Ihr erfolgreicher Artikel über Five Elements hatte ihr einen festen Platz in der Redaktion des *Niburger Tagblatts* eingebracht, und jetzt surfte sie auf der Welle der CO_2-Zertifikate. Sogar *Die Neue Canländer Zeitung* brachte ein Kurzporträt von Ella, allerdings in der Rubrik „Gesichter & Stimmen", nicht in Hanrattys Auslandsteil.

Ihre Social-Media-Kanäle liefen heiß. Mitteilungen strömten von allen Seiten herein: alte Klassenkameraden, Professoren und sogar Robins pensionierte Kinderärztin gratulierten. *Ich wusste immer, dass du es schaffst, mein Kind!*

Nur ein Schreibtisch im Büro blieb auffällig leer. „Wo steckt Simon? Ich habe ihn schon eine Weile nicht gesehen", fragte Robin eines Morgens. „Er meinte, er arbeite mit Andy am Investment-Case für eine Erweiterung des Schutzgebiets in Coltra East", antwortete Ella mit einem Schulterzucken. „Er hat sich irgendwie verändert, seit er letztes Jahr aus Demba zurückgekommen ist."

Ihre größte Sorge betraf jedoch ein anderes Thema: Andy berichtete von Verzögerungen bei den Pflanzungen in den Lester Hills. Bereits zwei Monate nach dem Start hatten sie den Forstbetrieb austauschen müssen, da dieser nur ein Viertel der zugesagten Arbeitskräfte stellen konnte. Der zweite Auftragnehmer rückte zwar mit genügend Personal an, doch diesmal fehlten die Setzlinge, denn der erste Betrieb hatte über Nacht mehrere Lkw-Ladungen davon abtransportieren lassen.

Zu allem Überfluss war außerdem ein hässlicher Streit zwischen den Dörfern Zima und Letonga ausgebrochen. Der Ältestenrat von Letonga beschuldigte Zima, Jugendliche über die Grenze geschickt zu haben, um Vieh zu stehlen. Aus Rache zerstörte daraufhin eine Gruppe Männer aus Letonga mehrere hundert junge Bäume, die kurz zuvor außerhalb von Zima gepflanzt worden waren.

„Ich kapiere es nicht!", fluchte Andy am Tag vor der Ankunft des Filmteams. „In Coltra East kommen wir mit dem Schutzprogramm gut voran. Der Bau der Sekundarschule in Yolo ist fertig und wir bilden fast hundert Parkwächter aus. Unser SunScore-Solarprogramm wächst ebenfalls ordentlich. Schon dreihundert Häuser haben Paneele und Batterien. Warum müssen sie stattdessen die Pflanzungen in den Lester Hills filmen? Die Renaturierung dort ist ein langfristiges Projekt. Es wird Jahre dauern, bis man wirklich Resultate sieht!"

Zum Glück stellte sich heraus, dass das Filmteam unter enormem Zeitdruck stand und ihr Wagen keinen Allradantrieb hatte, sodass sie ohnehin nicht weiter als bis zur Matipa Lodge fahren konnten. „Warum pflanzt ihr nicht einfach ein paar Setzlinge hier hinter der Lodge?", schlug die Regisseurin vor. „Wir zeigen Andy und drei Mitarbeitende des Forstbetriebs. Dann interviewen wir Wanga und einige Dorfbewohner aus der Gegend. Ich denke, das passt schon. Die Botschaft kommt trotzdem rüber, und darauf kommt's doch an!"

Zwei Wochen vor den Canland Awards kam Ella ins Büro und sah ein Rennrad in der Garage stehen, dort, wo üblicherweise sie parkte. Eine dunkle Vorahnung beschlich sie. Als sie ihren Schreibtisch erreichte, wartete Simon bereits dort. „Wir müssen reden", sagte er leise – doch seine Augen sprühten Funken.

Da kam Robin aus der Küche, balancierte zwei Tassen Tee und hatte offenbar bereits einen Versuch unternommen, die Situation zu entschärfen.

„Ich habe die letzte Woche alles nochmals neu berechnet", begann Simon. „Ich habe dafür eine Open-Source-Plattform mit zwanzig Jahren Satellitenbildern aus Demba genutzt. Ich habe das Entwaldungsmodell neu erstellt. Die Ergebnisse sind eindeutig. Die Methodik des *Green Climate Standard* ist fehlerhaft. Es stimmt, Bäume werden Jahr für Jahr abgeholzt. Aber nicht in dem Tempo, wie das Modell es voraussagt. Und jetzt hört mir zu. Das hier", er knallte einen Stapel Papier auf den Tisch, „das ist der Blog eines Politikwissenschaftlers aus Port Kewala. Hab ihn ausgedruckt für euch. Er beweist, dass Walmera seine Forstkonzessionen nur mit Bestechung erhalten hat. Walmera ist kein legitimer Partner. Wir können nicht mit ihnen arbeiten."

„Aber Simon ...", setzte Ella an.

„Wir müssen die Projekte stoppen. Sofort. Uns bei Cresta entschuldigen. Das Geld zurückgeben. Und die Teilnahme an den Canland Awards zurückziehen, bevor es zu spät ist!"

Robin stellte den Tee behutsam ab. „Simon, wir haben den *Green Climate Standard* bis ins Detail befolgt. Du warst ja selbst dabei. Du kennst die Akten. Tausende Seiten: Dokumentation, Datensätze, Fotobelege." – „Ich weiß", fauchte Simon. „Aber die Methodik ist ungenügend. Wir müssen warten, bis der Standard eine verbesserte Version herausbringt!"

„Das *Wissenschafts-Paradox*", sagte Robin ruhig, aber bestimmt. „Das Modell wird stets verbessert. Die Wissenschaft entwickelt sich. Aber die Wälder in Coltra East sind *jetzt* bedroht. Wir haben die einzige Berechnungsmethode benutzt, die wir derzeit haben. Wir können doch nicht alles stoppen und drei Jahre auf eine verbesserte Version warten. Und Simon, du weißt genau, dass die Methode einen Korrekturmechanismus kennt. Falls das Modell nicht konservativ genug rechnet, so werden die Zahlen später automatisch angepasst."

„Und noch zu Walmera", ergänzte Ella vorsichtig, „selbst wenn das mit der Bestechung stimmt, und es könnte natürlich durchaus stimmen, dann ist es trotzdem so, dass sie nun mal die Konzessionen besitzen. Mit wem sollen wir denn sonst arbeiten?"

„Diese Projekte sind moralisch verwerflich und korrupt. Das ist doch alles ein einziger Betrug!", schrie Simon. „Wir müssen das beenden, solange wir noch können!"

Robin holte tief Luft und erwiderte ruhig: „Ich frage dich noch einmal, Simon: Was ist deine Alternative? Was schlägst du vor? Über tausend Bäuerinnen und Bauern sind im Agroforstprogramm eingeschrieben, mehr als hundert Frauen und Männer absolvieren gerade die Parkwächter-Ausbildung. Die Sekundarschule in Yolo öffnet bald, und das Gesundheitszentrum in Mutela ist im Bau. In den Lester Hills wurden bereits die ersten Setzlinge gepflanzt. SunScore installiert überall Solardächer. Willst du das alles einfach über Bord werfen? Was ist mit all der Mühe, dem Schweiß und der Hoffnung dieser Menschen? Was sagst du all jenen, die sich auf eine bessere Zukunft freuen?"

Simons Augen blitzten. „Ich bin hier, um euch zu warnen und um euch zu helfen. Was ihr daraus macht, ist eure Entscheidung." Er griff nach seinem Helm und stürmte hinaus.

Fünf Tage vor den Canland Awards kam endlich die erlösende Nachricht: Der Green Climate Standard hatte alle drei Projekte registriert. Five Elements durfte nun offiziell CO_2-Zertifikate generieren.

Andy war gerade noch rechtzeitig aus Demba zurückgekehrt, um am Vorabend der großen ECF-Preisverleihung im Fernsehstudio den finalen Schnitt ihres Clips zu sehen. Das Team saß dicht gedrängt im dunklen Vorführraum, die Gesichter nur vom Flimmern der Leinwand erhellt. Als die letzten Bilder über die Projektionsfläche liefen, herrschte einen Moment lang Stille – dann kullerten Tränen. Tränen des Stolzes. Tränen der Erschöpfung. Tränen der Freude. Beim anschließenden Aperitif war die Stimmung ausgelassen, fast taumelnd vor Erleichterung.

„Ich mache mir nur ein wenig Sorgen um Simon", sagte Ella leise, als sie später Richtung Tramhaltestelle gingen.

Das Klima-Paradox

„Gehen wir noch auf ein Bier zu Brigitte?", fragte Andy. Ella schüttelte den Kopf. „Heute nicht. Lasst uns schlafen gehen."

Teil Vier

Die Gesellschaft

Das Freiwilligkeits-Paradox

Das Licht im Saal wurde gedimmt, Gespräche verebbten zu einem Murmeln. Gläser klirrten leise, in einer hinteren Reihe räusperte sich jemand. Auf der riesigen Bühne glühten die Scheinwerfer in wechselnden Farben, der Vorhang vibrierte im Takt der Musik, die aus den Lautsprechern dröhnte.

Die Spannung im Saal war greifbar. Das Licht erlosch, ein Moment völliger Dunkelheit – dann zerschnitt ein gleißender Spot die Bühne. Die Musik schwoll an. Und da stand sie: Lena Goldman, im glitzernden Abendkleid, mit demselben umwerfenden Lächeln, das ihr vor acht Jahren an genau dieser Stelle den Miss-Canland-Titel eingebracht hatte.

„Meine Damen und Herren. Wir kommen nun zum Höhepunkt dieses Abends, auf den Sie alle gespannt gewartet haben. Wir verkünden nun den Gewinner in unserer renommiertesten Kategorie. Natürlich spreche ich vom ECF Award für den *Leader for a Better Planet*!"

Tosender Applaus brandete durch die Reihen. Goldman warf ihr blondes Haar zurück, ein kurzes Aufblitzen im Scheinwerferlicht – dann sprach sie weiter.

„In diesem Jahr feiern wir nicht nur eine, sondern gleich zwei außergewöhnliche Persönlichkeiten. In den vergangenen zwei Jahren haben sie mit bemerkenswertem Mut und Entschlossenheit gehandelt, um etwas für unseren Planeten zu bewirken – für den Kampf gegen den Klimawandel, für die Natur und für mehr Gerechtigkeit für benachteiligte Menschen. Die eine gab eine vielversprechende akademische Laufbahn in den Wirtschaftswissenschaften auf, um einen kühnen Traum zu verwirklichen. Der andere wagte den Sprung ins Ungewisse und setzte die Kraft seines erfolgreichen Unternehmens für eine große Investition in die Zukunft unserer Erde ein – aus Überzeugung, nicht aus Pflichtgefühl."

Im Saal war es jetzt ganz still.

„Meine Damen und Herren, Sie alle haben das Video des *Million Trees Project* in Demba gesehen, und ich bin sicher, es hat Sie ebenso bewegt wie mich. Bitte begrüßen Sie mit mir auf der Bühne: Frau Ella Andersson, Mitgründerin und CEO des Start-ups Five Elements, und Dr. Thomas Cresta, Gründer und CEO von Cresta Software!"

Regenbogenfarbene Konfetti schossen aus versteckten Düsen, wirbelte in glitzernden Spiralen durchs Scheinwerferlicht und regnete auf die drei herab. Auf der riesigen Leinwand hinter ihnen leuchtete ein übergroßes Bild von Wanga, Andy und den Plantagenarbeitern – lachend, mit Setzlingen und Schaufeln in den Händen, blickten sie im Hinterhof der Matipa Lodge in die Kamera.

Ella trat ans Mikrofon. Einen Moment lang zitterte ihre Stimme – dann wurde sie fester.

„Herzlichen Dank, Frau Goldman. Herzlichen Dank an das Erste Canländische Fernsehen. Diese Auszeichnung ist für uns eine große Ehre. Hinter diesem Preis stehen die Arbeit und die Ausdauer vieler Menschen. Ich möchte zuerst Wanga Namira und ihrem Team bei Matipa danken: Danke, Wanga, für deine Vision – und für deine Geduld mit uns.

Auch unseren Partnern bei Walmera gilt mein Dank. Und natürlich Ihnen, Herr Cresta – für Ihre Weitsicht und Ihr Vertrauen."

Sie ließ den Blick durch den Saal schweifen und hob eine Hand, um sich vor dem grellen Scheinwerferlicht zu schützen. Einen Moment lang schien es ihr die Sprache zu verschlagen.

„Professor Turman – ich weiß, Sie sind hier im Saal. Sie sind der eigentliche Urheber unseres Projekts. Sie haben uns gezeigt, wie der Kapitalismus unsere Welt zerstört und Ungerechtigkeiten geschaffen hat – und zugleich, wie gerade er helfen kann, diese Fehler zu korrigieren. Sie haben von Anfang an uns geglaubt.

Den größten Dank aber schulde ich meinen Mitgründern Robin und Andy – und unseren Familien. Unser Abenteuer begann mit einem schrecklichen Video aus Demba, das uns allen die Augen öffnete. Der Gewinn des Canland Awards erfüllt uns mit Stolz – und mit neuer Entschlossenheit und Zuversicht, noch mehr zu tun: mehr Bäume zu pflanzen, mehr Wälder zu schützen, mehr Solarenergie nach Demba und weit darüber hinaus zu bringen. Vielen Dank an Sie alle. Vielen Dank, Canland. Vielen Dank, Demba!"

Ihre letzten Worte wurden von ekstatischem Applaus übertönt. Ella winkte ins Publikum und schlüpfte dann durch eine Seitentür hinter die Bühne. Ein Techniker reichte ihr ein Handtuch. Die Scheinwerfer wechselten auf ein kühles Blau, die Farbe von Crestas Firmenlogo. Thomas Cresta trat nach vorn.

„Bei Cresta Software geben wir uns nicht damit zufrieden, Erwartungen einfach zu erfüllen. Wir wollen sie übertreffen – Ihre Erwartungen an unsere Produkte und an unsere gesellschaftliche Verantwortung. Der Klimawandel ist eine der größten Herausforderungen unserer Zeit. In den vergangenen Jahren haben wir unsere CO_2-Emissionen deutlich reduziert, und wir investieren kontinuierlich, um unsere Software und Server noch effizienter zu machen. Doch unser Engagement endet nicht an der eigenen Bürotür. Das Klima ist ein globales Thema, und als globales Unternehmen tragen wir Verantwortung über unsere Grenzen hinaus. Deshalb unterstützen wir das Million Trees Project in Demba, um unsere verbleibenden Emissionen auszugleichen. Wir tun das nicht, weil es Vorschrift ist, sondern weil wir davon überzeugt sind, dass es das Richtige ist. *Doing well by doing good* – Erfolg und Verantwortung gehören für uns zusammen. Das ist unser Motto bei Cresta Software!"

Stehende Ovationen unterbrachen Crestas Rede – der Applaus hielt minutenlang an. Wenige Augenblicke später verschwand auch er durch die Seitentür.

Nach der live übertragenen Show verwandelte sich das Foyer in ein glitzerndes Meer aus Stimmen, Blitzlichtern und Parfumwolken. Ein üppiges Buffet wartete auf die Preisträger, Influencer und die Prominenz Canlands. Robin ergatterte zwei Gläser Champagner und ein kleines Stehtischchen. Er prostete Andy zu. „Wow. Unsere Ella ist ein Rockstar!"

Andy ließ den Blick über die Menge schweifen. „Seltsam", murmelte er. „Sie starren uns an, lächeln höflich ... aber keiner spricht mit uns. Haben sie Angst? Schämen sie sich? Oder sind sie einfach neidisch?"

Robin runzelte die Stirn. „Jetzt, wo du's sagst ... stimmt. Komisch. Und hast du Luke und Remy gesehen? Die sind eben vorbeigegangen. Ich hab Hallo gesagt – und sie haben einfach weggeschaut."

„Dass die kein Hausverbot haben hier im Kongresszentrum", brummte Andy.

Über eine Stunde verging. Das Buffet war fast leer, und das Stimmengewirr war dumpfer geworden, als Ella endlich am Bühneneingang auftauchte – lächelnd, aber sichtlich erschöpft. In der rechten Hand hielt sie den Canland Award. Eine Spitze der gläsernen Statue war abgebrochen. Unter ihren Augen lag ein verwaschener Schleier aus Mascara, der Eyeliner war verlaufen.

Robin streckte ihr ein Glas Champagner entgegen. Sie winkte ab. „Wasser, bitte. Ich verdurste."

Sie trank das Glas in einem Zug leer und lachte heiser. „Unten in der Medienzone haben mindestens zehn Journalisten gewartet. Beatrix Lemore war überall – sie wollte alles wissen: unsere nächsten Schritte, unsere Strategie, Crestas Reaktion ... Der arme Mann hatte Schweißperlen auf der Stirn!"

Sie atmete tief durch. „Aber egal."

Dann grinste sie und griff nach dem Champagner. „Jetzt bin ich bereit. Und danach rufen wir Wanga an."

Sie hob ihr Telefon hoch, das Display flackerte im Licht. „Schaut euch das an! Nachrichten von Morgan, Sophie Nestor, Tila ... alle waren dabei! Die haben offenbar einen Livestream in die Matipa-Lodge organisiert!"

Ihre Stimme bebte vor Freude. „Was. Für. Eine. Nacht."

Der Saal leerte sich langsam. Ella hatte den vom ECF angebotenen Chauffeurdienst höflich abgelehnt. Sie hatte keine Lust auf die After-Party im Laguna Club. Stattdessen hatten sie beschlossen, ein paar Freunde anzuschreiben und sich zu einem Absacker bei Brigitte zu treffen. Als sie auf dem Weg zur Bushaltestelle an den Fahrradständern vorbeigingen, erkannte Andy die Silhouetten von zwei Männern. Einer hielt ein Rennrad.

„Sind das nicht Simon und Luke dort drüben?", fragte Andy.

„Allerdings", runzelte Ella die Stirn. „Seltsam. Ich habe Simon mehrmals eingeladen, heute Abend dabei zu sein. Schließlich ist das auch sein Baby! Er hat nie geantwortet. Erst letzte Nacht hat er eine SMS geschickt: ,Steigt aus dem Award aus, bevor es zu spät ist.' Das war alles. Was macht er jetzt hier?"

Im nächsten Moment glitt der Mond hinter eine Wolke und die beiden Männer verschwanden hinter dem kleinen Pförtnerhäuschen am Eingang des Kongresszentrums.

Brigitte war an diesem Abend nicht in der Bar. Die junge Studentin hinter dem Tresen zuckte nur die Schultern. Brigitte habe schwer geatmet und sei dann plötzlich verschwunden, meinte sie. Ohne Brigitte wirkte das Bungalow immer merkwürdig leer, als habe jemand den ganzen Raum mit einem Schalldämpfer ausgekleidet. Ella nahm sich vor, am nächsten Tag nach ihr zu sehen.

Es war fast drei Uhr morgens, als Ella endlich ins Bett fiel. Die Konfetti, der Champagner, der Applaus – alles wirbelte wie in einem einzigen, schillernden Traum um sie herum.

Doch nur wenige Stunden später zerschnitt ein schriller Klingelton ihren unruhigen Halbschlaf. Sie kniff die Augen zusammen, als das grelle Display aufleuchtete.

„Ella? Ella, bist du dran?!", ertönte eine atemlose, panische Stimme am anderen Ende.

„Hä? Matt? Bist du das?" Ihre Stimme klang heiser. „Was in aller Welt ist los? Es ist sechs Uhr morgens!"

„Ella, kannst du mich hören? Katastrophe! Eine absolute Katastrophe!", keuchte Matt. „Lara aus dem Marketing hat gerade angerufen. Das neue Niburger Sonntagsblatt ist online. Die Schlagzeile, Ella ..."

Ein kurzes Zögern, dann brach seine Stimme.

Ella richtete sich kerzengerade im Bett auf. „Was steht da?"

„‚Canland Award für Greenwashing?'"

Stille.

„Und der Vorspann – warte, ich les ihn dir vor: ‚Ein Skandal überschattet die Canland Awards. Gestern Abend erhielt Dr. Thomas Cresta, Gründer des Software-Giganten Cresta, die Auszeichnung *Leader for a Better Planet*. Doch handelt er wirklich im Sinne des Planeten? Führender Wissenschaftler äußert massive Zweifel.'"

Ellas Herz raste. Sie war mit einem Schlag hellwach. „Was redest du da? Wer hat das geschrieben? Beatrix? Und wer soll dieser Wissenschaftler sein?"

„Ja, Beatrix Lemore. Moment ... hier steht: ‚Im Kongresszentrum von Niburg wurde gestern Abend Dr. Thomas Cresta für seine angeblichen Verdienste als Weltverbesserer geehrt. Doch im Gespräch mit dem Sonntagsblatt enthüllte Luke Blackfield, Mitgründer und Chef-Wissenschaftler der Climate Warriors, dass Crestas Klima-Strategie auf Täuschung beruhe – möglicherweise sogar mit betrügerischen Absichten.'"

„Was?!", schrie Ella. „Luke? Luke ist kein Wissenschaftler! Er hat Theaterpädagogik studiert – und dann ein paar Semester Jura!"

„Nun, hier steht, er sei ihr leitender Wissenschaftler – und er wird direkt zitiert. Hör zu: ‚Crestas Server verbrauchen eine gigantische Menge Strom', sagte er. ‚Ja, die Server wurden etwas effizienter, aber gleichzeitig ist Cresta stark gewachsen. In absoluten Zahlen sind ihre Emissionen heute höher als je zuvor. Ihre Baumpflanzinitiativen in Demba sind pures Greenwashing. Und das Geld fließt größtenteils an Walmera – einen der größten Holzkonzerne der Region.'"

„Greenwashing?" fuhr Ella auf. „Nach allem, was Cresta investiert hat – und zwar freiwillig? Nach all der Arbeit mit den Gemeinden? Das ist doch absurd!"

„Warte, es kommt noch schlimmer", sagte Matt. „Hör dir das an: ‚Cresta könnte so viel mehr tun. Die Investition in Demba mag symbolisch sein, aber sie verändert das Klima nicht. Die einzige Lösung ist, alle Emissionen sofort zu stoppen. Crestas Klima-Strategie ist nichts als heiße Luft. Der Canland Award muss umgehend widerrufen werden.'"

Er atmete schwer. „Verdammt, Ella. Das ist ein Desaster. Ich will gar nicht wissen, wie Thomas reagiert, wenn er das liest. Er hat mit Lobeshymnen gerechnet, nicht mit so was."

Ella presste die Lippen zusammen. „Und was steht sonst noch im Artikel? Ich habe gesehen, dass Lemore gestern Abend auch Goldberg interviewt hat ..."

Sie hielt inne, während Matt scrollte.

„Ja, hier: ‚Später konfrontierten wir Lena Goldberg, Moderatorin der Canland Awards, mit Blackfields Enthüllungen. Zu unserer

Überraschung wich sie aus. Sie sagte: Ich bin ebenso überrascht wie Sie und garantiere, dass wir die Sache gründlich prüfen werden.'"

„Enthüllungen?!", rief Ella fassungslos und schlug den Laptop auf. „Das sind keine Enthüllungen, das sind die wirren Behauptungen eines Egomanen! Luke hat keine Ahnung, wovon er spricht – er will nur Schlagzeilen, um sich selbst und seine verwirrte Truppe ins Rampenlicht zu stellen!"

„Ella, was machen wir jetzt?"

Ella schwieg einen Moment, während das *Sonntagsblatt* auf ihrem Bildschirm erschien. Sie scrollte durch den Artikel bis hinunter zu den Kommentaren. Dann sagte sie, ruhig, beinahe gefasst:

„Matt, wenn du jetzt etwas tun kannst, dann druck den Artikel aus und bring ihn zu Thomas. Aber bitte – sorg dafür, dass er die Online-Kommentare nicht zu sehen bekommt. Die sind unterirdisch. Ich frage mich ernsthaft, wer in Canland an einem Sonntagmorgen um halb sieben so was schreibt. Wie frustriert muss man sein?"

Doch Matt hatte schon geklickt. Er begann vorzulesen:

Keine Überraschung. Crestas Software ist ein einziger Betrug!

Lächerlich! Herr Cresta gibt den Klimahelden, dabei ist er nur ein gieriger Geschäftsmann!

Klimawandel ist eine Lüge! Eine Erfindung der reichen Elite, um überteuerte Software zu verkaufen. Cresta gehört ins Gefängnis!

Matt schluckte leer. „Verdammt. Was für ein Debakel."

„Ella", fuhr er nach einer kurzen Pause fort, „kannst du deine Leute wecken und ins Büro kommen? Lara hat schon geschrieben, sie ist unterwegs. Wir müssen sofort eine PR-Agentur einschalten und offizielle Stellungnahmen vorbereiten. Ich wette, andere Journalisten springen gleich auf – die Story wird sich rasend schnell verbreiten."

Robin benötigte zehn verpasste Anrufe von Ella, um endlich wach zu werden. Doch als er die Situation begriffen hatte, traf es ihn wie ein Blitz: *das Freiwilligkeits-Paradox.*

Einige Unternehmen tun mehr fürs Klima, als sie müssten – nicht, weil sie dazu gezwungen sind, sondern weil sie überzeugt sind, dass es richtig ist. Doch genau das macht sie verdächtig.

Plötzlich stellen die Leute Fragen: Warum tun sie das? Was steckt dahinter? Haben sie was zu verbergen? Warum nicht mehr? Warum nicht früher? Ist das nicht alles nur Greenwashing?

Die meisten anderen Unternehmen tun gar nichts – und niemand verliert ein Wort darüber.

Es ist, als würde man tausend Kronen für einen guten Zweck spenden, nur um sofort zu hören: Warum nicht zweitausend?

Dieses *Freiwilligkeits-Paradox* hatte Cresta mit voller Härte erwischt. Es bot Beatrix Lemore die perfekte Steilvorlage für eine Skandalgeschichte.

Das Ideologien-Paradox

Omar Lelong, Andys Vater, hatte seine Public-Relations-Firma Brunswick Lelong Partners kurz nach seinem Universitätsabschluss gegründet. Cresta war seit Jahren ein treuer BLP-Kunde, und so war Omar auch der Erste, an den Thomas Cresta sich wandte, um Hilfe zu holen.

„So ist es leider", begann Omar, als er sich auf dem dunkelroten Sofa in Crestas Salon-Büro niederließ. „Drama, Geld, Verbrechen, Sex – das sind die Themen, die im Boulevard ziehen. Und der Boulevard sickert immer weiter in die Mainstream-Medien."

Gegenüber saß Thomas Cresta, in sich zusammengesunken, kaum wiederzuerkennen nach dem triumphalen Auftritt am Vorabend. Matt und Lara flankierten ihn; Letztere schien in der Eile nur eine Jacke über ihren Pyjama geworfen zu haben. Ella und Robin saßen beklommen auf den Designerstühlen. Es ging gegen Mittag. Noch herrschte eine gespenstische Ruhe, doch eine erste E-Mail des Präsidenten von Cresta – sie bestand nur aus einer einzigen Zeile: *Bitte ruf mich an* – ließ bereits erahnen, was sie in den kommenden Wochen erwarten würde.

„Der moderne Journalismus lebt von Kontroversen", fuhr Omar fort. „Die meisten seriösen Reporter wollen im Grunde ihr Publikum informieren. Aber wer seine Karriere voranbringen will, der muss Klicks holen, denn praktisch alle Medien finanzieren sich hauptsächlich durch Werbung. Und der Kampf um Aufmerksamkeit ist gnadenlos."

Er hielt kurz inne. „Erinnert ihr euch an den ersten Artikel im *Niburger Tagblatt* vor fast zwei Jahren? Als Andy mir den zeigte, war ich sofort skeptisch. Beatrix Lemore hatte euer Start-up in den Himmel gelobt, als hättet ihr den Planeten bereits zweimal gerettet. Noch vor wenigen Wochen brachte sie ein euphorisches Interview mit dir, Ella. Ich bin mir fast sicher, dass sie zu dem Zeitpunkt schon Kontakt mit Luke Blackfield hatte."

„Du glaubst, sie hat das von Anfang an so geplant?", fragte Ella ungläubig.

„Nein, nicht ganz von Beginn weg. Sie war Praktikantin, als sie mit der Geschichte über euer Start-up ihren Durchbruch erzielte. Mit der Zeit hat sie gemerkt: CO_2-Zertifikate sind eine Goldgrube. Voll von Geld, Drama und Kontroversen. Sie muss von den Greenwashing-Vorwürfen der Climate Warriors gewusst haben. Dann hat sie einfach auf den perfekten Moment gewartet, um die Bombe platzen zu lassen. Und der perfekte Zeitpunkt für maximale Reichweite war natürlich der Morgen nach der ECF-Award-Nacht."

Ella durchbrach die Stille als Erste.

„Dr. Cresta und ich standen gemeinsam auf der Bühne. Wir haben beide gewonnen. Warum richtet sie ihren Bannstrahl nur auf ihn? Sie hätte genauso gut Five Elements angreifen können. Wir wissen es alle – Klimaschutzprojekte sind voller Paradoxe. Sie hätte bestimmt etwas gefunden, um einen Skandal zu inszenieren. Und außerdem", fügte sie leiser hinzu, „hat sie mich noch nie wirklich gemocht."

Omar kratzte sich am Kopf.

„Tja, genau das beunruhigt mich. Leider könnte das Teil ihrer Strategie sein. Deinen Namen kennt jeder, Thomas. Du bist andauernd in den Medien. Indem Lemore zuerst auf Cresta zielt, bringt sie das Thema mit maximalem Spektakel auf die Agenda – ein Greenwashing-Skandal! Das Publikum ist empört. Und sobald die Debatte Fahrt aufgenommen hat, könnte sie den zweiten Akt folgen lassen.

Five Elements kannte bisher niemand. Bisher war es uninteressant, auf ein kleines Start-up zu schießen – das hätte sogar nach hinten losgehen können, denn die Leute hätten vielleicht Mitleid mit euch gehabt. Aber seit gestern ist das anders. Durch den Award seid ihr zu nationaler Bekanntheit gelangt. Und damit seid ihr auch angreifbar geworden."

Er schaute Ella an.

„Das Problem ist, dass ihr auf einem schmalen Grat wandert. Für die Grünen seid ihr zu liberal, für die Liberalen seid ihr zu grün. Beide Seiten sind skeptisch – aus entgegengesetzten Gründen. Und genau das liefert endlosen Stoff für Drama."

Cresta, der bisher mit bleichem Gesicht geschwiegen hatte, räusperte sich.

„Das ist alles ... sehr unglücklich", murmelte er. „Aber Omar, ich habe noch ein weiteres, ganz handfestes Problem. Unser Geschäftsjahr endete im Juni, und die Generalversammlung steht vor der Tür – am Mittwoch im Niburger Kongresszentrum. Wir erwarten etwa zweitausend Aktionäre."

Er blickte zu Lara und Matt, dann wieder zu Omar.

„Ein großer Punkt auf der Traktandenliste ist unsere Klima-Strategie. Wir wollen ein Ziel zur Reduktion unserer Emissionen festlegen. Dazu gehören die Finanzierung von drei neuen Windparks zur Versorgung unserer Rechenzentren sowie weitere Investitionen zur Reduktion unseres CO_2-Fußabdrucks. Auch die Investition in CO_2-Zertifikate ist ein zentraler Bestandteil unserer Nachhaltigkeitsstrategie. Die Idee war, den Canland Award als ermutigendes Signal zu verstehen, das zeigt, dass wir auf dem richtigen Weg sind. Aber mit dem Vorwurf des Greenwashing stehen wir jetzt mit dem Rücken zur Wand. Was sollen wir tun?"

Omar kratzte sich erneut am Kopf.

„Nun, wenn ihr daran festhalten wollt, müsst ihr jetzt erst recht in die Offensive gehen. Ihr müsst die Aktionäre mit klaren, ambitionierten Worten gewinnen. So schrecklich der Artikel heute auch ist –

eine Firma wie Cresta darf sich davon nicht aus der Bahn werfen lassen."

Das Kongresszentrum glitzerte in der tief stehenden Spätsommersonne. Der Himmel war so makellos blau, dass es fast eine Schande war, den Abend drinnen zu verbringen. Doch Ella, Robin und Andy hatten keine Wahl – Thomas Cresta hatte sie gebeten, an der Generalversammlung teilzunehmen.

Der Artikel im *Niburger Sonntagsblatt* hatte einen veritablen Sturm ausgelöst, dem weitere Medien nur allzu bereitwillig folgten. Die *Neue Canländer Zeitung* veröffentlichte ein ausführliches Interview mit Remy Selnass von den Climate Warriors.

„Der Klimawandel ist völlig außer Kontrolle!", erklärte sie. „Die Meerestemperaturen erreichen Rekordwerte, Dürren verwüsten ganze Länder. Die kleinen Schritte von Cresta reichen einfach nicht mehr aus! Am schlimmsten ist ihre Investition in CO_2-Zertifikate. Damit tut Cresta so, als würde man die Verschmutzung bekämpfen – doch das stimmt nicht. Cresta muss dieses Greenwashing beenden und seine Emissionen radikal senken. Diese Kompensationsgeschäfte gehören abgeschafft – stattdessen müssen sie ihre Klimabilanz wirklich verbessern!"

Auf der anderen Seite der Debatte verteidigte Professor Turman in der *Niburger Morgenpost* die marktbasierten Klima-Strategien.

Crestas Kommunikationsteam arbeitete unter Hochdruck, um den Schaden zu begrenzen. Matt hatte vier Nächte in Folge an seiner Präsentation der Cresta Climate Strategy gefeilt. Er hoffte, die Aktionäre mit Optimismus, Innovationsgeist und Tatkraft zu überzeugen – ganz im Sinne jener Werte, die in der Empfangshalle des Hauptquartiers auf einem großen Plakat prangten.

Und so fanden sich Ella, Robin und Andy zum dritten Mal im Kongresszentrum ein. Was würden sie dort heute wohl erleben? Scharen von Männern in schwarzen oder marineblauen Anzügen strömten beinahe im Gleichschritt in die Halle. Vereinzelt durchbrach das Schimmern eines edlen Abendkleids das dunkle Meer.

„Ich habe gestern ein paar Cresta-Aktien gekauft", sagte Ella und stellte sich in die Schlange zur Registrierung der Aktionäre.

Robin sah sie überrascht an. „So kann ich wenigstens abstimmen."

Drinnen zogen sich endlose Stuhlreihen durch den weiten Saal, die Luft vibrierte vor gedämpftem Gemurmel. War dies wirklich derselbe Ort, an dem sie vor vier Tagen noch den ECF Award gefeiert hatten?

„Wenn Five Elements jemals so groß wird, verbannen wir Anzüge und Krawatten von unserer Generalversammlung", lachte Robin und versuchte, die Stimmung etwas aufzuheitern.

Die erste Stunde zog sich als langatmige Abfolge neuer Zahlen und unbekannter Gesichter dahin. Ella nickte an Robins Schulter ein, ihre Locken fielen ihm ins Gesicht. Er rührte sich kaum – halb benebelt vom Duft ihres Shampoos. Doch dann bemerkte er, dass sich die Stimmung im Saal merklich abkühlte. Der Grund erschloss sich ihm nicht ganz; soweit seine bescheidenen Kenntnisse in Betriebswirtschaft reichten, hatte Cresta im vergangenen Jahr einen soliden Gewinn erzielt. Die Aktionäre jedoch hatten offenbar mehr erwartet.

Nun wurde die Klima-Vision als nächstes Traktandum angekündigt, und der Vorsitzende übergab das Wort an Matt.

Omar hatte in letzter Minute empfohlen, statt einer Klima-Strategie eine Klima-Vision zu traktandieren – ein Begriff, vage zwar, aber inspirierender. „Das *Versprechen-Paradox* lässt grüßen", flüsterte Robin.

Als Matt geendet hatte, hätte man eine Stecknadel fallen hören können. Auf der großen Leinwand im Hintergrund leuchteten drei

Wortmeldungen auf: Zwei Damen in der dritten Reihe und ein Herr in der ersten Reihe hatten das Mikrofon verlangt.

„Mein Name ist Remy Selnass", sagte die erste Rednerin.

Ella erstarrte. Logisch. Auch Remy hatte wohl extra hierfür ein paar Cresta-Aktien gekauft.

„Meine Damen und Herren. Die Welt steht in Flammen! Wenn wir die Emissionen nicht drastisch senken, könnten die globalen Temperaturen bis zum Jahr 2100 um drei bis sechs Grad über das vorindustrielle Niveau steigen. Das bedeutet nie dagewesene Überschwemmungen, Dürren, Hitzewellen und Massen von Klimaflüchtlingen an den Küsten Canlands. Lassen Sie es mich klar und deutlich sagen: Große, hochprofitable Unternehmen wie Cresta müssen mit gutem Beispiel vorangehen und *jetzt* mutigen Klimaschutz beschließen. Die aktuelle Klima-Strategie von Cresta ist in jeder Hinsicht ungenügend. Sie ist zahnlos und es fehlt ihr die Ambition, die wir jetzt brauchen. Ich bitte Sie, diese Strategie entschieden abzulehnen und an die Autoren zurückzusenden. Ein stolzes Unternehmen wie Cresta Software verdient eine Klima-Strategie, auf die wir stolz sein können!"

Matt und Dr. Cresta saßen mit konsternierten Mienen auf dem Podium. Ella, Robin und Andy starrten Remy kopfschüttelnd an. Ein Raunen ging durch die Halle, als die nächste Rednerin die Bühne betrat.

„Ich bin Christine Ghibber von Seaview Asset Management", stellte sich eine Frau in einem eleganten, hellroten Kleid vor. Gewaltige goldene Ohrringe schaukelten bei jeder Bewegung.

„Herr Vorsitzender, sehr geehrter Dr. Cresta, Herr Carter – vielen Dank für Ihre Präsentationen. Und auch Ihnen, Frau Selnass, für Ihren Beitrag. Kommen wir direkt zur Sache.

Bei Seaview Asset Management sind wir zutiefst besorgt über Crestas Resultate im vergangenen Jahr. Lassen Sie mich offen sprechen: Der

Umsatz ist um 20 % gestiegen, die Gewinnmarge liegt bei 37 %. Im Vergleich zur Konkurrenz ist das schlicht ungenügend. Unsere Analysen zeigen, dass Cresta eine Marge von über 45 % erzielen könnte – mit klarem Fokus auf Effizienzsteigerung.

Stattdessen präsentieren Sie eine sogenannte Klima-Vision, die in unseren Augen reine Geldverschwendung ist. Der Klimawandel ist ein globales Problem, das keine Firma allein lösen kann. Wir brauchen internationale Abkommen, meine Damen und Herren! Warum also sollte Cresta allein vorpreschen, während die Konkurrenz lächelnd zuschaut und sich ins Fäustchen lacht? Diese Strategie bringt dem Unternehmen einen massiven Wettbewerbsnachteil.

Wenn Sie wirklich etwas für den Klimaschutz bewirken wollen, dann setzen Sie sich für globale Ziele ein – gemeinsam mit den Regierungen. In diesem Punkt stimmen wir mit Frau Selnass überein: Der Klimawandel ist global und lässt sich nur gemeinsam lösen."

Sie wandte sich nun direkt ans Plenum.

„Meine Damen und Herren, im Namen des Verwaltungsrats von Seaview Asset Management unterstütze ich den Antrag von Frau Selnass, die Klima-Vision zurückzuweisen."

Nun trat ein stämmiger Mann im schwarzen Anzug vor. Er räusperte sich, dann ergriff er das Mikrofon.

„Guten Abend. Stuart Roberts, CNP – Canländische Nationale Pensionskasse. Die CNP ist Treuhänderin unseres hart arbeitenden Pflegepersonals. Wir verwalten ihr Vermögen und sorgen dafür, dass sie im Alter den Wohlstand genießen können, den sie sich verdient haben. Wie Frau Ghibber überzeugend dargelegt hat, halten wir den Vorschlag von Cresta im aktuellen, schwierigen makroökonomischen Umfeld für leichtsinnig. Diese sogenannte Klima-Vision wird unsere Rentner Millionen kosten – und der Nutzen ist höchst ungewiss.

Wir unterstützen daher Frau Selnass' Antrag, das Budget für die vorgeschlagene Klima-Vision zu streichen. Stattdessen sollte Cresta mit Branchenpartnern und der Regierung zusammenarbeiten, um global gültige, gesamtwirtschaftliche Klimamaßnahmen voranzubringen. Das wird – für das Klima und für Cresta – die bessere Lösung sein. Danke."

Robin stieß Ella an. „Du bist doch auch Aktionärin! Los, fordere das Mikrofon!"

Sie trug ihren Namen in die Warteliste ein und stand zehn Minuten später dort, wo sie vier Tage zuvor schon gestanden hatte. Der Kontrast hätte größer nicht sein können.

„Meine Damen und Herren", begann sie. „Einige von Ihnen glauben, Cresta gehe mit seiner Klima-Vision zu weit. Andere meinen, Cresta tue zu wenig. Beim Klimaschutz gehen die Meinungen weit auseinander. Aber was schließen wir daraus? Meiner Ansicht nach zeigt gerade die Tatsache, dass niemand zufrieden ist, dass Cresta einen gangbaren Mittelweg gefunden hat.

Mein Name ist Ella Andersson. Ich bin 25 Jahre alt. Und im Namen all jener, die glauben, dass wir jetzt handeln müssen – für die nächsten Generationen, so unvollkommen die Lösung auch sein mag –, bitte ich Sie, die Klima-Strategie von Cresta zu unterstützen."

Alle Mühen waren vergebens. Der Aktionärsantrag, das Budget für die Klima-Vision zu streichen, wurde mit einer Mehrheit von 51,6 Prozent der anwesenden Stimmen angenommen.

Ella starrte fassungslos auf das Resultat an der Leinwand. Im Saal herrschte keine Jubelstimmung, kein Protest – nur eine erdrückende Stille.

Auf dem Weg hinaus warf Ella ihren Zugangspass zur Cresta-Generalversammlung in einen Mülleimer.

„Was für eine Shitshow", murmelte sie.

„Es ist ein Paradox ..."

„Robin! Verdammt noch mal! Hör auf mit deinen beschissenen Paradoxen. Ich kann diesen Schrott nicht mehr hören!"

„Nein, Ella, warte – genau das ist vielleicht das verrückteste Paradox überhaupt. Die Climate Warriors lehnen Crestas Klima-Strategie ab, weil sie ihnen nicht weit genug geht. Aber paradoxerweise lehnen die Investoren sie ebenfalls ab – weil sie ihnen zu weit geht.

Das ist das *Ideologien-Paradox*: Entgegengesetzte Weltanschauungen, von beiden Enden des politischen Spektrums, bilden eine unheilige Allianz – und blockieren damit jeden pragmatischen Fortschritt im Kampf gegen den Klimawandel."

Doch Ella war schon auf halbem Weg zu den Fahrradständern.

Das Perfektions-Paradox

Ella schaltete den Fernseher in ihrem kleinen Studio ein. Das flackernde Licht tauchte den Raum in ein kaltes Blau. Robin spielte nervös mit seinem Fahrradschlüssel. Andy zog eine Zigarette hervor. „Lass das!", fuhr Ella auf. „Bitte nicht in meiner Wohnung!"

Auf dem Bildschirm wurde jetzt der *Friday Night Hot Seat* angekündigt – eine der quotenstärksten Talkshows Canlands. Eine riskante Arena, die so manche Karrieren lanciert hatte – und ebenso viele vernichtet.

Das Set war schlicht und doch von eigentümlicher Wucht: drei Stühle, zwei davon im Schatten, der mittlere grell erleuchtet. Dort saß eine Frau, die zum ersten Mal den Friday Night Hot Seat moderierte. Beatrix Lemore.

BEATRIX LEMORE

Es ist neun Uhr fünfzehn. Guten Abend, Canland! Und willkommen zur Sendung Friday Night Hot Seat auf ECF, Ihrem führenden Sender, dem Ersten Canländischen Fernsehen.

Mein Name ist Beatrix Lemore, Redakteurin beim Niburger Tagblatt, und heute Abend habe ich die große Ehre, für Sie die

Sendung Hot Seat mit zwei ganz besonderen Gästen zu moderieren, die ich Ihnen gleich vorstellen werde.

Unser Thema hat Niburg – ich würde sagen, ganz Canland – in der vergangenen Woche in Aufruhr versetzt. Ja, genau, ich spreche vom Greenwashing-Skandal, der die Canland Award Night überschattet hat.

Sie mögen sich erinnern, verehrte Zuschauerinnen und Zuschauer. Der Gründer eines renommierten Softwareunternehmens, Cresta, konnte diese angesehene Auszeichnung gewinnen für eine Klima-Strategie, die sich bei näherer Betrachtung als zahnlos entpuppt hat. Noch schlimmer: Ein wichtiger Teil davon bestand aus ineffizienten und umstrittenen CO_2-Zertifikaten.

Dr. Cresta hat diesen Preis jedoch nicht alleine gewonnen. Nein, auf der Bühne stand noch eine weitere Person. Dies war eine bislang unbekannte junge Frau, Ella Andersson. Sie ist die Gründerin von Five Elements, einer obskuren Firma, die verspricht, im armen Land Demba CO_2-Zertifikate zu entwickeln.

Wer ist diese Ella Andersson? Und was treibt sie in dem verarmten Land, Demba? Diesen Fragen wollen wir in dieser Sendung auf den Grund gehen. Der Titel des heutigen Hot Seat lautet deshalb: „Nach dem Award-Skandal: Was ist los in Demba?"

So, und nun habe ich die große Ehre, Ihnen unsere heutigen Gäste auf den Hot Seats vorzustellen. Zur Linken haben wir Frau Rebecca Silver, Direktorin der FHA, der Fair Hope Alliance. Ihre Organisation unterstützt in Demba die Menschen in den Dörfern. Frau Silver selbst ist Expertin für Demba. Sie hat über zwei Monate lang bei den Menschen im Dorf Yolo gelebt und weiß aus erster Hand, was dort wirklich passiert. Guten Abend, Frau Silver!

REBECCA SILVER

Danke für die Einladung, Frau Lemore. Es freut mich, hier zu sein.

BEATRIX LEMORE

Und zu meiner Rechten haben wir Herrn Simon Andersson. Simon ist nicht nur der Bruder von Ella Andersson, sondern auch Mitgründer von Five Elements. Simon kennt das Unternehmen in- und auswendig, und ich bin sicher, dass er heute Abend interessante Details mit uns teilen wird, nicht wahr, Herr Andersson? Willkommen in der Sendung!

Meine erste Frage geht an Sie, Frau Silver. Sie stehen in regelmäßigem Kontakt mit den Menschen in Yolo. Was haben Sie gehört? Wie fühlten sie sich, als sie erfuhren, dass in Canland das Unternehmen Five Elements eine Auszeichnung gewonnen hat – eine Firma, die vorgibt, dem Land zu helfen, indem sie ihre Bäume schützt?

REBECCA SILVER

Am Boden zerstört, Frau Lemore. Wir sind alle am Boden zerstört. Ich habe gerade mit Chief Emmanuel telefoniert. Er ist der Vorsitzende des Ältestenrats von Yolo. Um ihr Leid zu verstehen, muss man ihren Hintergrund kennen. Seit Jahrhunderten betreibt der Stamm der Nolé in Yolo und Mutela Subsistenzlandwirtschaft in seinen Wäldern. Dabei werden einige Bäume vorsichtig gefällt und verbrannt, um Platz für Anpflanzungen zu schaffen. Vor fünfzig Jahren rodete der Holzkonzern Walmera dann Wälder für Palmöl- und Kautschukplantagen. Und jetzt taucht ausgerechnet diese Walmera wieder auf und erklärt, der gesamte Wald sei nun ein Schutzgebiet – nur um diese CO_2-Zertifikate zu erzeugen! Parkwächter und Polizisten mit Waffen gehen nun gegen Dorfbewohner vor, wenn sie in ihrer Not ein paar Bäume verbrennen wollen, Frau Lemore. Es ist furchtbar!

BEATRIX LEMORE

Oh mein Gott. Ja, das klingt schrecklich. Und was hören Sie über die Projekte, die Five Elements vor Ort aufbaut?

Das Klima-Paradox

REBECCA SILVER

Nun, sie haben in Yolo eine Sekundarschule gebaut, mit Sportanlagen und Küche. Aber nur in Yolo – nicht in Mutela! Wie unfair ist das denn? Wie erklären wir das den Müttern von Mutela? Sind ihre Kinder etwa weniger wichtig? Sie haben etwa hundert Parkwächter ausgebildet. Aber diese Leute fehlen jetzt als Arbeitskräfte auf den Feldern! Beunruhigende Nachrichten hören wir auch aus der Gegend von Duiba. Dort hat Five Elements eine Tierstation zur Rettung von Schimpansen ausgebaut. Aber Schimpansen bedrohen die Gärten der Menschen, und jetzt wächst ihre Population! Dann pflanzen sie Bäume in den Lester-Hügeln. Der Wasserverbrauch wird enorm sein. Die neuen Bäume werden die Lebensgrundlagen der Dorfbewohner bedrohen! Und schließlich haben sie ein Solarstromprogramm ausgerollt. Das bedeutet, keine Dieselgeneratoren mehr! Können Sie sich vorstellen, was das für die vielen lokalen Dieselhändler bedeutet? Sie machen dicht. Arbeitslos! Ganze Familien werden hungern!

BEATRIX LEMORE

Unglaublich. Was für ein Skandal. Nun zu Ihnen, Herr Andersson. Sie haben Five Elements zusammen mit Ihrer Schwester und zwei ihrer Freunde gegründet. Aber vor ein paar Monaten haben Sie aus Protest gekündigt. Können Sie uns sagen, warum?

SIMON ANDERSSON

Ja, Frau Lemore. Vor etwa zwei Jahren hat mich meine Schwester gebeten, beim Investment-Case zu helfen, und ich war sofort sehr skeptisch. Die armen Menschen in Demba brauchen jede Hilfe – aber doch sicher keine CO_2-Zertifikate! Das dachte ich von Anfang an. Dann habe ich mich widerwillig bereit erklärt, zu helfen. Sie ist schließlich meine Schwester, nicht wahr? Einige Monate später bat sie mich, nach Demba zu fliegen, um mit dem Chef von Walmera zu verhandeln und alle Daten für den Investment-Case vor Ort zu prüfen. In diesem Moment wurde mir alles klar. Es gibt zwei grundlegende Probleme mit diesem CO_2-Zertifikate-Projekt.

REBECCA SILVER

Jetzt sind wir alle gespannt, Herr Andersson. Lassen Sie mich raten: Das erste Problem betrifft Walmera.

SIMON ANDERSSON

Exakt, Frau Silver. Also, hier ist die Geschichte. Grundlage der CO_2-Zertifikate, die Five Elements erzeugen will, sind Forstkonzessionen. Walmera besitzt eine große Menge solcher Konzessionen. Die Regierung von Demba vergibt diese Konzessionen und erlaubt Walmera, Bäume zu fällen und stattdessen Ölpalmen zu pflanzen. Five Elements und der lokale Partner Matipa haben zugestimmt, einige von Walmeras Konzessionen für ihre Waldschutzprojekte zu übernehmen. Was ich aber herausgefunden habe: Walmera hat seine Konzession höchstwahrscheinlich illegal erhalten. Ich bin online fündig geworden – ein Politikwissenschaftler hat alles in einem Blog beschrieben. Ja, Walmera hat eine öffentliche Ausschreibung gewonnen. Mehrere Privatfirmen, die bestimmten ranghohen Beamten der früheren Regierung gehörten, erhielten von Walmera aber überteuerte Aufträge – im Gegenzug für die bevorzugte Behandlung ihres Angebots! Da fragte ich mich: Wie können meine Schwester und ihre Freunde mit so einer Firma arbeiten? Ich habe sie gedrängt, aufzuhören und ein anderes Projekt zu suchen, aber sie wollten nicht zuhören!

REBECCA SILVER

Es überrascht mich nicht, Herr Andersson! Genauso agiert Walmera. Und es wird noch schlimmer. Ich habe Belege für Kungelei zwischen Walmera und dieser seltsamen Organisation, Matapi – oder wie hießen die? Matipa, so ähnlich. Sehen Sie hier, dieses Foto. Es ist aus Yolo, von der Einweihung ihres CO_2-Zertifikate-Projekts, vor dem neuen Schulgebäude. Hier ist eine Frau namens Wanga Namira, die

Mitapi leitet, und das hier ist ein Mann namens Morgan. Er arbeitet für Walmera. Sehen Sie, wie sie zusammen lachen. Die sind beste Freunde. Ich bin sicher, auch hier ist Korruption im Spiel!

BEATRIX LEMORE

Aber die Person im Hintergrund – ist das nicht Chief Emmanuel selbst? Er wirkt ziemlich zufrieden.

REBECCA SILVER

Alles Teil des Skandals! Sie haben Chief Emmanuel eingeredet, dass er von den CO_2-Zertifikaten profitieren würde. Inzwischen hat Emmanuel seinen Irrtum eingesehen. Ach, es ist alles so deprimierend!

BEATRIX LEMORE

Absolut, absolut. Aber, Frau Silver, noch eine Frage zu Walmera. Ehrlich gesagt: Wir alle essen doch ihre Produkte. Sie haben gerade einen der Kekse hier auf dem Tisch gegessen. Diese enthalten Palmöl von Walmera.

REBECCA SILVER

Nun ja ... ich meine, auch das ist ein Teil des Skandals! Bei den Keksen haben wir ja keine Wahl, oder? Überall ist Palmöl drin. Bei CO_2-Zertifikaten haben wir wenigstens eine Wahl. Wir können sie aktiv boykottieren!

BEATRIX LEMORE

Da bin ich ganz bei Ihnen, Frau Silver. Zurück zu Ihnen, Herr Andersson: Sie erwähnten ein zweites Problem. Können Sie mehr dazu sagen?

Das Perfektions-Paradox

SIMON ANDERSSON

Ja – und das ist noch gravierender. Five Elements muss strikt einer vorgeschriebenen Berechnungsmethodik folgen, um CO_2-Zertifikate zu erhalten. Das Team von Five Elements nutzt den Green Climate Standard. In den vergangenen Monaten habe ich Tag und Nacht daran gearbeitet, alle Berechnungen neu zu modellieren. Ich habe mir nicht nur das Coltra East Emissions Reduction and Forest Conservation Project von Five Elements angesehen, sondern auch alle anderen Waldschutzprojekte, die nach dem Green Climate Standard zertifiziert sind. Dann habe ich meine Ergebnisse mit neuen hochauflösenden Satellitenbildern gegengeprüft. Das Resultat ist schockierend: Fast alle Projekte bekommen zu viele CO_2-Zertifikate. Ich habe meine Resultate mehreren Forschern vorgelegt und alle kamen zum selben Schluss.

BEATRIX LEMORE

Das ist schockierend. Aber ist das nicht ein Problem des Standards? Man kann Five Elements dafür doch nicht verantwortlich machen, oder?

SIMON ANDERSSON

Nun, also, nein, das kann man ihnen so nicht direkt anlasten. Sie haben die Methodik des Green Climate Standard genau befolgt. Aber jetzt, da wir alle das Problem kennen, sollten sie sofort alle Projekte stoppen und auf eine neue Methodik warten. Ich habe sie eindringlich gewarnt, sie wollten aber nicht hören.

REBECCA SILVER

Diese CO_2-Zertifikate sind kompletter Betrug! Walmera, Matapi – oder wie sie heißen –, der Green Climate Standard, Five Elements ... Sie sollten einfach alle dichtmachen und verschwinden. Die Nolé endlich in Ruhe lassen!

Das Klima-Paradox

BEATRIX LEMORE

Total. Gleichzeitig ist Ihre Organisation, die FHA, doch auch in den Nolé-Dörfern präsent, oder? Wie auch immer – zurück zu Ihnen, Herr Andersson. Erzählen Sie uns mehr über Ella. Wer ist sie? Wie haben Sie sie als Kind erlebt?

SIMON ANDERSSON

Nun, Ella hat ein gutes Herz. Aber sie war immer unglaublich ehrgeizig. Sie hatte hervorragende Noten in der Schule, mehrere Liebschaften, und sie gewann die Tennismeisterschaft der Schule. Sie war Sängerin in einer Band. Kurz nach dem Tod unserer Mutter zog sie aus und ließ mich mit unserem Vater allein zurück. Ihre Leidenschaft war immer, Dinge voranzutreiben und zu skalieren. Sie hatte nie die Geduld, sich Zeit zu lassen und auf ein perfektes Ergebnis hinzuarbeiten. Jetzt sehen Sie die Folgen: Projekte voller Probleme und Skandale! Und wissen Sie was? Bevor ich sie mit den richtigen Leuten in der Regierung vernetzen konnte, stand sie kurz davor, einen CO_2-Zertifikate-Deal mit Rower zu unterzeichnen, einem der größten Umweltverschmutzer in Canland. Sie glaubte, das würde die Projekte in Demba beschleunigen!

BEATRIX LEMORE

Ernsthaft? CO_2-Zertifikate für Rower? Für einen Ölkonzern? Das ist ein klarer Fall von Greenwashing! Können Sie das beweisen?

SIMON ANDERSSON

Natürlich. Sehen Sie dieses Foto hier. Ella und ihre beiden Partner, im obersten Stockwerk des Rower Towers. Hier ist das Vorstandszimmer, gleich neben dem Büro des CEOs!

Das Perfektions-Paradox

Ella schaltete den Fernseher in ihrem kleinen Studio aus. Sie hatte genug gesehen. Eine Träne lief ihr über die Wange. Sie schüttelte den Kopf. „Was zur Hölle tust du da, Simon?", schrie sie laut und schlug mit der Faust auf die Armlehne. Robin saß zusammengesunken auf dem Boden, das Gesicht in den Händen vergraben.

Andy zog eine weitere Zigarette heraus. Niemand sagte ein Wort. Im dunklen Studio warf das schwache orangefarbene Glimmen seiner Zigarette merkwürdige Schatten an die Wand. Das leise Knistern des brennenden Tabaks war das einzige Geräusch in der Stille des Raums. Der Rauch kringelte sich nach oben und verschwand in der Dunkelheit, während sie in Gedanken verloren dasaßen.

Und wieder ein Paradox, dachte Robin spät in dieser Nacht.

Jeder weiß, dass die Welt nicht perfekt ist. Ob Solarpaneele, Aufforstung oder Artenschutz – nichts funktioniert fehlerfrei. Dasselbe gilt aber auch für jede andere Branche.

Investoren werden dafür belohnt, Risiken einzugehen und in Projekte zu investieren, die nie ganz perfekt sind – im Wissen darum, dass Fehler Teil des Fortschritts sind. Bei CO_2-Zertifikaten hingegen scheint diese Selbstverständlichkeit nicht zu gelten. Hier wird Perfektion erwartet. Fehlertoleranz existiert nicht. Läuft etwas schief, gilt dies nicht als Ansporn, das Projekt zu verbessern, sondern als Beweis, dass das ganze Modell nicht funktioniert. Somit verhindert der Drang zum Perfekten ausgerechnet das Gute.

Ich nenne es das Perfektions-Paradox.

Das Transparenz-Paradox

Robin lief in Andys Wohnzimmer auf und ab wie ein eingesperrter Löwe. Genau hier, an diesem Ort, hatten sie vor zwei Jahren beschlossen, den Sprung ins Unbekannte zu wagen – voller Tatendrang, voller Zuversicht. Davon war jetzt nicht mehr viel übrig.

„Wo zum Teufel hat Simon diese Fotos her?", rief er in den Raum.

Ella holte tief Luft. „Sorry. Meine Schuld. Ich hab mein Telefon mit unserem Server synchronisiert. Ich dachte, das sei eine clevere Lösung – falls wir irgendwo im Dschungel ohne Internet festsitzen und dringend auf Dateien zugreifen müssen. So bekam Simon Zugriff auf meine privaten Fotos. Ich hätte nie gedacht, dass jemand sie missbrauchen würde. Schon gar nicht jemand wie Simon, der uns so gut kennt."

Robin schüttelte den Kopf. „Was treibt Menschen wie Rebecca und Simon überhaupt dazu, unsere Projekte so gnadenlos anzugreifen? Klar, die sind nicht perfekt, und natürlich sind nicht alle Beteiligten glücklich. Aber berechtigt sie das, uns am Hot Seat so auseinanderzunehmen?"

Ella sah ihn an. „Bei Rebecca ist der Fall ziemlich klar. Sie hat Angst vor Konkurrenz. Sie sieht sich selbst als die Stimme der Nolé in Canland. Und sie braucht Spenden, um überleben zu können. Five

Elements bedroht ihren Status – und damit ihre Finanzierung. Aber mehr noch als uns fürchtet sie Matipa. Wangas Legitimität macht ihr Angst. Deshalb macht sie Matipa lächerlich, tut so, als könne sie sich nicht einmal an ihren Namen erinnern."

Sie hielt kurz inne, dann fuhr sie leiser fort: „Bei Simon ist es anders. Er meint es ernst. Er hasst Ungerechtigkeit – und eine Welt voller Paradoxe und Unzulänglichkeiten. Simon ist hochintelligent und ein scharfer Denker. Aber in ihm steckt viel Bitterkeit. Er ist überzeugt, dass die Menschheit endlich aufwachen und das kaputte System ändern muss. Nur dann, sagt er, sei ein besseres Leben für alle Lebewesen möglich. Und alles, was nicht zur perfekten Lösung führt, ist für ihn reine Zeitverschwendung – oder schlimmer: eine gefährliche Ablenkung, die man bekämpfen muss."

Andy nickte nachdenklich. „Ich verstehe das schon. Ich hasse es auch, Symptome zu behandeln statt Ursachen. Aber das Verrückte ist doch: Mit den CO_2-Zertifikaten versuchen wir genau das Gegenteil. Wir arbeiten daran, das System langfristig zu verändern. Wenn es funktioniert, wird eines Tages jeder Verschmutzer bezahlen müssen – und jeder, der CO_2 einspart, profitiert. Nur dauert das eben, und das Modell ist noch längst nicht perfekt."

„Genau", seufzte Robin. „Indem Simon schon heute Perfektion fordert, verhindert er genau das, was er eigentlich erreichen will. Das ist das *Perfektions-Paradox*, über das ich gestern Nacht lange nachgedacht habe. Paradoxerweise macht er sich so zum Verbündeten der Erdölindustrie – ob er es merkt oder nicht. Für die würde ein funktionierender CO_2-Markt ja richtig teuer. Dieses ganze Greenwashing-Drama spielt ihr perfekt in die Hände."

In diesem Moment flog die Haustür auf. Omar Lelong stand im Türrahmen – verschwitzt, das Gesicht gerötet vom Abendlauf. „Sorry, Leute", keuchte er. „Training für den Canland-Marathon. Gebt mir fünf Minuten für eine Dusche, dann reden wir."

Kurze Zeit später kam er zurück – frisch geduscht, im eleganten Trainingsanzug, das Bild eines Mannes, der nie die Kontrolle verliert.

Er setzte sich, rieb sich die Hände und sagte: „Üble Sache, üble Sache. Aber kein Grund zur Panik! Bei Brunswick Lelong Partners mussten wir Kunden schon durch viel größere Schlamassel lotsen. Der wichtigste Punkt in solchen Situationen ist: So schnell wie möglich maximale Transparenz schaffen. Wenn ihr das richtig angeht, kann das Ganze sogar zu eurem Vorteil werden."

Er sah in die Runde und bemerkte das Zögern in ihren Gesichtern. „Ich weiß, das klingt verrückt – mitten im Sturm von Transparenz zu reden. Aber glaubt mir: Wenn ihr alles veröffentlicht – Daten, Karten, Finanzflüsse –, nehmt ihr den Medien ihr Lieblingsspielzeug weg: die große Enthüllung. Wenn nichts verborgen ist, gibt es auch nichts aufzudecken. Die Story wird langweilig. Und bald werden sich die Leute fragen, warum Journalisten so versessen darauf sind, auf einem Klima-Start-up aus Niburg herumzuhacken, während die Welt buchstäblich brennt."

Andy runzelte die Stirn. „Aber Papa, wir sind doch schon völlig transparent. In den letzten sechs Monaten haben Maurice und ich tausende Seiten Dokumentation hochgeladen – Anhänge, Tabellen, Karten, Satellitenbilder, Fotos, Videos. Jeder kann alles öffentlich einsehen im Register des Green Climate Standard."

Omar überlegte kurz, dann nickte er langsam. „Schon. Aber mal ehrlich: Wer liest das schon? Die Dokumente sind tief in irgendeiner Website vergraben. Und selbst wenn jemand sie findet – kaum einer versteht die Methoden oder Berechnungen. Wir brauchen etwas Mutigeres. Radikale Transparenz! Echtzeit-Informationen direkt aus euren Projekten."

Andys Augen begannen zu leuchten. „Das könnte funktionieren! Alle SunScore-Solarmodule haben Wechselrichter mit integrierten Datenloggern. In jedem Dorf gibt's Gateways, die Monitoringdaten direkt in die Cloud schicken. Die neue Software, die Cresta für uns entwickelt hat, aggregiert alles automatisch. Bei den Wiederaufforstungsprojekten in den Lester Hills und beim Coltra-East-Naturschutzprojekt nutzen wir kontinuierliche Satellitenbeobachtung und

Bodensensoren zur Überwachung. Normalerweise erstellen wir einmal im Jahr einen Monitoring- und Verifizierungsbericht – aber wir könnten die Daten einfach laufend veröffentlichen. Echtzeit-Einblicke für alle! Jeder könnte jederzeit den Fortschritt sehen."

„Großartig", sagte Omar. „Aber macht es verständlich. Erzählt offen von den Herausforderungen – von den Paradoxen, wie Robin sie nennt. Sagt den Leuten, dass ihr gar nicht vorgebt, das Paradies auf Erden zu schaffen. Zeigt ihnen eine realistische Welt, keine makellose. Dann werden sie euch mit der Realität vergleichen – nicht mit einer Fantasie."

Die nächsten Wochen waren ein einziger Albtraum. Handys klingelten unaufhörlich, Postfächer quollen über, Kunden fragten pausenlos nach. Sogar Robins pensionierte Kinderärztin schrieb ihm einen Brief:

„Robin, könntest du mich bitte anrufen? Ich mache mir Sorgen. In der Zeitung stehen ungeheuerliche Dinge."

Jeder wollte Antworten. Omar hatte eine kurze Standardreaktion formuliert: „Danke für Ihre Frage. Volle Transparenz steht bei uns an erster Stelle. Bald können Sie Echtzeitdaten unserer Projekte in Demba einsehen. Wir melden uns so schnell wie möglich."

Das Team glaubte fest daran, Rebeccas Vorwürfe mit den neuen Echtzeitdaten widerlegen zu können.

Doch Simons Anschuldigungen waren von einer anderen Dimension. Walmera war unbestritten der größte Rohstoffkonzern Dembas. Eines Morgens seufzte Wanga am Telefon: „Niemand kann ernsthaft behaupten, dass Walmera eine weiße Weste hat. Das ist Demba – ich hab euch gewarnt. Solche Dinge passieren. Nur selten werden sie öffentlich. Und noch seltener landen sie vor Gericht."

Simons zweiter Vorwurf traf noch härter: Der Green Climate Standard selbst, behauptete er, basiere auf fehlerhaften Berechnungsmethoden. Diese Behauptung schlug ein wie eine Bombe.

Das Klima-Paradox

Zunächst bemühten sich die Verantwortlichen um Schadensbegrenzung: Sie veröffentlichten Gegendarstellungen, Stellungnahmen und technische Erklärungen. Doch mit jeder Verteidigung provozierten sie nur neue Angriffe. Kritische Experten machten es sich fast zum Volkssport, weitere Schwachstellen in den Methodologien aufzuspüren – und die Medien schlachteten jede neue Lücke genüsslich aus.

Das Vertrauen in den Green Climate Standard begann zu wanken. Und auf eben diesem Vertrauen beruhte die Glaubwürdigkeit von Five Elements. Nun gerieten ihre Projekte ins Rutschen – wie Türme auf schmelzendem Eis.

„Ich verstehe es einfach nicht", sagte Andy eines Abends mit angespannter Stimme. „Der Green Climate Standard prüft jede neue Methode bis ins Detail. Alles ist öffentlich. Dutzende Experten gehen jede Zeile durch, und jede NGO kann ihre Einwände anmelden, bevor eine Methode in Kraft tritt. Wie kann dann plötzlich alles zusammenbrechen?"

Doch für philosophische Fragen blieb keine Zeit. Jetzt galt es, Omars Rat zu befolgen – und die Kunden so schnell wie möglich von der Qualität der Projekte zu überzeugen.

Das Team legte los. Matt holte die Cresta-Entwickler ins Boot. Sophies Team in Coltra East arbeitete Nachtschichten. Webcams wurden installiert, Server erweitert, Datenleitungen liefen heiß. Das Ziel war eine Datenplattform, wo jede und jeder sich in Echtzeit über die Projekte informieren konnte.

Eines Morgens, gerade als Andy und Robin ihren ersten Kaffee aus Professor Turmans alter Maschine ließen, ploppte eine Nachricht von Maurice im Firmenchat auf:

Leute, habt ihr das gesehen? Unsere alte Freundin ist wieder da … :)

Robin klickte auf den Link. Das Niburger Tagblatt. Beatrix Lemore. Die Schlagzeile lautete:

Der CO_2-Zertifikate-Skandal: Innovatives Blockchain-Start-up sorgt für Qualität und Transparenz

Das Intro versprach die Revolution:

„Nach all den Greenwashing-Skandalen hat sich die Cool Earth Chain vorgenommen, das System zu liefern, das wir so dringend brauchen – um den Klimawandel zu bekämpfen und Klimaschutz zu demokratisieren."

„Wir sind kein traditionelles Start-up mit all seinen Ineffizienzen und Fehlern. Wir sind vollständig digital. Vollständig transparent. Vollständig on-chain", zitierte Lemore den Gründer – einen Mann, der sich HashRider nannte.

Er fuhr fort: „Der Klimawandel ist eine existenzielle Bedrohung. Menschen sterben! Pflanzen sterben aus! Wir sind hier, um dieses komplett kaputte System der CO_2-Märkte zu disrupten – ein System voller Fehler, voller Betrug. Kein Tricksen mehr dank der Cool Earth Chain! Jedes Zertifikat ist auf unserer Blockchain registriert. Doppelzählung? Unmöglich. Betrug? Unmöglich. Volle Transparenz. Volle Fairness."

Robin verschüttete seinen Kaffee.

Er scrollte weiter und las laut vor: „Mit unserer Blockchain werden die korrupten CO_2-Register überflüssig. Unsere Technologie ist fälschungssicher. Dezentral. Komplett glaubwürdig. Volle Interoperabilität. NFT-gestützte Wiederaufforstung. Zero-Knowledge-Proofs."

Andy hatte den Artikel inzwischen ebenfalls auf dem Handy geöffnet. Im eingebetteten Video strahlte HashRider in die Kamera: „Verpasst nicht unseren initialen Cool Earth Coin-Verkauf, der nächste Woche startet!"

Auf seinem T-Shirt prangten in fetten Lettern die Worte: TRUST THE PROTOCOL.

Robin schüttelte den Kopf. „Wow. Nicht schlecht. Die haben das ganze System gehackt. Zack – alle Probleme gelöst."

Andy nickte ernst. „Ja, genau. Ein tokenisiertes Weltrettungs-Protokoll. Verdammt – warum sind wir da nicht draufgekommen?"

Robin schlug sich die Hände vors Gesicht. „Mann, wir haben im Dunkeln gelebt. HashRider zeigt uns den Pfad zur Erleuchtung!"

Andy kämpfte gegen das Lachen. „Moment mal – hat der wirklich ‚Klimaschutz demokratisieren' gesagt?"

Robin scrollte nach oben. „Ja, hat er. Und ‚Trust the Protocol'. Ein paar Zeilen Code, die er wahrscheinlich letzten Monat geschrieben hat. Wenn er überhaupt Code hat – und nicht nur ein White Paper."

Andy setzte eine ernste Miene auf. „Nein, nein, Robin – du verstehst das falsch. Mit ‚Trust the Protocol' meint er natürlich das Kyoto-Protokoll. Er hat's einfach ... auf die Blockchain hochgeladen!"

Für einen Moment starrten sie stumm auf den Bildschirm. Dann trafen sich ihre Blicke – und Andy brach zuerst in Gelächter aus. Robin folgte.

Andy rutschte vom Stuhl, Tränen liefen ihm übers Gesicht. Robin hielt sich den Bauch, halb auf dem Teppich, halb unter dem Tisch. „Cool Earth Chain!", japste Andy. „Ein Meme-Coin auf einer Blockchain, die keiner benutzt, für ein Problem, das sie nicht verstehen!"

Robin keuchte: „Dezentralisierte Hoffnung! Mit Staking-Belohnungen!"

Sie lachten, bis ihnen die Gesichter schmerzten und sie das Fenster öffnen mussten, um Luft zu bekommen. Doch hinter all der Absurdität blieb ein bitterer Nachgeschmack.

Denn sie wussten beide: Irgendjemand würde investieren.

Jemand würde den Coin kaufen.

Und jemand anderes würde eine Forschungsarbeit darüber schreiben – und behaupten, das sei Fortschritt.

———

Drei Monate nach der berüchtigten Canland Award Night veröffentlichte Five Elements eine Pressemitteilung, die Omar persönlich formuliert hatte: *„Als Käufer unserer CO_2-Zertifikate verdienen Sie maximale Transparenz. Besuchen Sie unsere Website, um in Echtzeit Einblick in den Fortschritt all unserer Projekte zu erhalten. Bei Five Elements ist Integrität kein Versprechen – sondern Prinzip."*

Allmählich stellte sich eine verhaltene Erleichterung ein. Kleinere Zeitungen druckten die Erklärung ab, die Canland Business Review lud Ella zu einem Gastbeitrag ein, und die Neue Canländer Zeitung veröffentlichte einen eleganten Leitartikel über die Notwendigkeit, „dieses geheimnisvollste und zugleich verwirrendste aller Instrumente zu entmystifizieren."

Nur das Niburger Tagblatt schwieg. Vielleicht, so hofften sie, hatte Beatrix Lemore das Thema gewechselt. Vielleicht war Omars Plan aufgegangen – vielleicht war der Sensationsfaktor verpufft, seit Five Elements sich zu radikaler Transparenz bekannt hatte.

Zum ersten Mal seit Monaten schien sich das Blatt zu wenden. Noch vor Weihnachten trafen neue Anfragen ein – Käufer, die offenbar ihre CO_2-Bilanz aufbessern und zugleich die Projekte in Demba unterstützen wollten.

Das Sova-Tal lag unter einer dicken Schneedecke. Robins Hütte war frei. Das Skifahren war sogar besser als vor zwei Jahren – der Pulverschnee tiefer, die Stille süßer. Und die extravagante Neujahrsparty in Matts Hotel versprach den glorreichen Beginn einer neuen Ära.

———

Doch am Silvesterabend, als sie gerade die Skiausrüstung im Keller zum Trocknen aufgehängt hatten und unter die Dusche wollten, bemerkte Ella fünf verpasste Anrufe aus Demba. Sie rief zurück.

Wangas Stimme bebte. „Ella, du musst kommen. Schnell. Seit ihr die Daten aus den Projekten live gestellt habt, passieren merkwürdige Dinge. Zuerst tauchten Leute aus Port Kewala auf. Sagten, sie seien Forscher. Dann zwei neue Leute. Sagten, sie arbeiteten fürs *Tagblatt*. Einer ist in Limata, ein anderer in Yolo. Sie stolpern in der Gegend herum, belästigen die Leute, stellen Fragen, die überhaupt keinen Sinn ergeben. Und jetzt sind noch drei weitere aufgetaucht. Was zum Teufel ist hier los, Ella? Was wollen diese Leute?"

Ella starrte auf ihr Handy, ihr Badetuch in der Hand, unfähig, einen klaren Gedanken zu fassen.

Wanga sprach weiter. „Ich will ganz ehrlich sein. Ich habe langsam die Nase voll von diesen Klimaschutzprojekten. Jahrzehntelang haben wir einfach unsere Spenden von Rower bekommen. Jedes Jahr hat Rower unsere Kosten hier mehr oder weniger gedeckt. Wir konnten zwar nicht weiter wachsen, aber wir haben unsere Arbeit gemacht, Rower hat bezahlt, und wir haben unser Leben weitergeführt."

Nach einer weiteren Pause fuhr Wanga mit fast verzweifelter Stimme fort: „Und, Ella, wir haben ein Problem mit Walmera. Es ist heikel. Und dringend. Komm sofort."

Wenige Tage später verstanden sie, was gespielt wurde. Beatrix Lemores Serie schlug am ersten Sonntag des Jahres ein. Eine Trilogie.

CO_2-Zertifikate – Die Zahlen zum Skandal, Teil 1: Die Menschen von Limata. Alleingelassen nach den Überschwemmungen. Verraten durch das Versprechen der CO_2-Zertifikate.

(...) In einer exklusiven Untersuchung deckt die Tagblatt-Redakteurin Beatrix Lemore gravierende Ungerechtigkeiten bei der Verteilung der durch CO_2-Zertifikate finanzierten Setzlinge in der Region Lester Hills auf.

Lemore hat sich nicht weniger als 100 000 Setzlinge vorgenommen, die Five Elements und ihr Partner Matipa im vergangenen Jahr gepflanzt hatten. Sie verfolgte die Bewegung dieser Setzlinge über die hochmoderne Webplattform von Five Elements und ließ ihre unerschrockenen Ermittler vor Ort in der Region Lester Hills auf die Suche nach Antworten gehen. Und das Ergebnis ist schlichtweg unfassbar.

Nur 30,7 % der Setzlinge wurden in Limata gepflanzt. Stattdessen wurden stolze 26,8 % der Setzlinge in der Nähe von Duiba und unglaubliche 42,5 % rund um Zima und Letonga gesetzt – alles Gebiete, die nicht unter Überschwemmungen litten.

„Die Ergebnisse sind erschütternd", schreibt Lemore in ihrem exklusiven Bericht, der das ohnehin schon verblasste Vertrauen in das CO_2-Zertifikatsystem endgültig in den Abgrund stürzen lässt. „Trotz gegenteiliger Versprechen bleibt Limata unterversorgt. Wie kann es sein, dass nicht einmal die Hälfte der Bäume dort gepflanzt wird, wo sie am dringendsten gebraucht werden?"

Nur wenige Menschen trauten sich, öffentlich zu sprechen. Nulu, eine Mutter von fünf Kindern, die die Katastrophe von Limata überlebt hat, brach in Tränen aus, als sie ihren dramatischen Bericht vor der Kamera abgab. Ihr Zeugnis ist nicht nur herzzerreißend – es ist ein Schlag ins Gesicht der globalen Klimabewegung. „Sie versprachen, Bäume zu pflanzen, um uns vor den Fluten zu retten. Sie versprachen, uns Geld aus CO_2-Zertifikaten zu geben. Aber die meisten Bäume gehen an andere Regionen, in denen die einflussreichen Leute leben. Wir haben einmal mehr das Nachsehen!" (...)

CO_2-Zertifikate – Die Zahlen zum Skandal, Teil 2: Ist Solarenergie die Ursache von Malaria-Ausbrüchen?

(...) Ein neuer Bericht der Fakultät für Tropenkrankheiten an der Universität Kewala dokumentiert einen alarmierenden Malaria-Ausbruch in den Dörfern rund um Duiba sowie in der weiteren Region Lester Hills.

Die Studie, exklusiv von Tagblatt-Redakteurin Beatrix Lemore eingesehen, ist brisant. Sie zeigt, dass der Ausbruch innerhalb der letzten zwölf Monate auftrat – exakt im selben Zeitraum, in dem das SunS-

251

core-Solarprogramm, ein Schlüsselprojekt des Klimaschutzprogramms der canländischen Firma Five Elements in Kooperation mit der dembanischen NGO Matipa, in Betrieb genommen wurde.

Auf Nachfrage der Redaktion wollten die Autoren der Studie einen Zusammenhang nicht ausschließen: „Wir haben alle bestehenden Solaranlagen über die Five-Elements-Webplattform kartiert und halten es für möglich, dass ein Zusammenhang besteht. Die neuen Solarmodule haben eine große Zahl von Dieselgeneratoren ersetzt, und wir wissen, dass Dieselabgase ein wirksames Mittel sind, um Mücken fernzuhalten!" (...)

CO_2-Zertifikate – Die Zahlen zum Skandal, Teil 3: Bringen CO_2-Zertifikate die Kultur der Nolé in Gefahr?

(...) Five Elements betreibt ein Klimaschutzprojekt in den Wäldern von Coltra East, bei dem mehr als hundert Waldhüter ausgebildet wurden, darunter über fünfzig Frauen. Ihre Aufgabe: die illegale Abholzung einzudämmen und die Biodiversität in der Region zu überwachen. Doch die Einführung weiblicher Parkwächter hat in der Nolé-Kultur, wo religiöse Tradition und klare Geschlechterrollen fest verankert sind, massive Kontroversen ausgelöst.

In einem exklusiven Gespräch mit der Tagblatt-Journalistin Beatrix Lemore äußerte sich Pater Nui, der einflussreiche Priester der Eternal Lights Mission Church in Yolo, äußerst besorgt über das Projekt. Er kritisierte insbesondere die Entscheidung, Frauen als Parkwächterinnen auszubilden, und bezeichnete das Vorhaben als „unethisch" und „kulturell verwerflich".

„Wir konnten die Live-Bilder aus dem Schutzgebiet über die Webplattform von Five Elements einsehen", erklärte der Priester empört. „Was wir dort entdeckten, war nichts weniger als ein Skandal: Wir beobachteten gleich zwei romantische Begegnungen zwischen einem Waldhüter und einer Waldhüterin! Diese Szenen haben unsere kulturellen und religiösen Werte zutiefst verletzt!"

Pater Nui fügte hinzu, dass das Projekt nicht nur gegen die religiösen Normen seiner Gemeinde verstoße, sondern auch die „göttliche

*Ordnung" infrage stelle, indem es die traditionellen Geschlechter-
rollen missachte. „Wir können nicht tatenlos zusehen, wie derartige
Verfehlungen öffentlich gemacht werden", sagte Nui. „Ein solches
Projekt stellt nicht nur unsere Kultur auf den Kopf, es gefährdet auch
die moralische Integrität unserer Gesellschaft!" (...)*

Das Team hatte sich im Wohnzimmer von Andy versammelt.
Obwohl Omar in seinem typischen schicken Trainingsanzug
erschien, wirkte er an diesem Nachmittag besorgt, fast enttäuscht –
und irgendwie auch gebrochen.

„Skandale, Skandale, Skandale", spottete Andy. „Nur männliche
Parkwächter ausbilden? Skandal. Frauen ausbilden? Skandal.
Niemanden ausbilden? Skandal. Solarenergie einsetzen? Skandal.
Keine Solarenergie? Skandal. Bäume pflanzen? Skandal. Keine
Bäume pflanzen? Immer noch ein Skandal. Und all die Daten, die sie
für ihre Sensationsgeschichten brauchen, haben wir ihnen auf einem
Silbertablett serviert – durch unsere Webplattform!"

Omar nickte langsam. „Unser globaler Medienapparat ist nicht dazu
gemacht, komplexe Geschichten zu erzählen. Vielleicht war er das
nie. Die meisten Journalisten, die ich kenne, beklagen sich selbst
darüber. Und jetzt haben sie auch noch die sozialen Medien als
Konkurrenz. Algorithmen sind darauf ausgelegt, die Leser in die
Rolle der moralisch Überlegenen zu versetzen. Das spricht ein tief
verwurzeltes menschliches Bedürfnis nach Gerechtigkeit an, aber in
Wirklichkeit ist es nur ein weiterer Dopamin-Kick. Zu viele Journalisten imitieren die sozialen Medien, anstatt mit ihnen zu konkurrie-
ren. Kurzfristig mag das funktionieren, aber langfristig macht es die
traditionellen Medien noch ersetzbarer."

„Und mit all ihren Paradoxen sind CO_2-Zertifikate ein leichtes Ziel",
fügte Robin hinzu. „Ein wahres Paradies für Sensationsgeschichten."

Ella hörte eine Weile nur zu. Dann explodierte sie. „Was für eine
verdammte Scheiße! Wir haben ihnen alles gegeben: jeden Datensatz,
jedes Update, sogar Echtzeitzugang zu unseren Projekten. Wir haben
mehr getan, als irgendjemand verlangen konnte, um transparent zu

sein. Und genau damit konnten sie uns erst recht ins Visier nehmen. Unsere Offenheit hat uns zur leichten Beute gemacht. Das ist jetzt mal ein verdammtes Paradox, Robin! Je transparenter wir sind, desto mehr Munition liefern wir Beatrix für ihre Sensationsgeschichten!"

Robin lächelte müde. „Nennen wir es das *Transparenz-Paradox*", sagte er leise.

„Tut mir echt leid, Leute", versuchte Omar zu beschwichtigen. „Vielleicht habe ich die Dynamik falsch eingeschätzt. Rückblickend wäre es wohl klüger gewesen, genau das Gegenteil zu tun und einfach zu schweigen. Nichts zu sagen, keine Daten, keine Informationen preiszugeben. Komplett unter dem Radar zu bleiben."

„Das hätte auch nicht funktioniert", sagte Ella und verbarg ihr Gesicht in den Händen. „Simon ist so stur, der ist fest entschlossen, die Projekte und unser Unternehmen zu zerstören. Er hätte die Presse mit weiteren Geschichten gefüttert, ob wir nun transparent sind oder nicht."

Das Qualitäts-Paradox

„Frohes Neues Jahr!"

Die Worte hallten durch den Raum, als Ella, Robin und Andy ihr Büro im Cresta Tower betraten. Sie erstarrten. Dr. Cresta stand in der Mitte des Raumes, ein gezwungenes Lächeln auf den Lippen. Irgendetwas war anders. Etwas stimmte nicht.

„Ich nehme an, das kommt für Sie nicht überraschend", begann er ohne Umschweife. „Sie haben die Generalversammlung verfolgt. Unsere Aktionäre haben unsere Klima-Vision abgelehnt und das Budget für die Klimaprojekte gestrichen. Sie haben die Schlagzeilen gelesen, die Cresta Greenwashing vorwerfen. Der Green Climate Standard steht unter Beschuss. Seine Glaubwürdigkeit wird hinterfragt, seine Daten angezweifelt. Und so absurd die Skandalgeschichten auch sind – Beatrix Lemores CO_2-Trilogie hat nur noch mehr Öl ins Feuer gegossen."

Er atmete tief ein und schloss für einen Moment die Augen, als versuche er, sich zu sammeln.

„Leider bleibt uns nun keine andere Wahl", fuhr er fort. „Cresta muss den Vertrag mit Five Elements kündigen. Wir können die Erweiterung der Schutzgebiete nicht mehr finanzieren und auch keine weitere Solaranlagen subventionieren. Wir müssen aus dem Programm aussteigen."

Es herrschte einen Moment lang bedrückende Stille. Ella, Andy und Robin starrten den Software-Unternehmer an, dessen Gesicht in diesem Moment zehn Jahre älter wirkte als noch vor wenigen Wochen.

Dann wurde sein Tonfall sanfter. „Aber ich glaube immer noch an das, was Sie aufgebaut haben. Ich glaube an die Projekte. Ich glaube an die Zertifikate. Deshalb werde ich versuchen, wenigstens einen Teil der bestehenden Arbeit weiterhin zu finanzieren, aus meiner eigenen Tasche."

Er legte seine Mappe auf den Tisch und schien für einen Moment mit sich selbst zu kämpfen. Schließlich fuhr er fort: „Leider kann ich Ihnen nicht länger ein Büro im Cresta Tower anbieten, aber ich habe bereits eine andere Lösung arrangiert. Ich habe mit Professor Turman gesprochen. Er wird Ihnen ein Büro im Start-up Innovation Hub der Universität Niburg organisieren."

Ella, Andy und Robin sahen konsterniert zu Boden, und diesmal war sogar Ella sprachlos. So fuhr Dr. Cresta fort: „Erinnern Sie sich an den Himmel, die Tiere, die Berge, den Wald, den endlosen Ozean?" Er sah sie durchdringend an, als ob er nach einer Antwort suchte. „Sie sind immer noch da draußen. Wir müssen sie nur wiederfinden. Ein berühmter Präsident hat mal sinngemäß gesagt: ‚Nicht der Kritiker zählt, sondern der Mensch in der Arena – der kämpft, scheitert, wieder aufsteht und Großes wagt. Sein Platz ist nicht bei jenen kalten und furchtsamen Seelen, die weder Sieg noch Niederlage kennen.' Sie werden wieder zurückkommen und viele Menschen werden Sie sich zum Vorbild nehmen, davon bin ich überzeugt."

———

Zwei Tage später bestiegen Ella und Andy den Nachtflug zurück nach Demba. Als Robin zum Abschied Ella einen Kuss auf die

Wange drückte, spürte er einen heftigen Schmerz in der Brust. Unwillkürlich schoss ihm der Gedanke an die unbeschwerten Schultage durch den Kopf, als sie zusammen in der letzten Bankreihe saßen und während des Unterrichts heimlich Schach spielten. „Eines Tages eröffnen wir ein Tauchcenter auf einer abgelegenen Insel vor der Küste Dembas", hatte Ella scherzhaft gesagt, als sie gerade ihr Studium der Wirtschaftswissenschaften begonnen und Robin sich für Ingenieurwesen entschieden hatte. „Ich werde den Laden schmeißen, und du kümmerst dich um das Boot und die Taucherausrüstung!"

Jetzt reiste Ella tatsächlich nach Demba. Doch nicht, um mit Touristen die bunte Unterwasserwelt zu erkunden, sondern um einen letzten Versuch zu unternehmen, ihren gemeinsamen Traum zu retten: den Traum, etwas für den Wald, für die Menschen und für das Klima zu bewirken.

Robin behielt seine Gefühle jedoch für sich. „Aufgeben ist keine Option", sagte er stattdessen und versuchte, seine Stimme fest und zuversichtlich klingen zu lassen. „Nicht nach allem, was wir durchgemacht haben. Nicht nach allem, was wir erreicht haben."

Matipa Lodge. Ella schloss ihre Augen. Sie ließ die schwere, feuchte Luft auf sich wirken und sog die lebendigen Geräusche des Dschungels in sich auf – das unaufhörliche Zirpen der Insekten, das ferne Rufen exotischer Vögel. Erst jetzt, auf dem Balkon der Lester Villa, wurde ihr bewusst, wie sehr sie Demba vermisst hatte. Andy saß gedankenverloren neben ihr, eine Zigarette in der Hand, den Blick in die Ferne gerichtet. Sie konnte spüren, wie sehr die letzten Monate an ihm gezehrt hatten. Mit Andy nach Demba zurückzukehren, fühlte sich wie eine Therapie an, dachte sie. *Eine Flucht aus Canland, eine Pause vom ständigen Strom von Fragen, Kommentaren und gut gemeinten Ratschlägen. Eine Auszeit von der endlosen Rechtfertigung, warum ihre Projekte noch nicht perfekt waren.*

Wanga hatte sie am Vortag gewarnt, dass Morgan kurz vor Mittag in der Matipa Lodge eintreffen würde. Kurz nach elf bog ein großer

Jeep auf den kleinen Platz vor dem Bürogebäude ein. Es war ein Privatwagen ohne Walmera-Logo. Die hintere Tür öffnete sich, und Morgan stieg aus.

Kommt es mir nur so vor, oder sieht er viel älter aus als bei unserer ersten Begegnung vor fast drei Jahren?, dachte Ella, während sie ihn musterte. Doch zu ihrer Überraschung stieg noch jemand aus. Es war Hubert Spencer persönlich, der Geschäftsführer von Walmera.

Das Wiedersehen war herzlich. Spencer hatte nie ein Geheimnis daraus gemacht, dass er Ella bewunderte. „Erinnern Sie sich an den Abend im Wildreservat?", fragte er lachend, als sie sich die Hände schüttelten. „Als wir mit CO_2-Zertifikaten die Welt retten wollten, und Herr Lelong alles durcheinanderbrachte, indem er seine Theorie über nicht vorhandene Referenzszenarien ins Spiel brachte?"

Doch die Freude währte nur kurz. Spencers Miene verfinsterte sich, als er mit ernster Stimme sagte: „Hören Sie mir bitte zu, wir haben ein Problem." Er machte eine Pause, um sicherzugehen, dass er ihre volle Aufmerksamkeit hatte, dann fuhr er fort: „Wie Sie wissen, besitzt Walmera auch die Konzessionen nördlich und östlich unseres aktuellen Projekts in Coltra East – ein ganzes Stück über Mutela hinaus."

Andy nickte. „Ja, das wissen wir. Wir haben ja vor, diese Gebiete ebenfalls unter Schutz zu stellen."

Spencer kratzte sich nachdenklich am Kopf. „Genau das ist das Problem. Unser Konkurrent Kewala Palm International hat unserem Vorstand ein Angebot gemacht, uns all diese Konzessionen abzukaufen. Und, um ehrlich zu sein, das Angebot ist ziemlich verlockend. Besonders angesichts der niedrigen Preise für Palmöl, Sojabohnen und Kautschuk. Ich habe keine Ahnung, wie Kewala Palm damit Geld verdienen will – vermutlich setzen sie auf Skaleneffekte. Sie besitzen bereits zwei große Raffinerien, also sinken ihre Grenzkosten mit jeder zusätzlichen Tonne Palmöl. Aber es geht noch weiter: Unserem Vorstand ist die Kritik an CO_2-Zertifikaten natürlich nicht entgangen. Der Green Climate Standard steht zunehmend unter Druck, und unser Vorstand befürchtet Reputationsrisiken. Sie sind besorgt und denken, es wäre besser, sich aus den Klimaschutzprojekten zurückzuziehen."

Ella und Andy starrten Spencer ungläubig an, als dieser fortfuhr: „Und dann gibt es da noch einen weiteren Grund. Der größte Abnehmer unserer Produkte ist Canland Foods. Seit Monaten wächst der öffentliche Druck in Canland, keine Produkte mehr zu kaufen, die mit Regenwaldabholzung in Verbindung stehen. Vergangenes Jahr haben sie uns klargemacht, dass sie uns auf eine schwarze Liste setzen würden, falls wir in Lomba mit der Abholzung begännen. Nun, es gibt eine einfache Lösung: Wenn wir die heiklen Konzessionen einfach an einen Wettbewerber verkaufen, sind all diese Probleme für uns vom Tisch!"

„Das ist ungeheuerlich!", rief Andy. „Sie verkaufen die Konzessionen an Kewala Palm, und die fällen dann die Bäume?!"

Spencer zuckte entschuldigend mit den Schultern. „Kewala Palm verkauft seine Produkte an andere Märkte, nicht nach Canland. Sie stehen nicht unter dem gleichen Druck wie wir."

„Also kann Canland Foods künftig öffentlich behaupten, dass ihre Produkte nicht mit Entwaldung in Verbindung stehen, weil Walmera einfach die Konzessionen an einen Konkurrenten verkauft hat? Das ist doch absurd!", beharrte Andy.

„Das ist nicht nur absurd, das ist total paradox", ergänzte Ella, die jetzt aufs Ganze ging. „Herr Spencer, das können Sie nicht tun! Erinnern Sie sich an das, was Sie uns beim ersten Treffen im Wildreservat gesagt haben? ‚Walmera hat ein festes Bekenntnis zur Umwelt. Netto-Null-Emissionen sind unser Ziel!' Warum brechen Sie jetzt Ihr Versprechen? Warum halten Sie sich nicht an Ihre eigenen Worte?"

Spencer holte tief Luft, der Blick in seinen Augen war schwer. „Frau Andersson, ich mag der CEO sein, aber ich bin auch nur ein Angestellter. Letztlich treffen die Aktionäre und der Vorstand die finalen Entscheidungen."

Eine Stille legte sich über den Raum, bis Spencer sich schließlich räusperte und mit gedämpfter Stimme weitersprach: „Es gäbe vielleicht einen anderen Weg. Was, wenn Ihr Kunde Cresta die Konzessionen kaufen würde? Im Gegenzug könnte Cresta alle CO_2-Zertifikate übernehmen – für immer. Der Preis der Zertifikate wird steigen, das könnte sich für sie als kluger Schachzug herausstellen."

Ella und Andy tauschten Blicke. Ella seufzte und sprach schließlich: „Herr Spencer, ich glaube nicht, dass Cresta darauf eingehen wird. Ehrlich gesagt, hat sich Cresta gerade erst aus unseren Verträgen zurückgezogen."

Die Schimpansen-Rettungsstation hinter der Matipa Lodge war in den letzten Jahren kontinuierlich gewachsen.

„Dort hinten, neben dem Jackfruchtbaum", sagte Wanga und deutete mit der Hand auf eine Schimpansengruppe. „Siehst du den mit dem weißen Fleck auf der Stirn? Das ist Bobby, den wir gerettet haben, als ihr das erste Mal hier wart."

Die Tiere hockten in kleinen Gruppen, putzten sich gegenseitig und wälzten sich im Staub. „Ich wünschte, unsere Klimagemeinschaft würde sich ein wenig mehr wie diese Schimpansen verhalten", meinte Andy nachdenklich. „Wenn alles schiefgeht, können wir wenigstens sagen, dass CO_2-Zertifikate diese Schimpansen-Rettungsstation finanziert haben."

Ella richtete sich plötzlich auf. „Andy, ganz ehrlich, ich weiß nicht, was wir jetzt noch tun können. Cresta ist raus. Der Green Climate Standard ist immer noch in einer Krise. Und jetzt möchte Walmera seine Konzessionen loswerden. Vielleicht hatte Simon am Ende recht. Wir hätten nie mit dieser Firma zusammenarbeiten sollen. Vielleicht hätten wir nie nach Demba kommen sollen."

Wanga warf ein paar Feigen in das Gehege. Sofort stürzten mehrere junge Schimpansen los, um sie zu holen, rollten und sprangen übereinander. „Demba ist ein hartes Pflaster", sagte sie mit einem gequälten Lächeln. „Ich habe euch beim ersten Treffen gewarnt. Erinnert ihr euch?"

„Und Canland ist auch kein leichter Ort zum Arbeiten", spottete Andy. „Besonders nicht, wenn man versucht, ein Unternehmen mit gutem Zweck aufzubauen."

Unbeeindruckt fuhr Wanga fort: „Aber jetzt aufzugeben – das ist keine Option. Wir sind so weit gekommen. Wir müssen neue Käufer finden, und zwar schnell. Hört zu, ich hatte eine Idee. Bevor Matipa sich auf diese unsäglichen CO_2-Zertifikate eingelassen hat, haben wir andere Standards genutzt, um Qualitätssiegel für unsere Projekte zu erhalten. Zum Beispiel den Rainbow-Standard. Der bietet eine umfassende Bewertung und Verifizierung des Nutzens, den wir für die Dorfgemeinschaften schaffen. Diese Zertifizierung ist teuer, dauert mindestens sechs Monate und muss jedes Jahr erneuert werden. Aber viele canländische Spender verlassen sich darauf. Ohne das Rainbow-Zertifikat geben sie kein Geld. Dann gibt es noch den Fair-Biosphere-Standard. Der prüft, ob ein Projekt im tropischen Regenwald tatsächlich die Biodiversität erhöht. Dafür zahlt man eine Gebühr pro Hektar zertifizierten Waldes."

Andy hörte aufmerksam zu. „Ja, davon habe ich gehört. Und gerade jetzt sind zwei neue Standards auf den Markt gekommen: Carbon Plus und Delta Impact. Beide bewerten die Qualität von CO_2-Zertifikaten. Sie sind als Antwort auf die jüngste Krise auf den CO_2-Märkten entstanden."

Ella hob eine Augenbraue. „Und was genau machen die? Kommen sie vor Ort und überprüfen die Projekte nochmals?"

„Nein, sie gehen anders vor. Sie rechnen alle Zahlen nochmal durch. Sie prüfen die Berechnungen, verifizieren die Annahmen und tauchen tief in die Methoden hinter dem Green Climate Standard ein."

„Im Ernst? Aber es hat Jahre gedauert, all diese Messungen und Verifizierungen durchzuführen – externe Audits, öffentliches Feedback, all das..."

Andy zuckte mit den Schultern. „Was soll ich sagen? Das Vertrauen in den Green Climate Standard ist jetzt halt einfach weg. Vielleicht können wir einige Kunden zurückgewinnen, wenn wir zeigen, dass auch zusätzliche Qualitätsprüfer unsere Projekte abgesegnet haben. Es ist wie beim Poker: Wir haben fast keine Chips mehr, also können wir genauso gut all-in gehen."

Ella runzelte die Stirn und dachte nach. „Keine Ahnung. Vielleicht hast du recht. Ich schätze, wir haben keine Wahl ... Gut, versuchen wir es. Bewerben wir uns bei allen vieren. Wenn es das braucht, um neue Kunden zu gewinnen und Walmera davon abzuhalten, seine Konzessionen zu verkaufen – warum nicht?"

Noch ein Paradox, dachte Robin spät in der Nacht, nachdem Ella und Andy ihn über die neuesten Entwicklungen in Demba informiert hatten: *das Qualitäts-Paradox.*

Qualität und Glaubwürdigkeit – das sind die ultimativen Ziele jedes Projekts. Wer könnte da widersprechen? Doch diese Gründlichkeit hat ihren Preis.

Jede neue Ebene der Kontrolle bringt zusätzliche Kosten und frisst wertvolle Zeit: Berater, Analysten, Experten, Prüfberichte – alle müssen natürlich bezahlt werden. Paradoxerweise führt das zu einem weiteren Problem: Je mehr Kontrollen und Zertifizierungen hinzugefügt werden, desto mehr Geld versickert in einem endlosen Prüfprozess, und desto weniger bleibt für die eigentlichen Projekte übrig.

Als Robin langsam in den Schlaf sank, fand er sich in einer endlosen, rostrot schimmernden Wüste wieder, die sich unaufhaltsam in alle Richtungen ausdehnte. Der Himmel darüber war von staubigen Schleiern bedeckt, und die fahle Sonne brannte wie eine ferne, kalte Glut. Instinktiv wusste er: Er war auf einem anderen Planeten. *War das der Mars?*

Plötzlich öffnete sich vor ihm ein Riss in der Kruste, und aus diesem Spalt erhob sich eine drachenartige Hydra mit einer glänzenden, obsidianfarbenen Haut. Ihre Hälse schlangen sich wie Fragezeichen in den gräulich-violetten Himmel. Zwischen den grünschwarz glänzenden Schuppen funkelten unzählige Reihen glühender Augen, und aus jedem Maul drang gleichzeitig ein Wispern, das wie ein Rätsel klang:

„Kann ein Fußabdruck jemals spurlos verschwinden?"

„Spaltet sich das Universum, wenn zwei Szenarien gleichzeitig wahr sind?"

„Fällt ein Baum im Wald ohne Zuhörer, entsteht dann trotzdem ein Geräusch?"

Robin zog ein langes, silbernes Schwert aus seinem Gürtel. Mit einem donnernden Brüllen schlug er zu und traf den Kopf, der ihm am nächsten war. Doch statt zu fallen, sprossen zwei neue Hälse hervor und peitschten wilder umher als der erste. Er hieb weiter, mit jedem Schlag wuchs die Hydra, bis die Luft von einem unheimlichen Meer aus widersprüchlichen Sätzen erfüllt war.

Erschöpft ließ Robin das Schwert sinken. In diesem Moment glitt ein Vogel mit langem, glänzendem Schweif aus dem Himmel herab und hinterließ einen Regen aus prismatischen Funken, der wie der Schweif eines Kometen in der Luft hing. In seinem Schnabel hielt der Vogel eine kobaltblaue Figur – ein verdrehtes Dreieck, in dem keine Fläche gekrümmt war. Der Vogel ließ es fallen, und Robin fing das unmögliche Objekt auf. Es war ein Penrose-Dreieck, in dessen glänzenden Facetten sich der unendliche Himmel spiegelte.

Mit diesem Dreieck in der Hand trat Robin mutig vor die Hydra. Statt erneut zuzuschlagen, zeigte er dem Ungeheuer die magische Figur. Die Köpfe wichen zurück, wie Vampire, die ein Kruzifix erblicken, und verneigten sich vor dem unverständlichen Geheimnis. Die Hälse verkrampften sich, wanden sich um das Dreieck und verknäulten sich zu einem lebenden Knoten. Ein tiefer, langgezogener „Ohm ..."-Ton hallte durch die Luft. Langsam zog sich die Hydra zurück, verschwand in den Sand, und der Spalt schloss sich, als würde eine Wunde heilen – wie im Zeitraffer.

Robin kniff die Augen zusammen. Die rostrote Ebene hatte sich in eine grüne, irdische Wiese verwandelt, auf der Tautropfen im ersten

Licht der Morgendämmerung glitzerten. Da war sie, Mutter Erde, ruhig und unendlich weit.

Er wachte noch vor Sonnenaufgang auf, mit wirren Gedanken und einem vagen Gefühl der Erleichterung. Was wollte ihm dieser Traum sagen – falls er überhaupt eine Bedeutung hatte?

Das Neuheits-Paradox

Ella und Andy beschlossen, noch etwas länger in Demba zu bleiben. Ella engagierte einen lokalen Fotografen und ein Filmteam, um die Projektstandorte zu dokumentieren. Gegen Beatrix Lemores Kaskade an Skandalgeschichten anzukämpfen, war auf kurze Sicht zwar aussichtslos, denn Lemore hätte jede Form von Gegenwehr nur als willkommene Gelegenheit genutzt, ihre sensationellen Erzählungen weiterzuspinnen. Doch es konnte sich lohnen, Material zu sammeln, falls eines Tages ein Medienteam bereit wäre, auch die andere Seite zu hören.

Währenddessen bereitete Andy die Unterlagen für die Verifizierung der Projekte nach vier zusätzlichen Qualitätsstandards vor. Immerhin sammelte ihre Five-Elements-Plattform viele Daten in Echtzeit, sodass ein Großteil der benötigten Informationen bereits verfügbar war. Dennoch erwies sich der Prozess als zäh und frustrierend: Jeder Standard verlangte im Grunde ähnliche Angaben, jedoch in jeweils leicht unterschiedlichen Formaten, die über verschiedene Portale eingereicht werden mussten.

Zum Glück hatte Cresta für ihre CO_2-Zertifikate einen beträchtlichen Betrag im Voraus bezahlt. Die Entscheidung, den Vertrag zu beenden, hatte daher noch keine unmittelbaren Folgen für die laufenden Projekte. Dringend notwendig waren jedoch neue Finanzierungszusagen für die geplanten Erweiterungen. Ohne diese Unterstützung würden die verbleibenden Waldkonzessionen in Coltra East wohl an Kewala Palm verkauft, was das Ende eines seit Jahrtausenden bestehenden Waldes bedeutete.

Die Projekte waren im August des Vorjahres beim Green Climate Standard registriert worden. Nun, sechs Monate später, stand die erste Verifizierung der Emissionseinsparungen an. In den Lester Hills waren die Setzlinge noch zu klein; sie hatten bislang nicht genug Kohlenstoff gebunden, um eine Verifizierung sinnvoll zu machen. Die anderen Projektstandorte hingegen hatten in den vergangenen Monaten deutliche Emissionsreduktionen erzielt und waren bereit für ihre erste Prüfung und die Ausgabe von CO_2-Zertifikaten.

Laut den Daten der Cresta-Monitoringplattform hatte das SunScore-Solarprojekt bislang 5.742 Tonnen CO_2-Emissionen reduziert, während der Waldschutz in Coltra East bereits 43.109 verifizierbare Zertifikate generiert hatte.

An einem heißen Morgen Anfang Mai begleiteten Ella und Andy in Yolo einen Prüfer des Rainbow-Standards zu einem weiteren Projektbesuch vor Ort. Während der Prüfer eifrig damit beschäftigt war, die Zahl der Kinder an der neuen Sekundarschule zu zählen, vibrierte Ellas Handy. Es war Robin.

„Ella, ich glaube, wir brauchen dich bald in Niburg." Seine Stimme klang wie ein Gemisch aus Angst und Hoffnung. „In einem Monat beginnt der jährliche Canland Climate Summit. Wir wurden eingeladen, Five Elements und unsere Projekte auf dem ersten Hauptpanel vorzustellen. Ich glaube, Cresta hat das irgendwie eingefädelt – sie sind ja nach wie vor Sponsor. Viele potenzielle Kunden werden dort sein. Vielleicht ist das unsere Chance. Was meinst du?"

„Tja, vielleicht sogar unsere letzte Chance", erwiderte Ella trocken. „Aber klar, das ist eine große Sache. Wo findet die Konferenz statt?"

„Wieder im Kongresszentrum", antwortete Robin zögernd.

„Auf keinen Fall!", rief Ella. „Dieser verdammte Ort hat mir schon dreimal Pech gebracht. Ich komme zurück, um dich zu unterstützen, Robin – aber auftreten wirst du!"

Einige Wochen später flog Ella zurück nach Canland. Beim Landeanflug auf Niburg erkannte sie die Wälder kaum wieder. *Oh nein, die sehen ja krank und vertrocknet aus – wie fauler Brokkoli,* dachte sie. *Wie lange herrscht diese Dürre schon in Canland?*

Es war ein heller Junimorgen, als Ella und Robin sich vor dem kleinen Pförtnerhäuschen am Eingang des Kongresszentrums trafen. Er sah gut aus in seinem neuen Anzug, doch Ella wusste, dass er sich darin fühlte wie ein Fisch an Land. Zu Robin passten Jeans und Fleecejacke, höchstens mal ein Blazer, wenn er besonders seriös wirken wollte.

Um halb neun gab sie ihm noch letzte Tipps, umarmte ihn und sah zu, wie er durch den Eingang für Redner verschwand.

Kurz darauf erschien auf dem Bildschirm ihres Handys eine neue Nachricht. Es war Matt. Vor Schreck hätte sie das Gerät beinahe fallen lassen.

> Sorry, Ella. Bitte sag's Robin: Cresta kommt nicht aufs Panel. Unsere Kommunikationsleute sind dagegen. Zu riskant. Nach der ganzen Shitshow an der GV. Müssen unter dem Radar bleiben. Tut mir echt leid.

Robin war nun ohne Unterstützung auf dem Panel. *Viel Glück, Robin,* dachte Ella.

Minister Paul Becker mühte sich in seiner Eröffnungsrede sichtlich, wenigstens einen Funken Optimismus anklingen zu lassen, was einem Balanceakt gleichkam angesichts der anhaltenden Dürre in

Canland und des quälend langsamen Tempos der Klimaverhandlungen.

Dann betrat Lena Goldman die Bühne.

„Sehr geehrter Herr Minister, Exzellenzen, liebe Freundinnen und
Freunde – einen guten Morgen und herzlich willkommen zu
unserem ersten Panel hier beim Canland Climate Summit.

Wie Minister Becker dargelegt hat, ist der Klimawandel keine hypo-
thetische Bedrohung in der Zukunft mehr. Er ist Realität – hier und
jetzt – und betrifft das Leben unserer Bürgerinnen und Bürger,
unserer Landwirtinnen und Fischer, ja, uns alle. Wir brauchen dringend Klimaschutzlösungen, die schnell und wirkungsvoll skalieren.
Ich freue mich daher, Ihnen unsere heutige Session mit dem Titel
‚Natur oder Technologie – was löst das Klimaproblem?‘ vorstellen zu
dürfen.

Um dieser Frage auf den Grund zu gehen, haben wir die Ehre, zwei
Schwergewichte der canländischen Industrie auf unserem Podium
begrüßen zu dürfen. Bitte heißen Sie mit mir willkommen: Herrn
Ross Murphy, CEO des Energieunternehmens Rower. Und ...“

Die Moderatorin legte eine Hand ans Ohr, hörte kurz zu und
stockte.

„Und ... ähm ... ich bekomme gerade die Information, dass Dr.
Cresta heute leider nicht teilnehmen kann – aufgrund einer uner-
warteten, sehr dringenden Geschäftsreise.“

Sie lächelte bemüht und fuhr fort: „Dafür dürfen wir uns auf zwei
weitere spannende Gäste freuen, die uns Hoffnung machen – zwei
Start-up-Gründer, die mit innovativen Ansätzen neue Wege im
Klimaschutz gehen. Bitte begrüßen Sie Frau Amy Dupont, Gründerin von Deep Capture, einer Firma mit einer bahnbrechenden
Technologie zur Speicherung von CO_2 tief unter dem Ozean. Und
außerdem: Robin Trebon, Gründer von Five Elements. Sein Unternehmen konzentriert sich auf Wiederaufforstung und Waldschutz in
Demba.“

„Nun, Herr Trebon, beginnen wir doch gleich mit Ihnen. Vor knapp einem Jahr hat Ihre Freundin – ähm, entschuldigen Sie, Ihre Mitgründerin – Ella Andersson den Canland Award als *Leader for a Better Planet* gewonnen."

In der dritten Reihe errötete Ella und senkte den Blick.

„Seitdem allerdings hat eine Welle negativer Schlagzeilen über CO_2-Zertifikate aus Waldschutzprojekten den Markt erschüttert. Herr Trebon, glauben Sie immer noch, dass Ihr Unternehmen auf dem richtigen Weg ist?"

Robin antwortete gefasst, aber man sah ihm an, wie sehr er sich zusammenreißen musste. Er schloss sein kurzes Eingangsstatement mit einem eindringlichen Appell: „Mit unseren Projekten in Demba installieren wir eine Million Solardächer und pflanzen eine Million Bäume. Wir schützen Hunderte Millionen weitere. Wenn Sie CO_2-Zertifikate aus unseren Projekten erwerben, helfen Sie nicht nur, die Wälder Dembas zu bewahren und wiederherzustellen – Sie schaffen auch direkten Nutzen für lokale Gemeinden. Vor allem aber investieren Sie in eine der kosteneffizientesten Klimaschutzlösungen, die es gibt.

In wenigen Wochen werden wir unsere ersten verifizierten CO_2-Zertifikate erhalten – vollständig zertifiziert nach dem Green Climate Standard und zusätzlich ausgezeichnet mit den Qualitätssiegeln des Rainbow Standard und des Fair Biosphere Standard. Darüber hinaus wurden wir von Carbon Plus und Delta Impact mit Bestnoten bewertet."

Höflicher Applaus erfüllte den Saal.

Dann war Amy Dupont an der Reihe.

„Ich bin eine große Naturliebhaberin!", begann sie mit einem charmanten Lächeln. „Wissen Sie, ich verbringe die meisten Wochenenden in den Wäldern oder in den Bergen. Ich liebe Wandern und Radfahren! Die Natur ist für mich eine unerschöpfliche Quelle der Inspiration – ganz anders als dieser dunkle, etwas düstere Konferenzsaal, nicht wahr?"

Das Klima-Paradox

Gelächter brandete auf, einige klatschten spontan.

„Haha, ja, danke", fuhr sie fort. „Also – die Natur ist wunderbar und sollte unbedingt geschützt werden. Aber leider ist sie als Klimaschutzlösung äußerst unzuverlässig."

Ihr Gesicht wurde schlagartig ernst. *Sie ist eine großartige Schauspielerin*, dachte Ella.

Amy wandte sich Robin zu. „Ich respektiere eure Arbeit zutiefst, Robin. Wirklich. Aber wir müssen ehrlich sein: Die Natur ist fragil. Wälder brennen ab, sie werden vom Borkenkäfer heimgesucht, sie stehen mal unter Schutz, mal werden sie wieder abgeholzt – je nach politischer Laune. Projekte wie eure sind verletzlich. Als dauerhafte Klimalösung taugen sie nur sehr bedingt."

Sie machte eine theatralische Pause, ließ den Blick über das gespannte Publikum schweifen, holte tief Luft – und setzte mit ihrer eigentlichen Botschaft an.

„Hier kommt unsere Firma Deep Capture ins Spiel. Wir haben eine patentierte Technologie entwickelt, die CO_2 dauerhaft in Gesteinsschichten speichert – mehr als vierhundert Meter unter dem Meeresboden. Das Potenzial ist enorm. Das Meer ist gewaltig: Auf der Erde gibt es mehr als doppelt so viel Wasserfläche wie Land. Wir haben also praktisch unbegrenzten Platz für unsere Lösung – ohne Ressourcenkonflikte, ohne Konkurrenz zwischen Wäldern und Ackerflächen.

Doch es kommt noch etwas hinzu, meine Damen und Herren: Wie Sie wissen, kämpft der Green Climate Standard seit Jahren mit unzuverlässigen Berechnungsmethoden bei Waldprojekten. Kein Wunder – es ist schlicht unmöglich, die Entwaldungsrate in zehn Jahren korrekt vorherzusagen. Wir können ja schließlich nicht hellsehen, oder?"

Ein kurzes Lachen ging durchs Publikum. Amy lächelte selbstzufrieden.

„Solche Probleme gibt es bei uns nicht. Bei Deep Capture zählen wir

270

jede Tonne CO_2, die wir speichern – Molekül für Molekül. Ganz einfach. Absolut transparent. Vielen Dank!"

Diesmal brach der Saal in begeisterten Applaus aus.

Goldman strahlte. „Wirklich faszinierend, Frau Dupont – gratuliere zu Ihrem Start-up!" Sie wandte sich an Ross Murphy. „Herr Murphy, als CEO des größten Energieunternehmens in Canland haben Sie wohl unvergleichliche Erfahrung darin, CO_2-Emissionen zu reduzieren – oder, nun ja, zu erzeugen."

Vereinzeltes Lachen ging durchs Publikum. Murphy grinste; seine goldene Uhr blitzte unter dem Ärmel seines maßgeschneiderten Anzugs.

„Allerdings", sagte er geschmeidig. „Und genau deshalb freue ich mich, heute ein Joint Venture zwischen Rower und Deep Capture anzukündigen. In den kommenden Jahren planen wir, auf all unseren neuen Ultratiefwasser-Ölplattformen vor Dembas Küste CO_2-Abscheideanlagen zu installieren!"

Ella wurde flau im Magen. Ultratiefwasser-Ölplattformen.

„Wie Frau Dupont bereits gesagt hat, ist das Potenzial enorm. Wir sind zuversichtlich, dass wir bis 2050 – spätestens 2060 – sämtliches CO_2, das mit unserer Ölförderung in Demba verbunden ist, abscheiden und dauerhaft unter dem Meeresboden einlagern können."

Das Publikum lauschte gebannt.

Warum greift Goldman nicht ein? dachte Ella. *Merkt sie nicht, was für Augenwischerei das ist? Er redet vom CO_2 bei der Ölförderung – aber was ist mit den Emissionen aus der Verbrennung?*

„Bei Rower sind wir überzeugt, dass man groß denken muss, wenn man etwas bewegen will", fuhr Murphy fort. „In meinem Büro hängt ein Schild: Go big or go home."

Der Saal brach in Jubel und Applaus aus. Goldman lächelte – als wolle sie sagen: Ja, es besteht doch noch Hoffnung fürs Klima.

„Und wie weit ist Ihre Technologie, Frau Dupont?"

Das Klima-Paradox

„Wir machen enorme Fortschritte, Frau Goldman", antwortete Amy mit glänzenden Augen. „Unser Pilotprojekt an der Fakultät für Ingenieurwissenschaften der Universität Niburg läuft bereits erfolgreich. Letztes Jahr konnten wir fast hundert Kilogramm CO_2 abscheiden! Rower hat uns großzügig ein voll ausgestattetes Forschungslabor auf ihrem Gelände zur Verfügung gestellt. In den nächsten zwei Jahren wollen wir die Kapazität mindestens verzehnfachen."

Goldman, Murphy und Dupont diskutierten angeregt über das Skalierungspotenzial der Deep-Capture-Technologie. „In ein paar Jahren wollen wir an die Börse", versprach Dupont. „Dann können alle Menschen in Canland Teil unserer Mission werden!"

Erneut brandete begeisterter Applaus auf.

Robin saß zwischen den vor Begeisterung sprühenden Panelgästen wie ein begossener Pudel. Kurz vor Schluss bestand er darauf, das Mikrofon noch einmal zu bekommen.

„Meine Damen und Herren", begann er ruhig, „Technologien wie Deep Capture sind spannend. Aber um den Klimawandel wirksam zu bekämpfen, brauchen wir jetzt alle Werkzeuge im Werkzeugkasten – und zwar gleichzeitig. Machen wir daraus keinen Wettstreit zwischen Natur und Technologie. Wir sollten beides tun – alles, was dem Klima irgendwie hilft."

Rower und Deep Capture betrieben den prächtigsten Stand in der Mitte des Foyers, der die Besucher in der Pause magisch anzog. Zwei makellos gestylte Hostessen bedienten routiniert eine silbern glänzende Kaffeemaschine, die unaufhörlich kostenlose Lattes ausspuckte. Delegierte zogen lachend davon, die Hände voll mit glänzenden Broschüren und eleganten Give-away-Schlüsselanhängern in Form winziger Öltropfen.

Ella und Robin verbrachten den Nachmittag an ihrem Five-Elements-Stand, der mit Fotos von Wäldern, Solaranlagen und Trinkwasserprojekten geschmückt war. Nur vereinzelt verirrten sich Delegierte zu ihnen. Robin stellte fest, dass vor allem Frauen ein Interesse am Thema Waldschutz zeigten – bis ihm auffiel, dass die Schlange für die Damentoilette direkt neben ihrem Stand begann.

„Es ist verrückt, Robin", sagte Ella, als sie vom Rower-Stand mit zwei Pappbechern Espresso zurückkam. „Man sollte meinen, die Leute wären begeistert von unseren Solarprojekten. Oder unseren Waldprogrammen. Das alles ist erprobt, skalierbar, einsatzbereit. Und es hilft erst noch den Menschen vor Ort. Aber nein. Sie stürzen sich auf irgendeine schillernde neue Technologie, die es noch nicht einmal aus dem Labor geschafft hat. Sie glauben wirklich, dass genau diese Erfindung eines Tages die Welt retten wird."

„Oder sie hoffen es", entgegnete Robin. „So funktioniert das menschliche Gehirn eben. Wälder pflanzen, Solaranlagen bauen – das kennt man. Auch die Probleme und Kontroversen sind bekannt. Langweilig. Deep Capture dagegen ist neu und aufregend. Und weil es noch gar nicht funktioniert, konnte es auch noch keine Fehler machen. Die Fantasie einer perfekten Lösung lebt – und das finden die Leute einfach sexy."

Er grinste. „Nennen wir es das *Neuheits-Paradox*."

In diesem Moment blieb eine Frau an ihrem Stand stehen – offenbar nicht wegen der Toilette.

„Ella? Robin?" Sie hob reflexhaft ihren Presseausweis. „Janice Hanratty. Ich habe eure Namen auf der Rednerliste gesehen und dachte, ich sag kurz Hallo."

„Janice!", rief Ella. „Was für eine Überraschung. Muss drei Jahre her sein, seit wir uns am Flughafen von Port Kewala getroffen haben …"

„Aber ich war letztes Jahr in Demba, mit Wanga und Andy, und habe eure Projekte besucht."

„Ich weiß", sagte Robin. „Konntest du die Story jemals veröffentlichen?"

Hanratty schüttelte den Kopf. „Leider nicht. Ich habe drei verschiedene Hintergrundberichte bei drei Redaktionen eingereicht – alle abgelehnt."

Robin runzelte die Stirn. „Warum?"

„Kein klarer Aufhänger. Nicht prickelnd genug. Zu wenig Action. Das Hauptproblem ist aber: Sie wollen immer etwas Schwarz-Weißes", sagte sie. „Eine Heldin. Einen Schurken. Eine Sensation. Oder ein Drama. Entweder eine Enthüllung, die beweist, dass CO_2-Zertifikate fantastisch sind – oder eine, die zeigt, dass sie kompletter Betrug sind. Das Dazwischen interessiert niemanden. Ausgewogene Berichte ziehen keine Klicks. Sie wecken keine Emotionen. Keine Empörung."

Sie hielt inne und suchte nach den richtigen Worten. „Ich habe weiter recherchiert und mit mehreren Klimaexpertinnen und -experten gesprochen. Und bin zum Schluss gekommen, dass CO_2-Zertifikate ... einfach verdammt komplex sind."

Ella hob eine Augenbraue. „Das ist uns bewusst. Wie viele Paradoxe hast du inzwischen gefunden, Robin? Wir haben aufgehört zu zählen."

Hanratty nickte. „So kommt's mir auch vor. Auf jede Antwort folgen drei neue Fragen."

„Schon schräg", sagte Robin. „Als wir vor drei Jahren angefangen haben, wollten alle eine einfache Geschichte hören. Den Traum, mit CO_2-Zertifikaten die Welt zu retten. Ein Schimpansenbaby befreien. Den Dörfern Wohlstand bringen. Wir haben versucht, über Unsicherheiten und Komplexitäten zu sprechen – aber das hat niemanden interessiert."

„Klar", sagte Hanratty. „Damals wart *ihr* das schillernde neue Ding. Die Medien brauchen *News*, nicht *Olds*."

„Witzig", meinte Robin und warf Ella ein Lächeln zu. „Das ist noch eine Facette des *Neuheits-Paradoxes*."

Hanratty sah ihn fragend an. „Des was?"

„Ach, nichts", sagte Robin. „Uns ist nur klar geworden, dass CO_2-Zertifikate die Welt wahrscheinlich nie retten werden. Aber sie sind immerhin eine unerschöpfliche Quelle faszinierender Paradoxe. Also haben wir angefangen, ihnen Namen zu geben."

Das Neuheits-Paradox

Für einen Moment driftete Hanrattys Blick ab, als fixiere sie einen Punkt weit außerhalb des geschäftigen Kongresszentrums. Dann huschte ein leicht gequältes Lächeln über ihr Gesicht.

„Interessant. Nun ja – wie auch immer. Ich melde mich nach dem Climate Summit. Dann gehen wir mal einen Kaffee trinken. Ich bleibe an der Geschichte dran."

Der erste Konferenztag neigte sich dem Ende zu. Als Ella von der Toilette zurückkam, fand sie Robin auf einem Karton sitzend, der noch fast unangetastet mit Five-Elements-Flyern gefüllt war. Er hatte das Gesicht in den Händen vergraben.

„Robin, hey ... was ist los? Träumst du?", fragte Ella und tippte ihm sanft auf die Schulter.

„Sorry, Ella." Seine Stimme klang müde. „Es sind nur ... diese Paradoxe. Sie machen mich fertig. Sie drehen sich in meinem Kopf. Ich komm da nicht mehr raus. Sie fressen mich langsam auf."

Ella versuchte zu lächeln, doch es gelang ihr nicht.

„Komm schon", sagte sie schließlich leise. „Lass uns zu Brigittes Bungalow gehen. Meinen letzten Drink dort hatte ich im Dezember, kurz bevor wir nach Demba aufbrachen."

Robin stieß einen langen Seufzer aus. „Ja. Machen wir das. Ich war seither auch nie mehr dort. Ohne euch beide hatte ich keinen Bock."

Sie schlossen ihre Fahrräder auf und rollten in Richtung Stadtzentrum. Der Weg folgte den Gleisen; mit jeder Pedalumdrehung wuchs das Summen der Stadt. Als sie den Park erreichten, glitt gerade der Nachtzug nach Norden aus dem Bahnhof – wie eine dunkelblaue Schlange, deren Fenster matt wie müde Augen leuchteten.

Sie überquerten den verlassenen Platz der Wissenschaften, umgeben von den ehrwürdigen Gebäuden der alten Universität, und holperten über das jahrhundertealte Kopfsteinpflaster. Auf der anderen Seite bogen sie in die schmale Gasse ein, die hinunter zum Hafen führte.

Doch etwas stimmte nicht.

Die Gasse war dunkel. Verlassen. Kein Wummern von Punkrock. Kein Lachen aus offenen Türen. Ella bremste abrupt; beide stiegen schweigend ab.

Rot-weiße Plastikbänder zogen sich um die Bar im alten Zollhaus. Kein Licht war zu sehen – bis auf eines.

Neben der Tür stand eine Glasschale mit einer flackernden Kerze, deren Flamme mühsam der Nachtbrise trotzte. Daneben ein gerahmtes Foto: Brigittes lächelndes Gesicht, das im Kerzenlicht zu tanzen schien. Vor dem Rahmen lag ein Stück Karton. Ella trat langsam näher und entzifferte die Worte:

„Du hast für die Vielen gekämpft, nicht für die Wenigen. Ruhe in Frieden, Genossin."

Einen Moment lang sagten sie beide kein Wort.

Dann trat Ella noch einen Schritt näher. Robin streckte wortlos die Hand aus. So standen sie, eng umschlungen, während ihnen die Tränen über die Wangen liefen.

Das Preis-Paradox

Der schwere Traktor kämpft sich unerbittlich voran. Meter um Meter schneiden seine Raupen durch's Unterholz – wie eine Schere durch Papier. Das ohrenbetäubende Dröhnen des Motors übertönt jedes andere Geräusch des Dschungels. Vögel fliegen kreischend aus den Ästen, Affen stieben auseinander. Der weiche, fruchtbare Waldboden wird unter dem Gewicht zu hartem Lehm gepresst.

Was der Traktor zurücklässt, ist ein Pfad der Verwüstung – gebrochene Äste, aufgewühlte Erde, zertrümmerte junge Bäume, die wie geisterhafte Skelette aus dem Staub ragen. Eine Wolke aus grauem Pulver und Sägespänen hängt in der Luft und glitzert im grellen Sonnenlicht.

Dann stoppt die Maschine kurz, keucht, und wechselt die Richtung.

Mit lautem Knattern frisst sie sich tiefer in den unberührten Wald. Vor einem gewaltigen Kapokbaum kommt sie schließlich zum Stehen.

Die Krone des uralten Riesen ragt fünfzig Meter in die Höhe, sie scheint den Himmel zu berühren. Dicke, kunstvoll gefaltete Wurzeln umschlingen den Boden wie die Arme eines Wächters – seit Jahrhunderten Heimat unzähliger Lebewesen. Der Baum steht da wie eine grüne Festung, stolz und unbeugsam.

Der Fällkopf der Maschine senkt sich, tastet sich heran, klammert sich mit metallischer Gier um den Stamm. Der Hydraulikarm presst die Kettensäge gegen die Rinde. Ein gellendes Kreischen zerreißt die Luft, als die Säge sich in das Holz frisst. Das Brüllen des Motors hallt durch den Wald, Splitter fliegen, der Boden bebt.

Doch der Kapok, dieser Gigant des Waldes, wehrt sich. Seine Fasern sind zäh, sein Holz ist dicht; geschaffen, um Stürmen und Blitzen über Jahrhunderte zu trotzen. Er erzittert, aber er gibt nicht nach.

Die Maschine röhrt lauter, ihre Metallklauen pressen sich mit roher Gewalt gegen den Stamm. Dann erreicht die Säge das Herzholz und der Kapok stößt einen langen, klagenden Laut aus, als würde er atmen, seufzen, sterben. Langsam neigt er sich zur Seite. Seine majestätische Krone schwankt, sein Laub rauscht herab wie Regen.

Die Tiere fliehen. Das Unterholz zittert. Ein letzter Ruck – dann bricht der Riese.

Mit einem donnernden Krachen stürzt der Baum zu Boden, das Echo hallt kilometerweit. Der Boden bebt. Der Motor verstummt.

Stille. Eine schreckliche, gespenstische Ruhe legt sich über den Wald.

Das Konzert aus Vogelrufen, Insektensummen und Blätterrauschen ist verstummt. Nichts regt sich. Nur der Staub tanzt im Licht.

Es ist, als hielte der Wald den Atem an – um des gefallenen Riesen zu gedenken.

Da heult der Motor der Maschine wieder auf.

„Nein! Halt!"

Robin schreit, stolpert durch den Schlamm, rennt auf die gewaltige Maschine zu. Seine Schuhe saugen sich im Morast fest, doch er reißt sich los, taumelt weiter, bis er die riesigen Raupenketten erreicht. Er springt hoch, hämmert mit den Fäusten gegen die Scheibe des Cockpits – blind vor Verzweiflung.

„Stopp den Motor! Sofort!"

Im grellen Sonnenlicht erkennt er endlich die Gesichter hinter der Scheibe: Hubert Spencer und Ross Murphy. Sie drehen sich zu ihm um und beginnen zu lachen.

Murphy zieht einen Hebel. Die Raupe, auf der Robin steht, setzt sich in Bewegung. Der Boden bebt. Robin wankt, verliert das Gleichgewicht, stürzt in den Schlamm.

„Nein! Aufhören! Bitte!" schreit er, während der Hydraulikarm mit der Kettensäge sich senkt.

„Stooooop!"

„Robin! Robin! Was ist los? Hörst du mich?"

„Stopp, nein!"

„Robin, beruhige dich! Hör mir zu – Robin!"

„Ella! Komm! Hilf mir! Schnell, Ella!"

„Robin, alles ist gut! Beruhige dich!"

Sie fasste seine Hand.

„Ella... wo sind wir?" Robin öffnete die Augen. Sein T-Shirt klebte schweißnass an seinem Körper. Sein Atem ging stoßweise.

„Du liegst auf meinem Boden", sagte Ella sanft. „Du hattest einen Albtraum. Komm, ich koche uns Ingwertee."

Robin atmete tief aus und versuchte, zur Ruhe zu kommen. Er erhob sich von der Isomatte und setzte sich an den Küchentisch.

„Wir scheitern", sagte er schließlich, während Ella eine Tasse vor ihn stellte. Sie goss Tee ein und strich ihm mit der Hand kurz durch seinen Wuschelkopf. Er erschauderte. „Wir werden die Bäume von Coltra East verlieren."

Ella griff erneut in den Schrank. Zwischen Tellern und Gläsern entdeckte sie eine bunte Keramiktasse mit dem Schriftzug einer fernen Stadt – ein Andenken an den letzten Urlaub mit ihrer Mutter, vor über zehn Jahren. Sie stellte die Tasse vorsichtig vor Robin.

„Ich weiß", sagte sie leise. „Ich verstehe es nicht. Alles, was wir brauchen, wären ein paar Dollar pro CO_2-Zertifikat. Wenn wir jemanden fänden, der das Geld vorstreckte, könnten wir Walmeras Forstkonzession kaufen – und hätten sogar genug übrig, um die Gesundheitsstation in Mutela zu bauen. Vielleicht sogar eine Schule."

Robin nickte und blies in den dampfenden Tee. Der erdige Duft von Ingwer erfüllte die Küche.

„Und weißt du was?", fuhr Ella fort. „Als ich beim Deep-Capture-Stand in der Schlange stand, habe ich eine ihrer Mitarbeiterinnen gefragt, was sie für ihre Zertifikate verlangen. Sie sagte: „Rund tausend Dollar pro Tonne CO_2."

Robin verschluckte sich fast am Tee.

„Es ist verrückt, Robin! Das ist hundertmal mehr, als wir brauchen, um die Bäume von Coltra East zu retten. Und sie haben bisher noch keine einzige Tonne CO_2 eingefangen! Amy hat das auf der Bühne selbst zugegeben. Es ist alles nur eine Idee aus dem Labor!"

Robin nickte und nahm einen weiteren Schluck. Seine Hände zitterten noch immer leicht.

„Ich weiß, Ella. Niemand interessiert sich dafür, ob wir von Gigatonnen, Megatonnen oder bloß Kilogramm reden. Die Leute verstehen die Dimensionen einfach nicht."

„Oder sie wollen sie nicht verstehen", sagte Ella.

„Genau." Robin lehnte sich zurück. „Gestern kam der Umweltmanager eines Transportunternehmens an unseren Stand. Ich sagte ihm, wenn er groß einsteigt, könnten wir ihm Rabatt geben – vielleicht neun Dollar fünfzig, vielleicht weniger. Weißt du, was er geantwortet hat?"

Er schnaubte. „„Eure Zertifikate sind so billig, die müssen von schlechter Qualität sein', hat er gesagt. Und dann: ,*Mich* überzeugt Deep Capture mehr. Niemand kann mir Greenwashing vorwerfen, wenn ich tausend Dollar pro Tonne CO_2 zahle.'"

Ella verzog das Gesicht.

„Also fragte ich zurück: ‚Aber können Sie es sich denn leisten, alle Ihre Emissionen so teuer auszugleichen?‘ Und er lachte nur. ‚Natürlich nicht. Muss ich auch nicht‘, sagte er. ‚Heutzutage kompensiert doch keiner mehr. Das gilt als Greenwashing. Wir verpflichten uns einfach, irgendwann Zertifikate von Deep Capture zu kaufen. Wichtig ist, dass wir zeigen, dass wir modern denken. Auf neue Technologie setzen. Das kommt überall gut an.‘“

Robins Stimme wurde bitter.

„Dann fügte er hinzu: ‚Wir brauchen die Zertifikate ohnehin erst 2050. Erst dann greift unser Netto-Null-Ziel.‘“ Er sah Ella mit hochgezogenen Augenbrauen an. „Der hohe Preis ist sogar ein Vorteil. Je teurer die Zertifikate sind und je später du sie bekommst, desto besser. Niemand kann dir Greenwashing vorwerfen.“

Ella nickte langsam. „Ökonomisch gesehen macht das null Sinn. CO_2-Zertifikate wurden geschaffen, um Emissionen so günstig wie möglich zu senken. Je billiger, desto mehr Klimaschutz pro Dollar.“

„Genau“, antwortete Robin. „Ministerin Amina Keita hat immer gesagt: ‚Halbierte Kosten bedeuten doppelte Wirkung pro investiertem Dollar.‘ Aber heute sehen es die Leute genau andersherum. Je teurer die Tonne, desto höher die Qualität.“

Ella lächelte schwach. „Vielleicht sollten wir es das *Preis-Paradox* nennen.“

Robin lehnte sich zurück und starrte auf seine Tasse. „Die Welt steht Kopf.“

Nach einer langen Pause sagte Ella leise:

„Komm, Robin. Versuchen wir, noch etwas zu schlafen. Morgen früh rufen wir Andy an. Wir müssen überlegen, wie es weitergeht.“

Robin streckte sich wieder auf der Isomatte am Boden aus. Als er die Augen schloss, sah er einen gewaltigen Kapokbaum, dessen Blätter sich sanft im Wind bewegten – als wollte der Baum ihm etwas zuflüstern.

Das Klima-Paradox

Wie die alte Eiche auf dem Niburger Berg, dachte er. *Damals, an jenem kalten Januarnachmittag, als wir die Idee hatten, den Projekten Namen zu geben, die Menschen berühren. Das ist lange her.*

Er starrte an die Decke.

„Robin", flüsterte Ella plötzlich in die Dunkelheit. „Mir ist kalt. Kommst du zu mir hoch?"

Robins Herz setzte einen Schlag aus. Ein Schauer lief über seine Haut.

Langsam richtete er sich auf, setzte sich an den Rand ihres Bettes, hob vorsichtig die Decke und legte sich neben sie.

Ella drehte sich zu ihm, legte den Arm um seine Brust und zog ihn sachte an sich.

Er spürte, wie sich die Spannung in seinem Körper löste, wie sein Herzschlag ruhiger wurde.

Niemand sagte ein Wort.

In diesem Augenblick schien alles zu verblassen – die Sorgen um die Zukunft, um die Wälder, um die Menschen von Demba. Stattdessen war da nur noch dieser Moment, schwebend wie eine unsichtbare Blüte, in einer Luft voller Schmetterlinge und singender Vögel.

Nach einer Weile flüsterte Robin:

„Ella ... ist dir aufgefallen, dass Lena Goldman auf dem Panel gesagt hat, ich hätte die Firma mit meiner Freundin gegründet?"

Ella kniff ihn sanft in den Rücken und murmelte schläfrig: „Weißt du ... auch eine Uhr, die stehen geblieben ist, zeigt zweimal am Tag die richtige Zeit an."

Sie schloss die Augen.

Das Markt-Paradox

Der Sommer verließ Niburg nicht mehr. Im Gegenteil – der September kam, doch die Hitze wurde nur noch unerträglicher. Tag für Tag brannte die Sonne vom Himmel, die Stadtbrunnen trockneten aus, und die Bäume warfen resigniert ihre Blätter ab. Ella und Robin suchten Zuflucht in den überfüllten Freibädern, die per Bürgermeisterdekret geöffnet blieben, während die Hitzewelle unaufhörlich andauerte.

Andy hatte sich derweil in Demba verschanzt, fest entschlossen, die erste Verifizierung ihrer CO_2-Zertifikate noch abzuschließen. „Ein zerbrechlicher Sieg in einem zusammenbrechenden Markt", schrieb er. Nach dem Gepolter in den Medien war der Handel mit CO_2-Zertifikaten nahezu kollabiert.

„Haltet durch", hatte Professor Turman dem Five-Elements-Team am dritten Jahrestag der Firmengründung geraten. „In der Marktwirtschaft kommt und geht alles in Zyklen."

Doch Zyklen kehren an ihren Ursprung zurück – das Wetter in Canland dagegen folgte längst keiner Kreisbewegung mehr. Es glich einer Spirale, die sich Jahr für Jahr weiterdrehte, in immer heißere, trockenere und gefährlichere Gefilde.

Das Klima-Paradox

„Erinnerst du dich, Ella, damals vor drei Jahren?", fragte Robin, ausgestreckt auf einem sonnengebleichten Handtuch. „Als wir dir in der Bibliothek während der Hitzewelle auf die Nerven gingen?" Ella lächelte und küsste ihn sanft. „Wir waren ahnungslos. Naiv ... aber voller Ideen und Träume." Robin lachte trocken. „Tja. Jetzt sind wir klug. Informiert. Und desillusioniert. Die einzige Konstante ist der Klimawandel, der immer näher kommt."

Das meteorologische Institut der Universität Niburg hatte noch vor Kurzem die Wahrscheinlichkeit einer dreimonatigen Dürre in Canland auf 0,01 Prozent beziffert. Heute klang diese Zahl wie ein schlechter Witz. Die diesjährige Trockenzeit übertraf alle früheren bei Weitem.

„Die Wälder haben sich von der letzten Dürre nie richtig erholt", murmelte Ella. „Sie sind wie ein Pulverfass, das nur auf einen Funken wartet."

Der Funke kam schneller als gedacht. Die Ursache war offenbar ein überhitzter Generator auf einer Goa-Party, fünfzig Kilometer nördlich von Niburg. Das Feuer breitete sich aus wie ein gefräßiger Drache. Die Feuerwehr hatte keine Chance. Innerhalb weniger Tage erreichten die Flammen die Vororte der Stadt. Ganze Viertel rund um den Niburger Berg mussten evakuiert werden.

Wochenlang wütete das Feuer unaufhaltsam, bis endlich – kurz vor Weihnachten – der Regen einsetzte. Das „Niburger Feuer", wie die Medien es nannten, wurde zur tödlichsten und verheerendsten Naturkatastrophe in der Geschichte der Stadt.

Und der folgende Winter brachte ein weiteres Novum: Zum ersten Mal seit Menschengedenken blieben die Skipisten am Sova-Gletscher geschlossen.

Zu viele Spalten. Zu viel Geröll. Zu wenig Schnee.

Es war ein kühler, strahlender Frühlingsnachmittag. Der Pfad auf den Niburger Berg war ihnen vertraut – und doch war dies nicht mehr der Ort, den sie einst kannten.

Plastikband spannte sich entlang des Wegesrandes und flatterte im Wind.

„Gefahr! Das Verlassen des Weges ist streng verboten!", warnten Schilder in grellem Rot.

Ella, Andy und Robin gingen schweigend weiter, vorbei an den schwarzen Stümpfen, die einst mächtige Eichen gewesen waren. Diese uralten Bäume hatten Jahrhunderte überstanden – Hitze, Kälte, Stürme –, doch das Inferno nach fünf endlosen, staubtrockenen Monaten hatte sie ausgelöscht. Nun blieben nur noch verkohlte Überreste, und die Luft roch noch immer nach Asche, als wäre das Feuer erst gestern erloschen.

„Welche Geschichte würden sie uns heute erzählen, wenn sie noch lebten?", fragte Robin leise. „Würden sie überhaupt mit uns reden? Oder nur ihre Äste schütteln – fassungslos über die menschliche Dummheit, sich selbst zugrunde zu richten? Vielleicht hätten sie eine Idee, wie man all die Paradoxe löst, mit denen sich die Klimafinanzierung selbst im Weg steht? Oder würden sie einfach lächeln und sich fragen, warum wir glauben, Kräfte beherrschen zu können, die weit über uns hinausgehen?"

Als sie die Plattform erreichten, stand die Sonne schon tief.

Ein goldenes Licht legte sich über die Stadt, den Ozean und die verkohlten Reste des einst stolzen Waldes von Niburg. Die Skyline glitzerte im Abendlicht; in jeder Spiegelung der Glastürme schien für einen Moment wieder Feuer aufzublitzen.

Alles war in bernsteinfarbenes Licht getaucht, schön und unheimlich zugleich. Ella trat näher an Robin heran, und er legte sachte den Arm um ihre Schultern. Vor ihnen ragte der Rower Tower empor, kühn und unbeweglich wie ein Fels in der Brandung. „Das Leben in der Stadt geht weiter, als wäre nichts geschehen", murmelte sie.

Andy war aus Demba zurückgekehrt. Seine Arbeit war vorerst erledigt: Alle Projekte hatten die erste Verifizierung ihrer CO_2-Zertifikate bestanden, sogar die neuen Setzlinge in den Lester Hills hatten erste Tonnen Kohlenstoff gebunden. Sporadisch verkauften sie noch ein paar Zertifikate. Doch die Hoffnung, sie hätten einen großen Hebel für den Klimaschutz gefunden, war verflogen – oder besser: Sie hatte sich mit dem Rauch der Bäume auf dem Niburger Berg in Luft aufgelöst.

Die Stadt hatte darauf gedrängt, das Restaurant auf dem Hügel so schnell wie möglich wieder zu eröffnen, um den Menschen nach der Katastrophe ein Stück Normalität zurückzugeben. Familien kehrten nur langsam und zögernd zurück. Auf dem Spielplatz jagten ein paar Kinder einander lachend hinterher. Aber nichts war mehr so wie zuvor.

„Ella, erinnerst du dich, wie wir hier auf dieser Plattform standen, als du die Idee mit den Millionen Dächern und Millionen Bäumen hattest?", fragte Andy.

Ella lächelte. „Das war vor drei Jahren. Damals dachten wir, CO_2-Zertifikate seien ganz einfach: Bezahle für deine Emissionen, finanziere Dächer und Bäume – hilf dem Klima. Heute wissen wir es besser. Klimaschutzprojekte sind voller Imperfektionen, Kontroversen und Paradoxe."

Robin räusperte sich. „Aber warum? Schau dir die Zerstörung hier an. CO_2-Zertifikate lösen den Klimawandel nicht allein. Aber sie könnten echte Projekte finanzieren. Stattdessen stehen unsere Bemühungen in Demba jetzt auf Messers Schneide. Warum verursachen Zertifikate eine solch absurde Kontroverse, obwohl der Markt winzig ist?"

Andy wurde lebhaft. „Genau darüber habe ich nachgedacht und recherchiert." Er zog sein Handy hervor. „Der globale Markt für CO_2-Zertifikate ist winzig. Rund eine Milliarde Dollar Umsatz pro Jahr. Jetzt vergleich das mal mit dem Markt für Süßgetränke – fast tausendmal größer. Alle wissen, dass zuckerhaltige Limonaden ungesund sind. Trotzdem kennt dieser Markt kaum Skandale; das Zeug wird weiterhin jede Sekunde an die Kinder verkauft."

Das Markt-Paradox

Robin kam nun auch in Fahrt. „Moment, noch krasser ist doch die Modeindustrie. Fast zwei Billionen Dollar. Also zweitausendmal größer als unser Markt. Jeder weiß, dass Fast Fashion die Umwelt ruiniert, mit Chemikalien verschmutzt und Flüsse verseucht. Trotzdem findest du keine öffentliche Empörung."

Ella deutete auf den Rower Tower, dessen Fassade die Sonnenstrahlen zurückwarf. „Das alles ist nichts im Vergleich zur Erdöl-Industrie. Die macht rund acht Billionen Dollar Umsatz und zerstört den Planeten. Achttausendmal größer als unser Markt. Aber wenn bei einem Gala-Dinner zwei Aktivisten gegen Rower protestieren, werden sie von der Bühne geführt und wandern in die Kiste. Die Welt macht weiter wie gewohnt."

„Schon verrückt", sagte Robin. „Unser winziger Markt, der eigentlich Gutes bewirken soll, erzeugt das größte Drama. Aber für die gigantischen Verschmutzer interessiert sich niemand."

Er blickte zum Hafen, wo Containerschiffe ausliefen, und kratzte sich nachdenklich am Kopf. „Ich glaube, CO_2-Märkte werden nicht *trotz*, sondern gerade *wegen* ihrer winzigen Größe attackiert. Das *Markt-Paradox*: Je kleiner der Markt, desto mehr Kritik."

„Aha – unser Mister Paradox ist wieder da!", rief Andy halb scherzhaft.

„Ernsthaft", fuhr Robin fort. „Große, etablierte Märkte sind reguliert. Regierungen setzen Standards, und die Industrien haben Lobbyisten und professionelle PR-Teams, die geschickt steuern, was wir zu denken haben. Der CO_2-Markt hingegen ist zu klein, um diese Strukturen aufzubauen. Ohne Regulierung kann er aber nicht skalieren, und ohne Skalierung fehlt das Geld für professionelle Kommunikation. Die eigene Schwäche frisst ihn auf – die Schlange beißt sich in den Schwanz."

Andy schlug die Hände vors Gesicht. „Tatsächlich. Und ich dachte, wir hätten alle Paradoxe schon gefunden." Nach einer Pause fuhr er fort: „Aber, ganz ehrlich, es ist bald Zeit, die große Frage zu stellen. Wie geht es weiter? Geht es überhaupt weiter? Oder sollen wir die Sache aufgeben?"

Sie standen einen Moment lang schweigend da und sahen auf die verkohlten Stümpfe und die Stadt unter ihnen.

Er hat recht, dachte Robin. *Was kommt als Nächstes? Sind wir Menschen einfach zu ignorant, um uns selbst zu retten, obwohl wir die Zusammenhänge kennen? Ist das das größte Paradox überhaupt – je mehr wir wissen, desto tiefer stecken wir den Kopf in den Sand?*

Er schaute zum Waldrand. „Das wäre jetzt der perfekte Moment für die beiden Hirsche", sagte er und würgte ein zögerliches Lachen hervor. „Genau jetzt sollten sie aus dem Wald springen und uns mit einer neuen Idee inspirieren."

Doch keine Hirsche erschienen. Sie waren alle verschwunden. Stattdessen bewegte sich etwas anderes. Eine einsame Gestalt trat aus dem verbrannten Wald und kämpfte sich den steilen Hang hinauf. Sie trug einen dunklen Trenchcoat, das Gesicht halb verdeckt von einem braunen Filzhut.

Robin legte den Kopf leicht schräg. „Seht ihr das?"

Ella und Andy blickten vom Geländer auf. „Ja", sagte Ella langsam. „Ein Mann ... Kommt er euch nicht bekannt vor?"

Andy kniff die Augen zusammen. „Moment. Ist das nicht Paul Becker?"

Tatsächlich war es der Umweltminister persönlich, der sich allein den Aufstieg auf den Niburger Berg vorgenommen hatte. Die drei wurden etwas nervös, als Becker schließlich die Plattform erreichte, offenbar zunächst ohne sie zu bemerken.

Ella trat mit einem höflichen Lächeln vor. „Guten Tag, Herr Dr. Becker. Schön, Sie hier zu treffen."

Becker blieb überrascht stehen, schwer atmend vom Aufstieg. Seine Brille war beschlagen; er wischte sie mit dem Hemdsärmel ab, bevor er Ella erkannte. „Ella Andersson! Das ist ja eine angenehme Überraschung." Er blickte zu den anderen. „Und Ihre Kollegen – verzeihen Sie, wie waren noch gleich ihre Namen?"

Das Markt-Paradox

„Robin Trebon und Andreas Lelong, Herr Minister", antwortete Ella. „Andy ist gerade aus Demba zurückgekehrt. Wir haben unsere erste Verifizierung der CO_2-Zertifikate abgeschlossen."

„Aha, ausgezeichnet, ich gratuliere." Becker tupfte sich den Schweiß von der Stirn. „Und wie läuft es in Demba? Wie entwickeln sich Ihre Projekte?"

Andy trat von einem Fuß auf den anderen. „Nun, Herr Minister ... Die Projekte kommen eigentlich gut voran, auch wenn es natürlich immer wieder Rückschläge gibt. Aber der CO_2-Markt steckt in der Krise, das muss man ehrlich sagen."

„Das bekommen wir im Ministerium leider auch zu spüren", entgegnete Becker. „Aber ich habe Hanrattys Artikel über Ihre Projekte in der Neuen Canländer Zeitung gelesen. Beeindruckend, wie die neue Schule den Fluten standgehalten hat. Internationale Klimafinanzierung senkt nicht nur Emissionen, sie rettet auch Leben. Ihr Projekt ist ein gutes Beispiel dafür."

„Vielen Dank", lächelte Robin. „Frau Hanratty hat Demba schon vor zwei Jahren besucht. Aber letzten Herbst gab es wieder eine schwere Flut – diesmal in Yolo. Ich fürchte, das war der traurige Aufhänger, den sie gebraucht hat, um die Geschichte endlich bringen zu können. Ohne Drama, Skandal oder Sensation schafft man's heute kaum noch in die Medien."

Becker nickte nachdenklich und ließ den Blick über die Stadt im Abendlicht schweifen.

„Ganz ehrlich, Herr Minister", sagte Robin schließlich, „selbst wenn sich die CO_2-Märkte erholen, haben naturbasierte Projekte wie Waldschutz und Aufforstung einen schweren Stand. Die Leute bevorzugen technische Lösungen, die angeblich einfacher, transparenter und sicherer sind. Und jetzt, nach dem Niburger Feuer, fühlen sich die Kritiker bestätigt: ‚Bäume können brennen, sie sind keine dauerhafte Lösung.' Dabei ist es doch paradox: Gerade jetzt wäre Waldschutz wichtiger denn je."

Becker's Miene verdüsterte sich. „Ja, mir ist aufgefallen, dass ein regelrechter Konkurrenzkampf herrscht zwischen den verschiedenen

Anbietern von Klimaschutzlösungen. Jeder hält die eigene für überlegen und gönnt den anderen keinen Erfolg. So kommen wir nicht weiter."

Nach einem Moment der Stille sagte Ella leise: „Dieser sinnlose Wettbewerb ist Ausdruck von Verzweiflung. Uns fehlt politische Unterstützung. Die ganze Idee bricht unter ihren eigenen Widersprüchen zusammen."

Becker nickte langsam. „Ich weiß, Frau Andersson. Ich verfolge Ihre Arbeit seit Langem. Sie haben alles versucht. Wir haben versagt – als Gesellschaft, als Wissenschaftler, vor allem aber als Politiker. Unser System belohnt diejenigen, die den Planeten verschmutzen und die Ressourcen künftiger Generationen ausbeuten. Es belohnt nicht die, die ihn schützen."

Seine Stimme wurde schwer. „Jedes Jahr fahre ich zu den internationalen Klimakonferenzen. Jedes Jahr dieselben Themen: ‚Loss and Damage‘, CO_2-Märkte, Klimagerechtigkeit. Wir schmieden Allianzen, gründen Arbeitsgruppen, verabschieden Erklärungen – und doch bleibt der Fortschritt minimal. Erinnern Sie sich, als Sie mich damals in meinem Büro besuchten, um über Artikel 6 des Pariser Abkommens zu sprechen?"

Ella nickte. Ein Schauer lief ihr über den Rücken. Die Erwähnung jenes Tages rief unwillkürlich Erinnerungen an Simon hervor. Sie hatte lange nicht mehr an ihn gedacht. Was wohl aus ihm geworden war?

„Nach vielen Jahren haben wir zwar ein Regelwerk verabschiedet", fuhr Becker fort, „aber das System funktioniert nicht. Es ist zu komplex, wir sind zu zerstritten. Wir brauchen etwas Anderes, etwas Einfacheres und Praktikableres. Und wir müssen den Privatsektor einbinden. Die Steuerzahler allein können die Kosten nicht mehr tragen, besonders jetzt, wo sich die politischen Prioritäten in Richtung Sicherheit und Militär verschieben."

Er hielt inne und blickte über den verbrannten Hang, als suche er nach einem Zeichen. „Deshalb bin ich heute hier heraufgekommen.

Um nachzudenken. Um zu verstehen, was ich vielleicht übersehen habe. Und nun treffe ich Sie hier – was für ein interessanter Zufall."

Ella lächelte schwach, doch Beckers Gesicht blieb ernst.

„Hören Sie", sagte er schließlich. „Ich will Sie nicht aufhalten. Aber würden Sie mich auf eine Tasse Tee im Restaurant begleiten? Nur eine halbe Stunde. Ich hätte ein paar Fragen."

Als sie das Restaurant verließen, lag der Niburger Berg in tiefer Dunkelheit. Nur die Skyline glühte – ein Lichtermeer, genährt von fossiler Energie. Der Himmel darüber war wolkenlos, aber seltsam leer.

„Ich versuche immer noch, das alles zu begreifen, Herr Minister", sagte Andy nach einer Weile. „Glauben Sie wirklich, dass das funktionieren kann?"

Becker nickte langsam, die Hände auf dem Rücken verschränkt. „Ich kann nichts versprechen, Herr Lelong. Aber dieser Plan hat eine Chance – und wir sind nicht allein. Ich kenne Amina Keita gut. Sie ist die Umweltministerin von Demba, und eine der entschiedensten Verfechterinnen internationaler Klimafinanzierung, die ich kenne."

Weiter unten auf dem Parkplatz wartete Beckers Wagen – eine schwarze Elektro-Limousine, deren Scheinwerfer wie zwei ruhige Augen in der Dunkelheit glühten. Der Fahrer stand schon bereit, als sich die Türen mit einem sanften Summen öffneten.

„Ich hab mich schon gefragt, wie wir wieder in die Stadt hinunterkommen sollen", sagte Ella und lachte leise, während sie mit Robin und Andy einstieg.

Teil Fünf

Die Wiedergeburt des Traums

Der Anruf

MINISTERIN AMINA KEITA

Paul, kannst du mich hören?

MINISTER PAUL BECKER

Laut und deutlich, Amina. Wie geht's dir?

KEITA

Paul? Du bist noch auf Stummschaltung!

BECKER

Uff ... jetzt?

KEITA

Ah, jetzt bist du da! Passiert mir ständig. Auch nach zwanzig Jahren Videokonferenzen hab ich mich immer noch nicht daran gewöhnt.

Das Klima-Paradox

BECKER

Meine Güte, Amina. Zwanzig Jahre ... erinnert mich an unsere Zeit in den Klimaverhandlungen. Erinnerst du dich an Kopenhagen? Wütende Delegierte, die stundenlang in den Warteschlangen standen? Bei minus zehn Grad ... Und dann dieser schreckliche, überfüllte Sitzungssaal, als wir mitten in der Nacht versuchten, eine Videokonferenz mit dem Präsidenten von Demba aufzubauen?

KEITA

Mein Güte. Die CoP15-Konferenz. Was für ein Albtraum. Und dann ist dein Premierminister auf dem Podium eingeschlafen, erinnerst du dich? Dieses Bild werde ich nie vergessen.

BECKER

Es war unfassbar. Was haben wir falsch gemacht, Amina? Auf dieser Konferenz waren fünfzigtausend Teilnehmer. Alle waren so motiviert und voller Hoffnung. Wir haben an einen großen Durchbruch geglaubt. Wir wollten das Kyoto-Protokoll verlängern. Wir rechneten mit einem massiven Schub für die internationale Klimafinanzierung. Und dann ist alles zusammengebrochen.

KEITA

Es war verrückt. Wir konnten die Gespräche nicht einmal richtig beginnen, weil die Dolmetscher in den Schlangen am Eingang feststeckten ...

BECKER

Ja, das war wohl der Anfang des *Schwarm-Paradoxes* ...

KEITA

Des was?

Der Anruf

BECKER

Des *Schwarm-Paradoxes.* Eine paradoxe Situation: Je mehr
Menschen sich für den Klimaschutz einsetzen, desto weniger Fortschritt scheint es zu geben. Weil sich alle gegenseitig auf den Füßen
stehen. Eine der vielen Paradoxien, die wir überwinden müssen,
Amina. Aber wie geht's dir? Alles gut?

KEITA

Ich halte durch. Aber wir kommen nicht vom Fleck, Paul. Du hast
von den katastrophalen Überschwemmungen vor zwei Monaten
gehört, oder? Diesmal war es Yolo. Und bei euch? Wie kommt
Canland nach diesen Waldbränden zurecht?

BECKER

Es war hart. Offiziell heißt es: *Canland, schau nach vorn. Gemeinsam
schaffen wir das!* Aber ehrlich gesagt, das ist alles nur PR.

KEITA

Klar, die Menschen brauchen Hoffnung. Aber wir können nicht
ewig auf heile Welt machen. Es wird immer schlimmer. Canlands
Klimaziele sind schlicht nicht ambitioniert genug, Paul. Wir in
Demba sind bereit, unseren Teil zu tragen. Aber wir müssen realis-
tisch bleiben. Unsere Emissionen liegen bei nur einer Tonne pro
Kopf. Eure sind zehnmal so hoch. Und ihr habt mit euren Fabriken
über ein ganzes Jahrhundert hinweg massenhaft CO_2 ausgestoßen.
Wir nicht. Insgesamt ist das einfach nicht gerecht. Dazu kommt:
Wenn eure Wälder brennen, zahlen die Versicherungen. Wenn unsere
Flüsse das Land überfluten, verlieren unsere Bauern alles.

BECKER

Ich weiß, ich weiß, Amina. Es ist ungerecht – und genau diese Ungerechtigkeit blockiert die Klimaverhandlungen seit Jahren. Aber glaub

mir, auch in Canland ist es alles andere als einfach. Letztes Jahr hatten wir hier Parlamentswahlen. Die Bewegung der Wahren Canländer hat einen großen Sieg errungen. Ein Grund dafür ist offenbar, dass sie den Klimawandel leugnen und ihn als Erfindung reicher Eliten darstellen. Das scheint bei vielen Menschen gut anzukommen.

Jetzt haben sie sich unsere CO_2-Steuer vorgenommen. Sie behaupten, die Steuer sei bloß ein Vorwand, um arbeitende Menschen zu bestrafen – um ihnen ihre günstigen Ölheizungen, ihre Autos und ihre Urlaubsflüge wegzunehmen. Ihr Anführer präsidiert übrigens den Verband der Ölimporteure. Aber das ist eine andere Geschichte.

Von unseren Zielen im Pariser Abkommen sind wir weit entfernt. Derzeit kämpfen wir nur noch darum, wenigstens die CO_2-Steuer zu retten – und selbst das ist schon ein harter Kampf.

Apropos Kampf: Kennst du Matipa? Sie arbeiten mit einer canländischen Firma namens Five Elements zusammen.

KEITA

Natürlich kenne ich sie. Wanga Namira ist hier in Demba ein Star. Sie arbeiten unter anderem in Coltra East. Ihre neue Schule in Yolo war eines der wenigen Gebäude, die bei der Flut nicht weggeschwemmt wurden. Unsere Regierung unterstützt sie, aber auch sie haben es im Moment schwer. Sie hatten große Hoffnungen auf die CO_2-Zertifikate gesetzt – doch derzeit will die niemand kaufen. Die Frage ist nun, ob sich daran durch das Pariser Abkommen etwas ändern könnte. Du erinnerst dich, Paul: Wir haben oft darüber gesprochen. Du hast immer darauf bestanden, dass Canland seine Priorität auf Emissionsminderungen im eigenen Land legt und keine Projekte im Ausland finanziert.

BECKER

Das stimmt im Grundsatz immer noch. Wir *sollten* Emissionen zu Hause reduzieren. Aber ehrlich gesagt, Amina – ich habe erkannt, dass das einfach nicht reicht. Schon gar nicht im derzeitigen, ziem-

lich unfreundlichen politischen Klima. Vor ein paar Wochen habe
ich die jungen Gründer von Five Elements getroffen. Das Gespräch
war sehr aufschlussreich. Nach all den Jahren komme ich zum
Schluss, dass es – trotz der ganzen Verwirrung rund um CO_2-Zertifi-
kate – im Moment keine wirkliche Alternative gibt.

Und genau deshalb habe ich dich angerufen, Amina. Five Elements
sagt, das Waldprojekt in Coltra East sei stark gefährdet. Wenn sie
nicht bald einen Käufer für die Zertifikate finden, wird der Landbe-
sitzer seine Konzession verkaufen – und der Wald wird gerodet. Ist
das nicht genau dort, wo ihr gerade die Überschwemmung hattet?

KEITA

Ganz genau – das Projekt meinte ich vorhin, das mit der Schule.
Matipa hat sich bei uns gemeldet und gefragt, ob wir die Konzession
zurückkaufen könnten. Aber uns sind die Hände gebunden. Beim
Internationalen Währungsfonds kämen wir damit niemals durch,
denn dafür müssten wir neue Schulden machen. Wenn Canland im
Rahmen von Artikel 6 des Pariser Abkommens mit uns zusammenarbeiten würde, hätten wir mehr Spielraum. Wir könnten etwa ein
Viertel der Gesamtkosten übernehmen. Glaubst du, das wäre ein
gangbarer Weg?

BECKER

Nun ... vielleicht schon. Ich habe eine ähnliche Idee im Kabinett
getestet und bin damit – sagen wir's mal so – zumindest nicht auf
Ablehnung gestoßen. Aber die Zahlen sind brutal. Unsere Militär-
ausgaben steigen jedes Jahr. Auch wir können das nicht allein stemmen. Politisch ist das einfach nicht machbar. Die Wahren Canländer
würden uns zerreißen. Ich sehe nur einen realistischen Weg: Wir
müssen die Privatwirtschaft ins Boot holen – Unternehmen, Stiftun-
gen, sogar Einzelpersonen. Alle müssen beitragen. Und das wird
nicht leicht. CO_2-Zertifikate stecken in einer tiefen Vertrauenskrise.
Die Medien haben sich regelrecht darauf eingeschossen. Aber ...

Das Klima-Paradox

KEITA

Das überrascht mich nicht. Hast du gesehen, welche verzerrten Darstellungen einige eurer Medien über unser Land und unsere Projekte verbreiten?

BECKER

Ja, ich habe einiges davon gelesen. Viele Beiträge waren unpräzise, viele Informationen aus dem Zusammenhang gerissen oder unvollständig. Offen gesagt – und das bleibt bitte zwischen uns – ein Journalist hat mir gegenüber kürzlich eingeräumt, dass er die Qualitätsprobleme kennt, aber klare Vorgaben der Redaktion hat: Bei Berichten über Demba müsse es um Konflikte, Korruption oder Krisen gehen. Andere Narrative ließen sich kaum platzieren.

KEITA

Dann sollten sie nach Demba kommen und die Projekte vor Ort prüfen. Sie könnten mit den Menschen sprechen, die mit konkreten Maßnahmen zur Emissionsreduktion beitragen.

BECKER

Dafür fehlen vielen schlicht die Ressourcen. Immerhin hat die *Neue Canländer Zeitung* kürzlich einen Hintergrundartikel veröffentlicht, der hier für Diskussion gesorgt hat.

Aber grundsätzlich hast du recht: Die fachliche Expertise für naturbasierte Lösungen liegt vor allem in Demba ...

KEITA

... und die Finanzkraft in Canland. Dabei geht es nicht um Entwicklungshilfe. Wir erbringen eine Dienstleistung – auch für euch. Wenn wir den Wald schützen sollen, die grüne Lunge der Welt, dann tun wir das vor allem auch für euch. Aber das geht nicht gratis. Unsere

Bauern, viele aus indigenen Gemeinschaften, arbeiten unter schwierigsten Bedingungen mit minimalen Mitteln.

BECKER

Ich stimme zu. Jetzt müssen wir eine gemeinsame Lösung entwickeln. Das Pariser Abkommen existiert seit über zehn Jahren, Artikel 6 seit fünf. Aber der internationale Prozess verläuft schleppend: unklare Definitionen, divergierende Standards, langwierige Verfahren. So entsteht kaum Investitionssicherheit. Kein Wunder, dass der Privatsektor nicht mitmacht.

KEITA

Auch wir hätten den Mechanismus besser kommunizieren können – sowohl gegenüber internationalen Partnern als auch gegenüber unserer eigenen Bevölkerung. Die Komplexität erschwert die Akzeptanz.

BECKER

Und hier in Canland haben wir es bisher nicht geschafft, klare Leitplanken für die Privatwirtschaft zu setzen. Was zählt als echte Klimaschutzmaßnahme? Was wird erwartet? Was ist Greenwashing? Wer entscheidet das? Welche Standards gelten? Wir regulieren alles – Arbeit, Sicherheit, Daten –, aber bei Nachhaltigkeit bleiben wir vage. Kein Wunder, dass Verwirrung herrscht. Kein Wunder, dass Firmen im Zweifel gar nichts tun.

KEITA

Dann sollten wir diese Lücke nun gemeinsam schließen. Die Zeit drängt. CO_2-Zertifikate sind komplex, ja, aber was wäre die Alternative? Das Pariser Abkommen bietet den Rahmen. Jetzt müssen wir dafür sorgen, dass der Mechanismus tatsächlich funktioniert.

In Demba sind wir bereit, Ministerien an einen Tisch zu bringen,

Rechtsrahmen zu harmonisieren und Investoren verlässliche Standards zu setzen – orientiert am Pariser Abkommen.

BECKER

Das wäre ein wichtiger Schritt. Und auf unserer Seite werde ich versuchen, die relevanten Akteure einzubinden: die Ministerien, die Wirtschaft, die Banken, die Experten. Wir müssen klar kommunizieren: CO_2-Zertifikate lösen nicht alle Probleme, aber sie sind ein valides Instrument im Klimaschutzportfolio.

Mit klareren Regeln können wir zumindest einen funktionierenden Markt schaffen. Wenn uns das gelingt, könnte Canland international ein positives Signal setzen. Und konkret in Demba könnten wir ausreichend Zertifikate erwerben, um den Rückkauf der Waldkonzession in Coltra East zu ermöglichen. Das hätte unmittelbare Wirkung.

KEITA

Das wäre großartig, Paul. Aber trotzdem: Eine Sache lässt mir keine Ruhe. Vielleicht können wir Politiker, Geschäftsleute und Experten von unserem Plan überzeugen. Aber wie sieht es mit der Öffentlichkeit aus? Mit der Jugend? Mit den Bauern? Mit denen, die den Glauben an den Klimaschutz verloren haben?

Wie gewinnen wir das Vertrauen der Menschen zurück? Wie zeigen wir, dass Klimaschutz gerecht ist und Chancen für alle bietet? Wie wecken wir wieder Begeisterung?

BECKER

Hm. Ja, das wird nicht einfach. Als Ministerien können wir einige Paradoxien durch klügere Regulierung entschärfen und mit gutem Beispiel vorangehen. Aber in unseren liberalen Demokratien entscheidet am Ende die Öffentlichkeit. Trotzdem könnten wir einen Rahmen schaffen – eine Plattform für eine breite Diskussion, vielleicht sogar für Inspiration.

Der Anruf

Übrigens: Amina, unsere beiden Länder feiern doch jeweils am 15.
August Nationalfeiertag, oder?

KEITA

Ja, das tun wir. Und das ist kein Zufall. Unsere Unabhängigkeitskämpfer begannen die Revolution, während eure Kolonialgouver-
neure den canländischen Nationalfeiertag feierten. Deshalb feiern
wir genau diesen Tag als unseren Unabhängigkeitstag – mit Festen
im ganzen Land, mit Musik und Tänzen.

BECKER

Hier in Niburg fanden die Feiern früher immer auf dem Niburger
Berg statt. Einst ein dichter Wald, ein Garten voller Leben. Heute ist
dort nur noch Staub und Asche.

Aber vielleicht könnte der Nationalfeiertag genau der Anlass sein,
dorthin zurückzukehren – nicht um zu trauern, sondern um Neues
zu schaffen.

Wie wäre es, wenn wir dieses Jahr unsere Feiern zusammenlegen?
Canlands Nationalfeiertag und Dembas Unabhängigkeitstag – zwei
Feste der Freiheit, Seite an Seite.

Wir würden unsere Menschen einladen, mit eigenen Händen etwas
Greifbares zu schaffen: die Asche wegzuräumen, neues Leben zu
pflanzen. Zu zeigen, wie Erneuerung aussieht – hier und jetzt. Was
meinst du?

KEITA

Was für eine großartige Idee, Paul. Und vielleicht könnte das sogar
der Tag sein, an dem wir unsere Zusammenarbeit unter Artikel 6
offiziell bekannt geben?

BECKER

Dann lass uns loslegen, Amina. Bis bald!

Das Klima-Paradox

KEITA

Mögen der Himmel, die Tiere, die Berge, der Wald und der Ozean mit uns sein!

Der Brief

Es war ein grauer, regnerischer Oktobermorgen. Ella schenkte sich gerade einen Kaffee aus Professor Turmans alter Maschine ein, als im Büro von Five Elements ein eingeschriebener Brief eintraf.

Regierung von Canland
Ministerium für Umwelt und Klima
Minister Dr. Paul Becker
Brown Valley Avenue 68
10001 Niburg

Frau Ella Andersson, CEO
Five Elements AG
Start-up Innovation Hub
Universität Niburg, Ostgebäude
Platz der Wissenschaften 3
10025 Niburg

Betreff: Einladung zur Zusammenarbeit gemäß Artikel 6 des Pariser Abkommens

Sehr geehrte Frau Andersson

Im Namen des Umweltministeriums möchte ich meinen aufrichtigen Dank für das anregende und aufschlussreiche Gespräch mit

Das Klima-Paradox

Ihnen und Ihren Mitgründern von Five Elements aussprechen. Ihre Expertise und Ihr Engagement für den Klimaschutz haben einen bleibenden Eindruck hinterlassen.

Ich freue mich, Ihnen mitteilen zu können, dass die Regierungen von Demba und Canland nach intensiven Beratungen offiziell eine Absichtserklärung (Memorandum of Understanding) unterzeichnet haben, die den Rahmen für eine Zusammenarbeit gemäß Artikel 6 des Pariser Abkommens bildet.

Im Zuge dieser Vereinbarung laden wir Unternehmen ein, die Klimaschutzprojekte in Demba entwickeln möchten, ihre Vorschläge einzureichen – mit Blick auf eine offizielle Zertifizierung und mögliche Kofinanzierung. Die von Matipa in Zusammenarbeit mit Five Elements initiierten Projekte wurden uns als besonders vielversprechende Kandidaten empfohlen.

Bitte beachten Sie, dass für jeden erfolgreichen Projektvorschlag ein substanzieller finanzieller Beitrag aus dem privaten bzw. nichtstaatlichen Sektor erforderlich ist, da der Finanzierungsanteil der Regierungen von Canland und Demba auf maximal 50 % begrenzt ist.

Sollte diese Möglichkeit für Sie von Interesse sein, laden wir Sie herzlich ein, auf unsere offizielle Ausschreibung zu reagieren. Die entsprechenden Einzelheiten finden Sie auf unserer Website.

Wir würden uns sehr freuen, mit Ihnen im Sinne wirksamer und nachhaltiger Klimaschutzmaßnahmen zusammenzuarbeiten.

Abschließend noch ein Hinweis: Wie Sie vielleicht den Medien entnommen haben, planen Canland und Demba, im Zeichen des Klimaschutzes eine gemeinsame Feier zu ihren Nationalfeiertagen auszurichten. Wir würden uns freuen, Five Elements als Beitragende an diesem wichtigen Ereignis begrüßen zu dürfen.

Mit freundlichen Grüßen
Dr. Paul Becker
Umwelt- und Klimaminister der Republik Canland

„Leute! Schaut euch das an!", rief Ella durchs Großraumbüro und schwenkte den Brief über ihrem Kopf.

Mehrere Köpfe tauchten hinter den Laptops auf.

Robin schnappte sich das Schreiben und überflog es – einmal, zweimal, ein drittes Mal.

„Das ist … krass", stammelte er. „Becker hat es also ernst gemeint. Er hat es wirklich getan. Offenbar hat er Keita kontaktiert und die Idee mit dem Deal unter dem Pariser Abkommen eingebracht. Wenn das klappt, könnte Demba die Forstkonzession in Coltra East zurückkaufen."

Andy runzelte die Stirn. „Aber ist das jetzt überhaupt noch möglich? Wanga meinte doch, Walmera und Kewala Palm hätten bereits eine Vereinbarung unterschrieben und Kewala mache gerade ihre Sorgfaltsprüfung."

Ella ließ den Blick erneut über den Brief gleiten. „Wir werden sehen. Immerhin haben die Regierungen in nur wenigen Monaten eine Absichtserklärung zustandegebracht. Das zeigt, dass sie es ernst meinen – und glauben, dass es funktionieren könnte."

„Und die Privatwirtschaft?", fragte Robin. „Man müsste ja auch noch mindestens eine Firma ins Boot holen. Sollen wir die Leute bei Rower anrufen?"

Andy schüttelte den Kopf. „Vergiss es. Die würden uns nur auslachen. Ich hab heute Morgen gelesen, dass sie ihre Investitionen in den Deep-Ocean-Piloten verdreifachen. Sie prahlen schon damit, bald tausend Kilogramm CO_2 zu absorbieren."

Ella starrte einen Moment aus dem Fenster, dann drehte sie sich abrupt um. „Ich sage es ungern – aber unsere einzige Chance ist Cresta."

Robin verzog das Gesicht. „Ernsthaft?"

Ella hob den Brief wie eine Trophäe. „Erinnerst du dich an die furchtbare Cresta-Generalversammlung vor zwei Jahren? Als der Typ von der Nationalen Pensionskasse aufstand und sagte, Cresta dürfe sich nur fürs Klima engagieren, wenn die Regierung zuerst vorangehe? Nun – dieser Moment ist gekommen."

Ella schlüpfte in die enge Telefonkabine.

„Ella? Was geht? Long time no see! Hast du was von dem frischen Powder mitgenommen nach diesem verrückten Schneesturm nach Ostern? Wegen des gesperrten Sova-Gletschers mussten wir in den Norden fliegen. Aber Mann, das war ein Spaß – frischer Powder überall! Darauf habe ich den ganzen Winter gewartet!"

„Schön, deine Stimme zu hören, Matt. Ja, ist eine Weile her. Nein, den Schnee hab ich leider verpasst. Schade. Hoffentlich schaffen wir es nächstes Jahr auf ein paar Abfahrten zusammen – falls es dann noch Schnee gibt. Hör zu: Ich habe große Neuigkeiten. Die Regierungen von Canland und Demba haben sich auf eine Zusammenarbeit für Klimaschutzprojekte geeinigt. Sie möchten Projekte gemeinsam finanzieren, aber nur, wenn der Privatsektor mitzieht. Was meinst du – könnte Cresta hier eine Rolle spielen?"

„Wow. Das überrascht mich. Ich dachte, die ganze CO_2-Zertifikate-Nummer hätten sie längst an den Nagel gehängt. Hm ... Ich könnte das mal bei Thomas ansprechen."

Er senkte die Stimme. „Ganz ehrlich, Ella: Seit wir das Klimaneutralitätsprogramm vor zwei Jahren eingestellt haben, sparen wir massig Geld. Keiner beschwert sich, niemand vermisst es. Verrückt, aber so läuft's."

„Matt, komm schon. Erinnerst du dich an die Generalversammlung? Die Aktionäre haben euren Klimaplan mit dem Argument abgeschmettert, die Regierung müsse zuerst liefern. Jetzt tut sie es. Diese Ausrede zählt nicht mehr."

„Ach, hör mir auf mit dieser Generalversammlung. Was für eine Horror-Show. Das ganze Gelaber über Greenwashing ... Schau, die Wahrheit ist brutal: Wir tun inzwischen gar nichts mehr fürs Klima – und wir fahren ziemlich gut damit. Kein Drama, keine Debatten.

Der Brief

Ich musste mein halbes Team entlassen, ja, das war mies. Aber hey: Die Welt ist mies. Was sollen wir machen? Besser den Powder genießen, solange es noch welchen gibt."

„Ernsthaft, Matt. Das ist doch die Chance, wieder etwas geradezubiegen. Was bräuchte es, damit Cresta wieder einsteigt?"

„Willst du die ehrliche Antwort? Wir haben null Bock auf einen weiteren Skandal auf der Titelseite irgendeiner canländischen Zeitung. Erinnerst du dich, wie uns das Niburger Sonntagsblatt zerlegt hat? Thomas hätte beinahe seinen Job verloren. Der Druck war enorm. Und als wir die Klima-Vision dann begruben, da herrschte nur Stille. Keine Aktivisten, keine Journalisten. Es kratzte keinen. Die Empörungsmaschine springt nur an, wenn jemand versucht, etwas Gutes zu tun."

„Ja, ja. Das *Freiwilligkeits-Paradox*, das *Versprechen-Paradox*. Ich weiß. Aber hör zu: Wie wäre es, wenn wir die Climate Warriors hinter diese Initiative bekommen? Wenn sie euch öffentlich den Rücken stärken? Würdet ihr es dann wagen?"

„Das könnte helfen, ja. Wir bräuchten eine neue Storyline. Eine völlig neue Geschichte. Wir dürfen nicht wieder in die alten Kontroversen rutschen."

„Ich melde mich, Matt. Vielleicht hat das Niburger Feuer etwas verändert. Der Klimawandel ist nicht mehr abstrakt. Wir haben keine Zeit mehr für dieselben endlosen Debatten."

„Sag Bescheid, Ella. Und viel Glück."

„Und? Wie lief's?", fragte Robin, als Ella aus der Kabine trat.

Sie sah besorgt aus. „Leute, wir müssen mit Remy sprechen."

„Mit Remy?" Robin hob die Augenbrauen. „Warum? Wenn die Climate Warriors von dem Brief Wind bekommen, drehen sie das sofort wieder in einen Greenwashing-Skandal."

Ella zuckte die Schultern. „Realistisch gesehen: Das Engagement der Regierung ist eine riesige Chance. Aber sie erwarten, dass der Privatsektor vorangeht. Cresta könnte mitziehen. Allerdings haben sie sich an dem ganzen CO_2-Zertifikate-Theater schon einmal die Finger verbrannt – viel Geld ausgegeben und am Ende nur schlechte Presse kassiert. Warum sollten sie das erneut riskieren? Wenn wir sie zurück an den Tisch holen wollen, brauchen wir so etwas wie einen Waffenstillstand mit den Warriors. Sie müssen keine Cheerleader für CO_2-Zertifikate werden, aber sie müssten zumindest akzeptieren, dass sie ein Werkzeug gegen den Klimawandel sein können."

Andy drehte seinen Kugelschreiber zwischen den Fingern.

„Soll ich Remy eine E-Mail schicken?", fragte er schließlich.

Den restlichen Tag arbeiteten sie in gespannter Stille. Sie luden Projektdaten aus der Cresta-Monitoringplattform, klickten sich durch Präsentationen und aktualisierten ihre Unterlagen. Gerade als Robin den ersten Entwurf eines Antwortschreibens an das Umweltministerium abgeschlossen hatte, verzog sich Andys Gesicht.

„Remy hat geantwortet!"

Alle Köpfe fuhren herum.

Hi Andy,

Ist schon lange her – schön, von dir zu hören. Ja, du hast recht: Wir verlieren den Kampf gegen den Klimawandel. An die Gier, die Ignoranz, die Gleichgültigkeit. Ich habe die Aufnahmen aus Yolo gesehen. Verheerend. Wir schlafwandeln in den Klimakollaps.

Und wenn selbst das Abbrennen des Niburger Bergs uns nicht aufrüttelt – was dann?

Zu den CO_2-Zertifikaten: Ich verstehe dein Argument. In einem politischen Klima, in dem kaum jemand bereit ist, sinnvolle Klimaschutz-

maßnahmen zu finanzieren, wirken CO_2-Zertifikate als eines der wenigen verbleibenden Instrumente.

Ich gebe auch zu, dass einige unserer Botschaften bei manchen Reportern eine regelrechte Fressorgie ausgelöst haben. Glaub mir, das war nicht unsere Absicht.

Aber die grundlegenden Probleme bestehen weiterhin: Kompensation ist unzuverlässig, anfällig für Greenwashing und kann als Vorwand dienen, um Emissionen hier in Canland nicht zu senken. Wenn ihr den CO_2-Zertifikaten wirklich neues Leben einhauchen wollt, müsst ihr das Konzept neu denken. Bis dahin sehe ich ehrlich gesagt nicht, wie wir unsere Haltung ändern könnten.

Wie auch immer – bleibt dran. Und grüß deine Leute von mir.

Herzlich,

Remy

Der Professor

„Und jetzt ... was machen wir?", durchbrach Robin schließlich das lange Schweigen. „Ohne die Unterstützung der Climate Warriors holen wir Cresta nicht ins Boot. Ohne Cresta bekommen wir den Regierungsauftrag nicht. Und ohne den Auftrag können wir die Abholzung in Coltra East nicht stoppen. Kein Wald, keine Credits – und keine Five Elements. Das ist kein Paradox. Es ist ein Puzzle. Uns fehlt ein Teil."

„Five Elements, ja ..." Andy rollte jetzt eine Zigarette statt des Kugelschreibers zwischen den Fingern. „Das Konzept neu denken ..."

„Was plapperst du da?", fragte Ella.

„Nur ... ein witziger Zufall", sagte er. „Remy spricht von ,Konzept neu denken'."

Ella fixierte ihn. „Wie meinst du das? Du glaubst, Remy schickt dir eine kryptische Botschaft?"

„Nein, aber ich glaube, sie hat recht." Andy lehnte sich zurück und ließ den Blick für einen Moment ins Leere gleiten. „Wisst ihr noch letztes Jahr, als ihr zu diesem fürchterlichen Klimagipfel musstet? Währenddessen steckte ich in Demba fest und kämpfte mit den endlosen Anforderungen von vier verschiedenen Qualitätsstandards."

Der Professor

Er holte tief Luft und widerstand dem Drang, die Zigarette anzuzünden.

„Eines Abends saß ich mit Wanga noch spät in der Matipa Lodge. Wir diskutierten diese ganze Kontroverse – und kamen zum gleichen Schluss: CO_2-Zertifikate, so wie wir sie heute kennen, funktionieren nicht. Wenn sie jemals funktionieren sollen, müssen wir sie komplett neu denken. Neu verstehen. Ihnen einen neuen Sinn geben."

Er wandte sich an Robin. „Und das beginnt damit, dass wir deine Paradoxe nicht länger ignorieren. Wir müssen sie offen auf den Tisch legen. Wenn wir sie lösen können, gut. Wenn nicht, müssen wir sie wenigstens ehrlich benennen."

Andy sah die beiden nun mit ungewohnter Ernsthaftigkeit an. „Wanga meinte, die Weisheit der Belé könnte einen Schlüssel liefern. Die fünf Elemente ihres Volkes stehen für die Verbindung allen Lebens mit seiner Umwelt. Solange man CO_2-Zertifikate nur als nackte Währung begreift, können sie nie die Strahlkraft entfalten, um echte Probleme wie Waldverlust oder Klimawandel zu bewältigen. Sie schlug vor, die Zertifikate innerhalb eines völlig neuen Rahmens zu definieren."

Er zögerte, dann fuhr er fort:

„In dieser Nacht haben wir tatsächlich angefangen, etwas auf Papier zu kritzeln. Ein erstes Konzept – ein Ansatz, der auf den fünf Elementen der Belé basiert."

„Und dann?", fragte Robin gespannt.

„Dann kamen mehr Probleme und Rückschläge. Ich hab das Ganze ehrlich gesagt völlig vergessen. Erst Remys E-Mail hat mich wieder daran erinnert ...“

„Hast du diese Notizen noch?", fragte Ella. „Kann ich sie sehen?"

Ella ließ den Blick durch das enge Büro wandern, über die überfüllten Bücherregale und die vergilbten Karten an den Wänden.

313

Vor vier Jahren hatten sie und Robin genau hier gesessen, auf denselben Stühlen, und Professor Dieter Turman ihre wilde Idee von CO_2-Zertifikaten in Demba präsentiert. Jetzt waren sie zurück – älter, mit einigen Antworten, aber noch mehr Fragen.

„Was ist aus Ihrem bunten Pigou-Steuer-Diagramm geworden?", fragte sie und deutete auf einen dunkelgrauen Fleck an der Wand, wo bis vor Kurzem ein Bild gehangen haben musste.

„Ah – ich brauchte den Platz für eine Blumenvase", sagte der Professor überrascht. Dann hielt er inne. „Aber ehrlich gesagt ... das ist nicht der wahre Grund."

Nach einer kurzen Pause fuhr er fort: „Die meiste Zeit meiner Karriere glaubte ich, dass die Pigou-Steuer die Antwort auf fast alle Umweltprobleme sei. Die Idee ist bestechend einfach: Verursacher sollen für den Schaden zahlen, den sie anrichten. Dann spiegeln die Märkte endlich die wahren Kosten der Umweltzerstörung wider. Theoretisch funktioniert das wunderbar: Unternehmen bezahlen für ihre Emissionen, und das Geld wird dafür verwendet, Emissionen zu reduzieren. Die unsichtbare Hand reguliert uns zurück ins Gleichgewicht. Nicht nur beim Klima, sondern auch bei vielen anderen sozialen und ökologischen Fragen."

Er blickte auf die leere Stelle an der Wand.

„Das nennt man die Internalisierung externer Kosten. Diejenigen, die den Schaden verursachen, tragen ihn auch. Nicht die Gesellschaft. Nicht die Armen. Nicht zukünftige Generationen. Ich habe diese Grafik geliebt."

Turman lächelte. „Und ich erinnere mich noch genau, als Sie drei damals mit Ihrem Demba-Vorschlag kamen. Ganz ehrlich: Ich musste meine Begeisterung zügeln. Sie wollten die Theorie tatsächlich in der Praxis ausprobieren. Ich war stolz – und bin es immer noch. Ihre Projekte haben echte Fortschritte gebracht. Emissionen wurden gesenkt. Die Menschen vor Ort haben profitiert. Und die Verursacher haben für ihre Emissionen bezahlt. Pigou lächelt uns bestimmt von irgendwoher zu."

Robin errötete und rutschte unruhig auf seinem Stuhl. „Es tut mir leid wegen der Semesterarbeit, Herr Professor", murmelte er. „Wir haben zwar einen Entwurf geschrieben, aber der Inhalt ist nach allem, was wir gelernt haben, völlig veraltet."

Turman's Blick wurde ernst. „Ich möchte, dass Sie diese Arbeit trotzdem fertigstellen. Denn die Probleme und Paradoxe, auf die Sie gestoßen sind, reichen weit über Emissionszertifikate hinaus. Sie gehen tiefer. Und genau deshalb habe ich die Grafik abgenommen. Pigous Ideen sind im Kern richtig – aber die reale Welt ist kein sauberes ökonomisches Modell. Menschen bringen ihre Bedürfnisse, Überzeugungen, Ängste und Geschichten mit. Das lässt sich nicht nur mit Gleichungen ausräumen."

Er schüttelte den Kopf, halb frustriert, halb beeindruckt.

„Was mich an der ganzen Kontroverse am meisten verblüfft hat, waren nicht die ungestümen Aktivisten, sondern meine eigenen Kollegen. Brillante Ökonomen und Klimawissenschaftler, die Emissionszertifikate erstaunlich schnell als fehlerhaft, ineffektiv oder gar schädlich bezeichneten. Aber niemand stellte die entscheidende Frage: Was erwarten wir von den CO_2-Zertifikaten? Akzeptieren wir sie nur, wenn sie perfekt sind? Oder sind sie ein Werkzeug, das zwar nicht makellos ist, aber nützlich genug, um echten, schnellen Fortschritt zu erzielen?"

Robin nickte. „Klimaschutzprojekte – und ihre Paradoxe – versteht man nur, wenn man sie mit eigenen Augen gesehen und mit ihnen gearbeitet hat."

Turman nickte langsam. „Und nicht nur das. Einige Kollegen behaupten allen Ernstes, Unternehmen würden durch den Kauf von CO_2-Zertifikaten den Anreiz verlieren, ihre eigenen Emissionen zu senken. Aber ein kurzer Schnitt mit Ockhams Rasiermesser – dem einfachsten Test des gesunden Menschenverstands – zeigt, wie unsinnig das ist: Wer ohnehin nichts tun will, kauft doch sicher keine Zertifikate. Er tut schlicht gar nichts und spart das Geld. Es sind ja freiwillige Zahlungen."

„Genau!", rief Robin. „Im Gegenteil: Unternehmen, die freiwillig CO_2-Zertifikate kaufen, setzen sich damit selbst einen CO_2-Preis. Sie schaffen sich also einen Anreiz, die eigenen Emissionen zu vermeiden – denn jede Tonne kostet. Und zwar immer mehr, je teurer Klimaschutzprojekte werden."

Turman lächelte. „Sie hätten wirklich Wirtschaftswissenschaften studieren sollen, Herr Trebon. Einige meiner Kollegen scheinen nicht zu begreifen, welchen Schaden sie mit ihrer einseitigen Kritik anrichten – zumal weit und breit keine vernünftige Alternative existiert, wie solche Projekte in Demba finanziert werden könnten."

Ella fügte leise hinzu: „Klimaschutzprojekte zu kritisieren ist auch erschreckend einfach. Es gibt so viele Daten im Internet, dass Forscher gemütlich vom Laptop aus unendlich viele Artikel, Studien und Metastudien produzieren können, ohne je einen Fuß nach Demba gesetzt zu haben. Robin nennt es das *Transparenz-Paradox*."

Turman nickte erneut. „Ich fürchte auch, dass ein Großteil der Debatte ideologisch getrieben ist – nicht faktenbasiert. Selbst Fachzeitschriften sind davor nicht gefeit. Aber wie dem auch sei: Die harte Wahrheit, die ich akzeptieren musste, lautet: Nur weil etwas wirtschaftlich Sinn ergibt, heißt das noch lange nicht, dass es bei den Menschen ankommt – weder im Kopf noch im Herzen. Damit das System funktioniert, brauchen wir weit mehr als eine solide Theorie. Wir müssen die menschliche Natur verstehen – und mit ihr arbeiten. Aber das Bild der Pigou-Steuer liegt immer noch in einer Schublade. Ich hoffe, eines Tages hole ich es wieder hervor. Nun gut – genug philosophiert. Was kann ich für Sie tun?"

Ella richtete sich auf und sah Turman direkt an. „Herr Professor", begann sie, „wir möchten Ihnen etwas zeigen und würden gern Ihren Rat dazu hören. Wir haben besprochen, dass sich die CO_2-Zertifikate in ihrer bisherigen Form nicht durchgesetzt haben. Statt den nötigen Schwung zu entwickeln, ist die Idee in endlosen, erbitterten Kontroversen stecken geblieben. Wir sind uns einig, dass ein rein wirtschaftlicher Ansatz nicht ausreicht – so fundiert er intellektuell und technisch auch sein mag."

Sie holte Luft und fuhr fort: „Vor einigen Monaten begannen Andy und unsere Partnerin Wanga Namira in Demba damit, die Dinge aus einem anderen Blickwinkel zu betrachten. Sie orientierten sich an den fünf Elementen der Belé-Kultur – Himmel, Tiere, Berge, Wald und Ozean. Jedes dieser Elemente steht für ein Glied in der Kette, die alles Leben mit seiner Umwelt verbindet. Im Kern verkörpern sie eine Einheit durch Vielfalt."

„Wanga und Andy haben versucht, diese Prinzipien auf CO_2-Zertifikate anzuwenden. Ihre Idee war, dem Konzept ein neues Leben zu geben – eine neue Plattform, eine neue Art, darüber nachzudenken und es zu verstehen. Dürfen wir Ihnen diesen Ansatz kurz zeigen?"

Andy griff in seine Tasche und zog eine dünne Klarsichtmappe heraus. Darin lagen fünf sorgfältig abgelegte Blätter. Er reichte sie Turman, der seine Brille abnahm und zu lesen begann.

Fünf Minuten lang herrschte völlige Stille. Dann setzte Turman seine Brille wieder auf. Er nickte langsam – und lächelte. „Das wäre dann die Wiedergeburt des Traums."

Er dachte eine Weile nach, ehe er fortfuhr: „Ich könnte Ihnen anbieten, mit Remy Selnass zu sprechen. Sie arbeitet noch an ihrer Doktorarbeit. Mich würde sehr interessieren, was sie von diesem Ansatz hält."

Die Elemente

Von der Cafeteria im vierten Stock hatte man einen weiten Blick über den Platz der Wissenschaften. In der Gasse am gegenüberliegenden Ende war das verblasste Absperrband zu erkennen, hinter dem einst Brigittes Bungalow gestanden hatte – die alte Heimat des Earth Cinema. Die Tage voller Aufbruch, Leidenschaft und ein wenig Naivität wirkten von hier aus unendlich fern.

Ella, Andy und Robin sahen schweigend zu, wie die Studierenden über den Platz trieben, wie Schatten ihrer selbst aus einem anderen Leben.

Dann tauchte Remy im Eingang auf. Heute trug sie weder extravagante Stiefel noch ihr Cowgirl-Outfit, sondern schlichte Jeans und ein lockeres grünes Hemd. Sie schaute sich kurz suchend um und hob dann zögernd die Hand zum Gruß.

„Sorry, ich bin zu spät", sagte sie, als sie sich näherte. „Luke kommt gleich nach. Was nehmt ihr?"

Ella stand auf und lächelte. „Ich hol's für uns alle. Willst du wieder den veganen Chai-Latte?

Remy grinste. „Manche Dinge ändern sich nie."

Nach ein paar Minuten kehrte Ella mit einem Tablett voller dampfender Tassen zurück – Chai Latte für alle, außer für Luke, der wenig später erschien und an seinem Cappuccino nippte.

„Die Welt dreht komplett durch", sagte Remy ohne Umschweife. „Letztes Jahr die Waldbrände hier in Canland, dann die Überschwemmungen in Demba, und für diesen Sommer ist schon wieder eine Hitzewelle angekündigt." Sie schnaubte. „Und was sagt unsere Regierung? ,Die Natur ist stärker als wir Menschen. Wir müssen zusammenhalten. In Gedanken und Gebeten.' Wirklich? Was für ein Haufen Bullshit. Wir haben als Gesellschaft versagt."

„Sieht ganz danach aus", erwiderte Ella und nahm einen Schluck. „Hast du vom Klimafestival gehört, das sie am Nationalfeiertag organisieren wollen? Glaubst du, da kommt irgendwas Brauchbares raus? Macht ihr mit?"

„Ich trau ihnen nicht." Remy zuckte mit den Schultern. „Sie wollen sich doch nur für die Wahlen positionieren. Aber ja, es hat mich überrascht, dass sie überhaupt ein Klimafestival ankündigen. Der Druck der Wahren Canländer ist groß. Wir Climate Warriors überlegen noch, ob wir teilnehmen. Vielleicht."

Sie ließ den Blick über den Tisch wandern. „Aber sagt mal – wie geht's euch? Bei all den Angriffen auf CO_2-Zertifikate in letzter Zeit … Das hat mir echt leid getan für euch."

„Wir machen uns vor allem Sorgen um die Projekte in Demba", sagte Andy. „Eines davon liegt in Yolo – genau dort, wo die Flut alles weggespült hat. Der Preis für CO_2-Zertifikate ist eingebrochen. Unter diesen Bedingungen können wir die Projekte nicht mehr finanzieren."

Luke lehnte sich zurück. „Nehmt's nicht persönlich. Aber CO_2-Zertifikate funktionieren einfach nicht. Zu wenig, zu spät, zu viele Probleme. Zu viel Streit. Wir müssen größer denken. Echte Wirkung. Es wurde so viel geredet … und so wenig geliefert."

„Da hast du recht", sagte Robin trocken. „So viel Gerede. So viel Drama. Und dabei ist der CO_2-Zertifikate-Markt winzig – und will eigentlich was Gutes bewegen. Aber Rohstoffhandel, Fast Fashion,

Erdöl ... Da kann man die Umwelt ruinieren, wie man will, und keine Sau interessiert's. Wir nennen das das *Markt-Paradox.*"

Ella richtete sich auf. „Genau deshalb wollten wir mit euch sprechen. Ja, CO_2-Zertifikate funktionieren so, wie sie heute sind, nicht. Das ganze System steckt voller Paradoxe. Wir wissen das."

Remy verschränkte die Arme. „Dieses Paradox-Gerede kenne ich. Turman hat's auch erwähnt. Ehrlich? Klingt für mich nach einem Versuch, Fehlschläge schönzureden."

„Fehler passieren", entgegnete Ella ruhig. „Überall: im Bergbau, in der Landwirtschaft, im Bauwesen. Und selbst wenn ein Klimaschutzprojekt perfekt wäre, blieben manche Paradoxe bestehen. Einige sind nicht lösbar."

Luke hob die Hände. „Okay – und was wollt ihr damit sagen? Dass gar nichts funktioniert?"

Ella atmete tief ein. „Nein. Mein Punkt ist: Wenn wir keinen anderen Mechanismus haben – wie sollen wir sonst Klimaschutzprojekte in Demba finanzieren? Seit Jahrzehnten sucht die Welt nach Alternativen zu CO_2-Zertifikaten. Bisher haben wir nichts gefunden, das skalieren könnte."

„Vielleicht ist dies das Paradox, das alle anderen enthält", warf Robin ein. „Das *Klima-Paradox*: dass ausgerechnet das Werkzeug, mit dem wir das Problem lösen wollen, voller Paradoxe steckt – und trotzdem unsere beste Wette ist."

Es entstand eine kurze Stille. Ella fuhr dann fort: „Die eigentliche Frage ist: Können wir uns auf einen neuen Rahmen einigen? Ein Konzept. Vielleicht sogar eine gemeinsame Vision, mit der wir diesem Instrument trotz aller Paradoxe doch noch zum Durchbruch verhelfen können." Ihre Stimme wurde leiser. „Denn wenn die Antwort *nein* lautet, dann dürfen wir uns nichts vormachen. Die Projekte werden sterben. Wälder werden weiter abgeholzt. Wiederaufforstung kommt nicht voran. Solarenergie bleibt ein Luxus. Die Armen bleiben im Dunkeln."

Die Elemente

Am Tisch wurde es still. Draußen auf dem Platz lachten Studierende, schlenderten zu ihren Vorlesungen, Fahrrädern, Dates, zur Tram – durch ihr gewöhnliches Leben.

Robin sah ihnen nach und spürte ein dumpfes Ziehen in der Brust. *Wären wir doch bei unseren Ingenieurkursen geblieben,* dachte er. *Wir würden jetzt in irgendeiner mittelgroßen canländischen Firma arbeiten. Schach am Wochenende. Grillpartys. Ab und zu nach Demba an den Strand. Warum zum Teufel habe ich damals dieses Video von dem ertrinkenden Mädchen angeklickt?*

Remy durchbrach die Stille, ihre Stimme überraschend leise, fast verletzlich. „Also gut. Turman meinte, ihr hättet vielleicht eine Idee für ein solches neues Konzept. Eine Vision, wie man CO_2-Zertifikate neu denken könnte. Was schwebt euch vor?"

Alle Augen wandten sich Ella zu. Sie schwieg – und sah zu Andy. Er saß mit angespannten Schultern auf seinem Stuhl. Doch in seinen Augen lag ein Funken, als hätte jemand eine längst verloschene Glut angefacht. Vielleicht war dies der Moment. Nach all den Kämpfen, den schlaflosen Nächten, den Rückschlägen – vielleicht ihre letzte Chance, etwas Neues vorzuschlagen. Etwas Ehrliches. Ein Konzept, das die Paradoxe nicht versteckt, sondern integriert. Eine Vision, die jene vereint, die noch Hoffnung haben.

Er räusperte sich. „Meine Eltern kommen aus Demba, aber ich selbst hatte das Privileg einer sorgenfreien Kindheit hier in Canland", begann Andy. „Vor fast fünf Jahren zerstörte eine Flut ein Dorf nahe dem Geburtsort meiner Mutter. Da wusste ich: Ich kann nicht mehr nur reden. Ich muss handeln. Und ich fragte mich: Wenn der Kapitalismus eine Billionen-Dollar-Maschinerie antreiben kann, um Öl zu fördern – warum kann dieses System nicht genauso gut CO_2 aus der Luft holen? Diese Frage hat in uns ein Feuer entfacht."

Er machte eine kurze Pause. „Wir sind voller Energie gestartet. Doch bald merkten wir, wie unglaublich kompliziert Klimafinanzierung ist. Paradoxe überall. Ideologische Gräben. Was als klarer Plan begann, drohte in Kontroversen und widersprüchlichen Weltbildern zu versinken. Vor zwei Jahren erfuhren wir dann, dass Walmera ihre Holzkonzessionen in Coltra East an Kewala Palm verkaufen wollte –

weil wir kein Geld hatten, die CO_2-Zertifikate zu bezahlen. Das war ein Schock.

In dieser Zeit setzte sich Wanga, die Gründerin unserer Partnerorganisation, eines Abends zu mir. Sie sagte: ‚Andy, du machst einen Fehler. Du versuchst, CO_2-Zertifikate wie eine Ware zu begreifen. Wie Palmöl, Gummi oder Holz. Aber so funktionieren sie nicht. Palmöl wird zu Keksen. Gummi zu Reifen. Holz zu Häusern. Das sind Rohstoffe. Sie haben eine Gestalt. Eine Funktion. Eine Nachfrage. CO_2-Zertifikate existieren nur, weil wir uns darauf einigen, dass sie existieren. Sie haben nur dann einen Wert, wenn die Welt sie wertschätzt. Vielleicht sollten wir sie weniger mit Waren vergleichen – sondern eher mit Musik. Oder Kunst. Oder Literatur. Die existieren auch nur, wenn Menschen ihre Bedeutung wahrnehmen und ihnen Wert geben.‘"

Andy sah in die Runde. Niemand sagte ein Wort.

„Wanga zeigte dann auf eine runde Holzscheibe, die an der Wand der Matipa-Lodge hing", fuhr er fort. „Auf der Scheibe waren Symbole für den Himmel, die Tiere, die Berge, den Wald und den Ozean abgebildet. Die fünf Elemente der Belé. Sie stehen für die Vielfalt, die sich dennoch zu einer Einheit fügt. ‚Vielleicht‘, meinte Wanga, ‚liegt hier eine Inspiration für die Zukunft der CO_2-Zertifikate.‘"

Also holten wir einen Notizblock hervor und begannen, eine solche Vision entlang der Fünf Elemente aufzuschreiben. Wir konnten nicht alle Fragen lösen, aber ein neues Konzept nahm Form an. Doch dann riss uns leider der Alltag fort. Ich habe die Notizen erst vor ein paar Tagen wiedergefunden."

Er griff in seine Tasche und holte die dünne Klarsichtmappe hervor, die er bereits Turman gezeigt hatte. Er nahm das erste Blatt und hielt es hoch.

„Der Himmel", las er. „Er steht für die Vision. CO_2-Zertifikate müssen immer dazu dienen, die Klima-Ambition zu erhöhen – niemals zu senken. Sie sollen Emissionen auf die effizienteste Art reduzieren. Sie dürfen keine anderen Klimamaßnahmen verzögern. Sie sollen ein Klimaziel ergänzen, nicht ersetzen."

Die Elemente

Andy sah in die Runde. Niemand sagte ein Wort.

„Ich glaube, wir könnten einige der großen Paradoxe entschärfen – wenn wir uns alle darauf einigen, diese Vision zu verfolgen", sagte er leise. „Nehmen wir das *Kompensations-Paradox*. Oder das *Freiwilligkeits-Paradox*. Beide wären lösbar, wenn wir eine gemeinsame, klare Zielsetzung verankern."

Er zog das zweite Blatt heraus.

„Die Tiere – sie stehen für die Vielfalt der Klimalösungen", las er. „CO_2-Zertifikate sind nur ein Werkzeug unter vielen. Wie eine einzelne Tierart im Dschungel: wichtig, aber nicht alles entscheidend. Man kann das Klimaproblem nicht ausschließlich mit Zertifikaten lösen. Aber ohne sie verschenkt man eine große Chance. Wir sollten eine breite Palette an Lösungen, Technologien und Maßnahmen fördern, statt darüber zu streiten, welche die beste ist."

Remy warf Luke einen Blick zu. Er nickte kaum merklich.

„Wir sehen die Welt alle unterschiedlich", sagte Ella. „Und das ist auch gut so. Die Meinungsvielfalt bringt uns weiter. Aber irgendwie haben wir es verlernt, Widerspruch auszuhalten und konstruktiv zu diskutieren."

Sie schaute kurz in die Runde.

„Was wäre, wenn wir uns auf ein Prinzip einigen: Immer wenn jemand ehrlich versucht, etwas fürs Klima zu tun, unterstützen wir ihn – auch wenn uns nicht jede Methode gefällt. Einige Paradoxe entstehen durch grundverschiedene Weltansichten. Zum Beispiel das *Ethik-* und das *Ideologie-Paradox*. Wir können diese nicht vollständig auflösen. Aber wir können sie benennen und gegenseitig respektieren. Und wir könnten das *Schwarm-Paradox* wieder zum Guten wenden, indem wir unsere Kräfte bündeln."

Sie wandte sich an Remy. „Die Klimabewegung war früher bunt und hoffnungsvoll. Heute wirkt es, als würden wir uns nur noch gegenseitig misstrauen."

Luke lächelte zum ersten Mal. „Ja", sagte er leise. „Erinnerst du dich an Fridays for Future? Das waren magische Tage."

„Stimmt", sagte Remy. „Diese friedlichen Klimademos überall ...
unglaublich." Dann verzog sie den Mund. „Aber darf ich ehrlich
sein? Eure CO_2-Zertifikate-Szene ist doch selbst das beste Beispiel
dafür. Ihr sabotiert euch selbst mit euren ständigen internen
Konkurrenzkämpfen und Streitereien. Das macht es extrem leicht,
euch zu attackieren. Nur so als Tipp."

Robin senkte den Blick. „Leider wahr. Das *Vermeidungs-Paradox*.
Das *Neuheits-Paradox*. Und das Schlimmste: das *Absichten-Paradox*.
Wir haben derart viel Energie mit internen Kämpfen verschwendet."

Remy wurde wieder ernst. „Und noch was: Euer Markt braucht
bessere Regulierung. Diese unzähligen Standards sind ein einziges
Chaos. So gewinnt ihr kein Vertrauen zurück."

Andy lächelte und zog das dritte Blatt hervor.

„Die Berge", sagte er. „Sie stehen für Robustheit, Transparenz und
Regulierung. Wie die Berge Wind und Wetter trotzen, brauchen
auch CO_2-Zertifikate starke, verlässliche Systeme. Staatlich reguliert,
international abgestimmt – idealerweise entlang der Prinzipien des
Pariser Abkommens. CO_2-Zertifikate brauchen ein solides Fundament. Wie Felsen."

Luke nickte. „Staatliche Aufsicht wäre glaubwürdiger. Statt diesem
Flickenteppich aus privaten Standards und dubiosen Ratings."

Ella nickte. „Ich bin ganz bei dir. Das Problem ist: Der UNO-CO_2-
Markt ist nach der Finanzkrise vor fast zwanzig Jahren kollabiert. Das
Momentum war weg – und der Privatsektor sprang ein. Jetzt fehlen
die einheitlichen Regeln. Mit ordentlicher Regulierung könnten wir
die kniffligsten technischen Paradoxe angehen – das *Additionalitäts-
Paradox* oder das *Referenz-Paradox*. Auch die werden wir nicht vollständig lösen können, aber wir können faire und klare Regeln
aufstellen."

„Mit klaren Regeln könnten wir auch das *Qualitäts-Paradox* endlich
entschärfen", ergänzte Andy. „Momentan versickert zu viel Geld in
überlappenden Standards und endlosen Zertifizierungen. Einheit-
liche Regeln würden Ressourcen freisetzen, die in die Projekte
fließen könnten – dahin, wo sie wirken."

„Vorausgesetzt, der Staat kreiert keine Bürokratie, an der wir dann ersticken", murmelte Robin.

Ella nickte. „Und die Wissenschaft muss ebenfalls liefern – objektiv und ohne ideologische Scheuklappen. Das Ziel ist nicht, den Nutzen von CO_2-Zertifikaten abstrakt zu beweisen oder zu widerlegen, sondern herauszufinden, was wirklich funktioniert und was verbessert werden muss."

„Genau", sagte Andy. „Aber selbst mit der besten Regulierung fehlt uns noch die vielleicht wichtigste Zutat."

Er zog das vierte Blatt heraus.

„Der Wald – er steht für Begeisterung, Schönheit und Staunen. Das war nicht immer so. Jahrtausendelang galten Wälder als gefährlich – und dennoch haben sie die Menschheit ernährt. Heute sehen wir in ihnen eine Quelle der Inspiration. Genau diese Inspiration brauchen wir wieder im Klimaschutz. Zu lange waren damit nur negative Begriffe verbunden: Verzicht, Kosten, Einschränkung. Das muss sich ändern. Klimaschutz muss mit Chancen verknüpft sein – mit Jobs, Innovation und Wohlstand. Mit dem Gefühl, etwas Großes erreichen zu können, nicht etwas Schlimmes vermeiden zu müssen."

Einen Moment lang war es still. Kann Klimaschutz wirklich Begeisterung wecken?

Andy nahm das letzte Blatt. Er hielt inne, atmete tief ein und las:

„Der Ozean – er steht für das ewige Lernen. Für das Unvollendete. Das Widersprüchliche. Er erinnert uns daran, dass CO_2-Zertifikate nie perfekt sein werden. Manche Paradoxe bleiben. Aber wie der Ozean bieten sie gewaltige Chancen – wenn wir bereit sind zu lernen, uns anzupassen und weiterzuentwickeln."

Er blickte auf. „Hier begegnen wir den unauflösbaren Paradoxen: dem *Kontroll-Paradox*, dem *Dorf-Paradox* ..."

„Mein persönlicher Favorit ist das *Verlagerungs-Paradox*", sagte Robin trocken. „Die Nebenwirkungen von gut gemeinten Initiativen tauchen manchmal erst Jahre später auf."

Andy nickte. „Das ist also der Rahmen, den Wanga und ich entworfen haben: die Fünf Elemente der Belé. Und darum fragen wir euch, Remy, Luke: Würden die Climate Warriors CO_2-Zertifikate unterstützen, wenn wir uns alle auf diesen Rahmen einigen? Könnten wir zusammenstehen? Nicht als Gegner – sondern als Verbündete gegen die echten Endgegner: jene, die den Klimawandel noch immer leugnen. Und jene, die genug Geld haben, um sich anzupassen – und deshalb weiter in fossile Energie investieren?"

Remy richtete sich langsam auf. Ihr Blick wurde ernst.

„Schaut", sagte sie nachdenklich, „ich bin immer noch kein Fan von CO_2-Zertifikaten. Werde ich vermutlich nie sein. Die Regierungen sollten ihren Job machen. Punkt."

Sie zuckte mit den Schultern. „Aber, ehrlich gesagt, ich bin auch kein Fan der Regierungen. Ich vertraue ihnen genauso wenig. Und in einem Punkt sind wir uns einig: Es ist fünf nach zwölf. Und ich weiß, dass einige eurer Projekte wirklich Sinn machen."

Sie schaute zu Ella. „Erinnerst du dich an Rebecca Silver?"

Ella erstarrte. „Natürlich."

„Sie vertritt uns mittlerweile in Demba. Vor Kurzem sagte sie etwas, das mir hängen blieb: Euer neues Schulgebäude hat die Flut überstanden. Und der Wald bei Limata hat das Dorf wahrscheinlich vor Schlimmerem bewahrt. Das ist beeindruckend."

Remy atmete tief durch. „Weißt du, damals, als die UNO noch CO_2-Zertifikate reguliert hat, haben wir das System zunächst unterstützt. Es hat nicht gehalten, was es versprach. Aber seither ist auch nichts Besseres gekommen. Vielleicht ist jetzt der richtige Moment, es noch einmal zu überdenken. Und euer Rahmen – die Fünf Elemente – wirkt ehrlich auf mich. Das könnte tatsächlich eine Basis werden."

Dann lächelte sie. „Aber können wir uns auf eine Sache einigen?"

Ella, Andy und Robin warteten gespannt.

„Können wir bitte den Namen ändern? ‚CO_2-Zertifikate' – das ist doch vorbei. Es klingt nach Ablasshandel, nach einer Lizenz zum

Die Elemente

Verschmutzen. Wir brauchen etwas Neues. Etwas, das die Zukunft finanziert, nicht die Vergangenheit kompensiert. Nennt es Klimakrone oder so. Irgendetwas, das euer Konzept verständlich macht."

Die drei sahen einander an.

Draußen tauchte die Abendsonne den Platz der Wissenschaften in warmes Licht.

Vielleicht war das der berühmte Hoffnungsschimmer.

Das Festival

An diesem fünfzehnten August kehrte das Leben auf den kahlen, verbrannten Niburger Berg zurück. Die Organisatoren des Canländer Klimafestivals hatten Tausende Fahnen und Ballons aufgehängt, die wie ein Echo jener Blumenwiesen wirkten, die einst rund um den Gipfel oberhalb des Waldes geblüht hatten. Familien breiteten Decken aus, öffneten Picknickkörbe und lauschten dem vielstimmigen Chor aus jauchzenden Kindern auf dem neu errichteten Spielplatz, den wechselnden Bands auf der provisorischen Bühne neben dem weiterhin gesperrten Aussichtsturm und dem zunehmend heiteren Lärm aus dem großen Bierzelt. Hinter dem Restaurant standen Foodtrucks mit Spezialitäten aus Demba und Canland. Kleine Ausstellungen, Schmuckstände, Straßenkünstler und dembanische Zopfflechterinnen ließen kaum Wünsche offen.

Auch die Climate Warriors hatten sich, trotz aller Vorbehalte, zur Teilnahme entschlossen. An ihrem Stand konnten sich Kinder beim Sackhüpfen messen und versuchen, einer plötzlichen Flut zu entkommen. Welche Säcke jedoch mit Steinen, Holzspänen oder bloß Papierschnipseln gefüllt waren, merkten sie erst beim Springen. „Du bist ein Bauer aus Demba – sie aber eine Bäuerin aus Canland", erklärte Remy dann jeweils den enttäuschten Verlierern.

„Ich bin nicht sicher, ob das die Kleinen wirklich motiviert, fürs Klima aktiv zu werden", lachte Ella am Five-Elements-Stand nebenan und verteilte großzügig dembanische Schokolade aus den Lester Hills. Sie und Robin hatten ihren Tisch genau dort aufgebaut, wo sie vier Jahre zuvor das Reh aus dem Wald hatten stürmen sehen – und wo sie Minister Becker unerwartet wieder begegnet waren. Einige Schritte weiter prangte das Deep-Capture-Logo auf einem Zelt, in welchem man mit einer VR-Brille die Tiefen des Ozeans erkunden und sich ein Bild davon machen konnte, wo genau Amy Dupont und ihr Team eines Tages all das eingefangene CO_2 zu verbuddeln gedachten.

Das eigentliche Highlight des Festivals lag jedoch etwa hundert Meter weiter unten, am Rand des verkohlten Waldes. Zwei Gartenbaufirmen hatten monatelang Asche und Schutt beiseitegeschafft und die Erde aufwändig erneuert. Ein großes Holzschild verkündete in stolzer, grüner Schrift: „Wir lassen den Niburger Berg neu erblühen." Dutzende Menschen standen an, um ein fragiles Pflänzchen entgegenzunehmen und es vorsichtig in die frische Erde zu setzen.

Die Wahren Canländer hatten ebenfalls einen Stand aufgebaut. Ihre Banner flatterten in der Nähe des Parkplatzes: „Gebt Niburg den Nationalfeiertag zurück", „Autofahren und Fliegen – nur für Reiche?" und „Nein zum Klimaterrorismus". Doch zwischen den leuchtenden Festivalfarben, dem Kinderlachen und den gespenstischen Überresten des verbrannten Waldes wirkten ihre Proteste seltsam hohl – wie ein schrilles Echo aus einer vergangenen Epoche.

Gerade hatte eine canländische Folkband unter tosendem Applaus ihre dritte Zugabe beendet, als Lena Goldberg die Holzbühne betrat. „Meine Damen und Herren, liebe Kinder", rief sie, „wir haben eine Überraschung für Sie!" Im selben Moment schoss von der Seite ein E-Bike über eine Rampe auf die Bühne. Der Fahrer trug eine vollständige Downhill-Ausrüstung – ein Anblick, der alle Biker im Publikum wehmütig an die Zeit erinnerte, als der Niburger Berg noch von unzähligen Trails durchzogen war. Er stoppte neben Goldberg, nahm den Helm und die Ausrüstung ab – und Gelächter brach aus: Es war Paul Becker, der Umweltminister.

Das Klima-Paradox

Hinter ihm flackerte eine riesige Leinwand auf: „Canland Climate Festival. Yes, we act!"

„Guten Tag, geschätzte Mitbürgerinnen und Mitbürger", begann Becker. „An unserem heutigen Nationalfeiertag sind wir vereint. Nicht nur durch die Liebe zu diesem Land. Nicht nur durch das Leid, das uns das Niburger Feuer gebracht hat. Sondern vor allem durch das Bewusstsein, dass wir den Kampf gegen den Klimawandel niemals aufgeben dürfen. Und durch die Hoffnung, dass uns dieser gemeinsame Kampf eint und stärkt."

Für einen Moment wurde es still. Dann wechselte das Bild auf der Leinwand: erst wacklig und verpixelt, dann klar erkennbar – ein bunt geschmückter Platz voller festlich gekleideter Menschen.

„Wie Sie sehen, sind wir heute nicht allein", sagte Becker. „Bitte begrüßen Sie meine geschätzte Kollegin Amina Keita, Umweltministerin der Republik Demba. Sie ist live aus Port Kewala zugeschaltet, wo ebenfalls ein Klimafestival stattfindet – denn auch Demba feiert heute den Nationalfeiertag. Dieses Jahr feiern wir gemeinsam: als Symbol für etwas Größeres. Für unser gemeinsames Bekenntnis, die Klimakrise anzupacken und eine Zukunft zu schaffen, die auf Nachhaltigkeit und Solidarität beruht. Die Herausforderungen des Klimawandels kennen keine Grenzen – und genauso wenig unsere Entschlossenheit, ihnen gemeinsam zu begegnen."

In diesem Moment betrat in Port Kewala Ministerin Amina Keita die Bühne. Die große Leinwand hinter ihr zeigte einen überdimensionierten Livestream vom canländischen Nationalfeiertag, in dem wiederum Keitas Gesicht in einer kleineren Version des Livebildes zu sehen war – und dann darin gleich nochmals, noch kleiner. Robin fragte sich, ob diese endlose Reihe immer kleiner werdender Keitas ein Symbol schwindender Klimahoffnung war – oder vielleicht doch für die Umkehr des *Schwarm-Paradoxes* stand.

Der Hauptplatz von Port Kewala, flankiert vom Parlamentsgebäude auf der einen und dem eleganten Walmera-Turm auf der anderen Seite, war festlich geschmückt. Trommeln hallten durch die Stadt, Puppenspielerinnen der alten Nolé-Kultur traten auf, gefolgt von Tanzgruppen aus Letonga bis Sorang in prächtigen

Belé-Kostümen. Von den unzähligen Straßenständen stieg der würzige Duft dembanischer Gerichte auf. Köche aus Yolo und Mutela rührten in großen Töpfen Nipas – jenes geliebte Nolé-Gericht aus Langkornreis, reifen Mangos und gerösteten Cashewnüssen.

Links der Haupttribüne hatte Matipa das „Klimazelt" aufgebaut. Wanga und ihr Team hatten eine eindrückliche Ausstellung kuratiert: Fotos aus Limata und Yolo, aufgenommen vor und nach den Überschwemmungen. „Save Our Trees. Save Our Culture." stand in großen Lettern über dem Eingang.

Keita wandte sich nun ans Publikum. „Heute habe ich die große Ehre, eine wichtige Ankündigung zu machen. Wie Sie wissen, hängt Dembas Wirtschaft stark vom Export von Rohstoffen ab: Palmöl, Holz, Soja. Viele Waldkonzessionen wurden dafür an Agrarunternehmen vergeben. Doch wir stehen vor einem Dilemma: Verlieren wir unsere Wälder, dreht sich die Spirale des Klimawandels immer schneller."

Sie hob den Kopf. „Unsere Regierung hat deshalb eine historische Entscheidung getroffen. Wir werden alle verbleibenden Abholzungskonzessionen zurückkaufen und aufheben. Diese Flächen gehören wieder der Natur. Wir werden unsere Nationalparks erweitern – und unser grünes Erbe für kommende Generationen bewahren."

Auf den Plätzen in beiden Ländern brandete Applaus auf.

„Doch das ist nicht alles", fuhr Keita fort. „Wir werden die Lester Hills wiederaufforsten und den Übergang zu sauberer Energie beschleunigen. Solarstrom und saubere Brennstoffe sollen bald jedes Dorf und jede Familie erreichen. Das ist kein Versprechen – es ist eine Verpflichtung. Aber wir können sie nicht allein tragen. Deshalb haben wir mit der canländischen Regierung eine Partnerschaft nach Artikel 6 des Pariser Abkommens vereinbart. Unser Programm ruht auf drei Säulen: der dembanischen Regierung, der canländischen Regierung und privaten Partnern aus beiden Ländern. Es steht allen offen – Unternehmen, Organisationen, sogar Einzelpersonen. Klimaschutz gehört uns allen. Wir handeln gemeinsam – oder wir scheitern gemeinsam."

Tausende Kilometer voneinander entfernt brach gleichzeitig Beifall aus – für einen Moment klangen Port Kewala und der Niburger Berg wie ein einziger Ort. Dann schaltete der Livestream zurück nach Canland. Paul Becker erschien wieder auf der Bühne, nahm die Brille ab und putzte sie mit einem Taschentuch.

„Nicht mit seinem Hemd?", flüsterte Robin amüsiert und stieß Ella an.

Becker trat einen Schritt vor. „Meine Damen und Herren, wir beginnen heute nicht bei null. Wir wollen den Fortschritt würdigen, den wir bereits erzielt haben. Unzählige Organisationen, Forschungsinstitute, Unternehmen und Einzelpersonen arbeiten Tag für Tag daran, uns näher an unsere nationalen Klimaziele zu bringen. Doch klar ist auch: Wir können diesen Kampf nur durch mutige, entschlossene internationale Zusammenarbeit gewinnen.

Jahrelang schleppten sich die globalen Verhandlungen dahin. Wir redeten, entwarfen, stritten, hofften – und doch blieb ein wirkungsvoller globaler Mechanismus für die Klimafinanzierung Stückwerk. Schon vor über dreißig Jahren wurden CO_2-Zertifikate erfunden, um genau diese Lücke zu schließen. Die Idee war, jedes Land, jedes Unternehmen, jede Person direkt einzubinden. Doch dieser Traum wurde in Kontroversen und Widersprüchen zerrieben – genug, um ein ganzes Buch zu füllen."

Er hielt kurz inne – und Robin glaubte, ein kaum merkliches Augenzwinkern in Richtung des Five-Elements-Standes zu erkennen.

„Nach dem Niburger Feuer und den verheerenden Überschwemmungen in unserer Schwesternation Demba wurde uns eine Sache schmerzhaft klar: Wir können es uns nicht leisten, ein derart wichtiges Instrument wie die Klimafinanzierung einfach links liegen zu lassen. CO_2-Zertifikate mögen fehlerhaft sein, unvollkommen, manchmal frustrierend. Aber wir müssen uns eingestehen: Wir haben in den letzten Jahrzehnten nichts Besseres gefunden. Darum haben wir uns mit unzähligen Partnern aus Canland und Demba zusammengesetzt und nach einer Lösung gesucht.

Einige von Ihnen kennen vielleicht den Artikel 6 des Pariser Abkommens. Er liefert den rechtlichen Rahmen für internationale Zusammenarbeit. Unser erster Schritt war daher, diesen Rahmen in klare, praktikable Regeln zu übersetzen – für Regierungen, Märkte, Unternehmen. Doch bald merkten wir: Das allein reicht nicht."

Er machte eine Pause. „Ich bin Physiker. Ich bin darauf trainiert, auf Zahlen zu schauen, nicht auf Geschichten. Aber heute muss ich etwas zugeben, was ich früher nie ausgesprochen hätte: Damit dieser Mechanismus funktioniert, brauchen wir mehr als Fakten. Wir brauchen eine gemeinsame Vision. CO_2-Zertifikate dürfen nicht länger ein notwendiges Übel sein. Sie müssen ein Symbol werden – für technologischen Fortschritt, wirksamen Klimaschutz und echte internationale Zusammenarbeit."

Becker wandte sich der Leinwand zu, auf der wieder Bilder aus Port Kewala erschienen.

„Also fragten wir uns: Wo sollte diese Vision entstehen, wenn nicht in Demba – einem Land, in dem die Menschen seit Jahrtausenden im Einklang mit der Natur leben? Darum gebe ich jetzt das Wort zurück an Ministerin Amina Keita, die uns das neue Konzept vorstellen wird. Nur eines noch, meine Damen und Herren ..."

Er lächelte. „Wir haben beschlossen, dass wir einen neuen, einfachen Namen brauchen. Einen, der die Zusammenarbeit über alle Grenzen hinweg ausdrückt. Deshalb sage ich heute: Tschüss, CO_2-Zertifikate. Und willkommen, Climate Units!"

Die Übertragung wechselte wieder nach Port Kewala. Keita trat vor.

„Schwestern und Brüder: Die Climate Units sind nicht einfach ein weiteres Instrument. Sie können zum zentralen Baustein des Pariser Abkommens werden. Jede Climate Unit steht für eine Tonne CO_2, die eingespart oder aus der Atmosphäre entfernt worden ist. Minister Becker hat daran erinnert, dass dieses Instrument komplex ist, voller Widersprüche. Das stimmt. Genau deshalb hat eine internationale Koalition dembanischer und canländischer Organisationen und Wissenschaftler – mit Einbezug der Climate Warriors – einen neuen

Rahmen entwickelt. Er wurzelt in den fünf Elementen unseres Volkes. Lassen Sie mich diese Elemente kurz erläutern:

Der Himmel steht für die *Vision*. Jede Climate Unit muss unsere Ambition erhöhen. Sie darf niemals Ersatz, sondern nur Ergänzung bestehender Klimaziele sein.

Die Tiere verkörpern die *Vielfalt*. Wir brauchen alle Lösungen, überall und gleichzeitig. Wir müssen endlich aufhören, sie gegeneinander auszuspielen.

Die Berge stehen für *Klarheit*. Für eindeutige Regeln und Vorschriften bei der Erzeugung und Nutzung international anerkannter Climate Units.

Die Wälder stehen für *Begeisterung*. Klimaschutz soll uns inspirieren, Innovation entfachen und Zusammenarbeit über Grenzen hinweg ermöglichen.

Der Ozean schließlich steht für ewiges *Lernen*. Für die Einsicht, dass wir in einer unvollkommenen Welt leben – und trotzdem niemals aufhören dürfen, unser Bestes zu geben."

Als Keita endete, brach auf beiden Festivals tosender Applaus aus. Mehrere Kanonen schossen Tausende bunter Blumen in den Himmel, die wie ein Regen auf die Menge herabsanken.

Die Bands spielten wieder, und der Niburger Berg verwandelte sich in eine große Tanzfläche. An den Bars wurden die ersten Sundowner ausgeschenkt. Am Five-Elements-Stand waren Honig, Gewürze und natürliche Hautpflege aus der Kooperative in Yolo – alles Produkte, die direkt mit den neuen Climate Units aus Coltra East verbunden waren – bald ausverkauft.

„Es ist verrückt", flüsterte Ella. „Seit wir den Preis verdoppelt haben, verkaufen wir mehr Climate Units als je zuvor CO_2-Zertifikate. Wenn das so weitergeht, starten wir in ein paar Monaten die nächste Pflanzphase in den Lester Hills!"

„Das *Preis-Paradox*, du weißt schon ...", grinste Robin. In diesem Moment näherte sich eine Frau mit Presseausweis des Niburger

Tagblatts und einem Rekorder. „Und jetzt: Schnauze halten", murmelte er. „Beatrix steht gleich da drüben!"

Doch Beatrix Lemore winkte ihnen nur kurz zu, lächelte – und verschwand in der Menge.

„Ich glaube, mit dem neuen Rahmen und der Unterstützung der Climate Warriors sind Climate Units einfach kein lohnendes Angriffsziel mehr für sie", meinte Ella. „Sie hat es jetzt auf das Recycling abgesehen. Vergangene Woche hat sie einen riesigen Artikel über Greenwashing in der Plastikindustrie veröffentlicht."

„Apropos Beatrix – was ist eigentlich aus der Cool Earth Chain geworden? Haben die ihren Coin jemals gelauncht?", fragte Robin, während er sein Handy zückte. HashRider hatte vor ein paar Stunden in seinen Feed gepostet:

> CareCoin. Erstausgabe des Tokens in 4 Tagen.
> Demokratisiert und revolutioniert das
> Gesundheitswesen. Nicht verpassen!

Die Sonne war inzwischen im Meer versunken und hatte den Himmel über dem Niburger Berg in magisches Orange, Rosa und Purpur getaucht. Es war einer jener langen Sommerabende, an denen die Zeit stillzustehen scheint.

Die meisten Familien waren aufgebrochen, doch das Festival lebte weiter. Bevor Ella und Robin ihren Stand abbauten, riefen sie Andy und Wanga in Demba an, wo die Feier gerade erst richtig begonnen hatte. *Wie sehr mir Demba fehlt*, dachte Ella – als sie plötzlich ein sanftes Tippen auf der Schulter spürte. Sie drehte sich um.

„Dr. Cresta!", rief sie erfreut.

„Ella – nach all den Abenteuern: Nenn mich bitte Thomas", lachte Cresta.

Er griff in seine dicke Aktentasche und zog etwas Rundes hervor – eine Flasche Château Margaux, einen Korkenzieher und fünf Becher.

„Thomas! Wir können doch unmöglich Château Margaux aus Plastikbechern trinken!", protestierte Robin.

„Aber natürlich können wir das", schmunzelte Cresta. „Wie bei den Climate Units zählt der Inhalt, nicht die Verpackung. Und übrigens – diese Becher sind biologisch abbaubar."

Ella und Robin tauschten Blicke. Beatrix Lemore war nicht zu sehen. Wanga und Andy in Port Kewala erschienen wieder auf dem Handyscreen und hoben ihre Becher, bereit zum virtuellen Anstoßen. „Auf die Climate Units. Auf die Wiedergeburt unseres Traums. Und auf euch und alle Pioniere, die den Sprung ins Ungewisse gewagt und dadurch all dies erst ermöglicht haben!"

Eine zarte Mondsichel hing über den westlichen Ausläufern des Niburger Bergs, daneben funkelte die Venus durch die letzten farbigen Schleier des Abends – als wolle sie der Vision der Climate Units ihren Segen geben.

Das Team von Five Elements baute den Stand ab; Tafeln, Banner und Stangen verschwanden im Kofferraum eines Cresta-Firmenwagens. Robin entzündete eine Fackel. „Kommt, wir wandern zu Fuß hinunter", schlug er vor.

Im flackernden Licht erkannten sie einen Mann, der am Geländer lehnte – jemand, den sie zuvor nicht bemerkt hatten. Hinter ihm stand ein Rennrad.

„Ella", sagte Simon und trat näher. „Ella, Robin – ich habe einen Kunden für euch. Ich bin zur Canland International Finance Corporation zurückgekehrt. Ich habe vorgeschlagen, Climate Units von Five Elements zu kaufen, um eure Projekte zu unterstützen. Sie haben zugestimmt. Ich hoffe, das ist in eurem Sinne?"

Ella antwortete nicht. Im warmen Schein der Fackel umarmten sich die Geschwister.

Dann machten sie sich auf den Weg hinunter zur Stadt, vorbei an dem kleinen Forst, in dem die Kinder ihre zarten Setzlinge in die Erde gedrückt hatten. Robin blieb kurz stehen, beugte sich über die frisch gepflanzten Reihen und flüsterte: „Es wird eine Weile dauern, bis ihr zu alten Eichen werdet. Aber wir werden euch nie aufgeben. Wachst gut!"

Die Wiedergeburt

„Robin, wie läuft's?" Eine vertraute Stimme drang aus seinem Handy, verborgen hinter einer unterdrückten Nummer. Es war Remy. „Andy ist wieder in Niburg, oder? Kannst du uns heute um acht am Platz der Wissenschaften treffen? Bring Ella und Andy mit. Luke und ich haben eine Überraschung für euch."

Robin runzelte die Stirn. Überraschungen von Remy hatten in der Vergangenheit selten gut geendet. Trotzdem pumpte er kurz nach halb acht sein Fahrrad auf und sauste in der klaren, frischen Herbstluft Richtung Universität.

Dieselbe Strecke bin ich vor fünf Jahren gefahren, dachte er, *damals mit dem Clip des ertrinkenden Mädchens aus Limata im Kopf – auf dem Weg zu Andy und Ella, zu Brigittes Bungalow. Was für eine Achterbahnfahrt ist das seither gewesen ...*

Ella und Andy warteten bereits am Fahrradständer neben dem Haupteingang des Ostgebäudes, als Robin um die Ecke bog.

Andy schnupperte theatralisch. „Nun, immerhin brennt der Campus noch nicht."

„Nicht witzig", lachte Ella und nickte in Richtung Remy und Luke, die gerade aus einer Seitengasse traten.

Die Wiedergeburt

„Da seid ihr ja!", rief Remy gut gelaunt. Heute trug sie das Outfit einer Barkeeperin aus einem Fünfzigerjahre-Film. „Kommt, folgt uns. Wir wollen euch etwas zeigen!"

Sie überquerten den Platz und näherten sich der schmalen Gasse mit dem alten Zollhaus – der früheren Heimat von Brigittes Bungalow. Robin spürte ein Ziehen in der Brust, als sie auf die Bauabsperrungen zugingen. Da schob Luke zwei lose Baulatten beiseite und bedeutete ihnen, durch die flatternde Plastikfolie zu schlüpfen.

Und plötzlich standen sie wieder vor der vertrauten Fassade. Die verblassten Buchstaben über dem Eingang ließen noch immer den Schriftzug „Brigittes Bungalow" erahnen. Gegen die Wand gelehnt, stapelten sich staubbedeckte Tische. Luke zog einen Schlüssel hervor, steckte ihn ins Schloss – und öffnete die Tür.

Ein Klick, das Licht ging an. Ella, Andy und Robin blieben wie angewurzelt stehen.

Die Wände waren in warmen Farben neu gestrichen und mit kleinen, liebevollen Details verziert. Der alte Tresen, hinter dem einst Brigitte gestanden hatte, war restauriert, und das Holz glänzte, als hätte es einen zweiten Frühling erhalten. Über dem langen Regal mit den bunt schimmernden Flaschen prangte in eleganten Lettern:

Climate Bar.

An der gegenüberliegenden Wand hing ein schlichtes Banner:

The place of co-creation. Where ideas have sex!

Ella schlug sich die Hand vor den Mund. „Wie um Himmels Willen ... Ihr macht Brigittes Bungalow wieder auf? Ich dachte, das Zollhaus sollte abgerissen und in eine Modeboutique verwandelt werden?"

„Das sollte es auch", sagte Remy mit einem Lächeln. „Brigitte hinterließ offiziell keine Erben. Nach ewigem Hin und Her sollte das Grundstück an einen Immobilienentwickler gehen. Aber dann, beim Ausräumen, fanden wir Brigittes Testament zwischen alten Ordnern. Niemand glaubte uns. Doch zwei unabhängige Gutachter bestätigten, dass es echt war.

Das Klima-Paradox

Darin stand, schwarz auf weiß: *Dieses Grundstück und diese Bar sollen ein Ort des Widerstands bleiben, ein Ort der Mitgestaltung, der Toleranz und des Optimismus. Ich vermache sie meinen zwei besten Mitarbeiterinnen und Klimaaktivisten, Remy Selnass und Luke Blackfield – unter der Bedingung, dass sie diesen Ort im Geiste der Vielfalt und Zusammenarbeit weiterführen. Und dass sie ihn zu einem Raum machen, in dem alle Sichtweisen willkommen sind, um die größte Herausforderung unserer Zeit zu bekämpfen: den Klimawandel.*"

Einen Moment lang standen sie schweigend da. Ella wischte sich eine Träne von der Wange.

Luke räusperte sich, ging hinter den Tresen und öffnete eine Tür. „Und ich habe auch den alten Kühlschrank zurückgebracht", sagte er stolz. „Den konnte ich einfach nicht entsorgen – auch wenn er wahrscheinlich viel zu viel Strom frisst ..."

Er griff hinein und holte fünf Demba-Lager hervor.

„Auf die Five Elements!", rief er.

Sie stießen lachend an.

Und irgendwo weit oben war Brigitte und schaute ihnen sicherlich mit stiller Freude zu.

Reflexionen

An einem wunderschönen Morgen im Frühling 2024 saß ich auf der Terrasse meiner temporären Heimat auf Bali – jener Insel, die für mich schon so oft eine Quelle von Kraft, Inspiration und Erkenntnissen gewesen war.

Warum ist der Klimaschutz derart kontrovers?, fragte ich mich.

Warum wurde 2021 in meinem Heimatland, der Schweiz, ein neues Klimagesetz in einer Volksabstimmung mit einer knappen Mehrheit von 51,6 % abgelehnt – durch eine unheilige Allianz zwischen der politischen Rechten und den radikalen Grünen? „Zu viel!", schrien die einen. „Zu wenig!", die anderen.

Warum sind CO_2-Zertifikate – das einzige Instrument zur Finanzierung von Klimaschutz, das jemals im großen Stil Wirkung entfaltet hat – der Ursprung solch hitziger Debatten, die sich endlos um dieselben Argumente zu drehen scheinen?

Warum wurden die Pionierinnen und Pioniere, die große Risiken eingingen und bereits vor Jahrzehnten trotz massiver Widerstände damit begannen, Klimaschutzprojekte zu finanzieren, von den Medien so hart attackiert?

Warum streiten Umweltaktivistinnen und -aktivisten so oft darüber, wer die „richtigere" Lösung gegen den Klimawandel hat, statt gemeinsam für dasselbe Ziel zu kämpfen?

Die Klimabewegung ist paradox, schloss ich. Man würde erwarten, dass eine größere Vielfalt an Ansichten und Ansätzen zu besseren Ergebnissen führt. Doch beim Klimaschutz scheint oft das Gegenteil der Fall zu sein. Je mehr Menschen sich engagieren, desto uneiniger wirkt die Szene – und desto leichter ist es für die Gegenseite, diese Kontroversen auszuschlachten.

Aber weshalb gibt es denn so viele Kontroversen innerhalb der Klimabewegung?

Weil die Lösungen selbst voller Paradoxe stecken.

Nehmen wir das Beispiel Energieeffizienz: Je effizienter ein Produkt, desto mehr CO_2 spart es ein. Wirklich? Nicht unbedingt. Oft sorgt die Effizienzsteigerung dafür, dass Produkte günstiger werden – und damit die Nachfrage steigt. Die CO_2-Einsparung schrumpft oder kippt manchmal sogar ins Gegenteil.

Oder der Waldschutz: Je mehr Geld für Waldschutz gesprochen wird, desto mehr Bäume kann man retten. Wirklich? Auch das Gegenteil kann eintreten. Weil das Geld nur für bedrohte Wälder reserviert ist, könnten plötzlich auch Bäume unter Druck geraten, die zuvor eigentlich gar nicht bedroht waren.

Oder die Landwirtschaft: Je besseres Saatgut die Bauern säen, desto mehr verdienen sie – und desto weniger Druck verspüren sie, zusätzlichen Wald zu roden. In der Regel ist das so, aber je mehr Geld sie pro Fläche verdienen, desto attraktiver kann es – rein kommerziell – werden, erst recht zusätzliche Landflächen zu erschließen.

Wären denn technische Lösungen, die CO_2 direkt aus der Atmosphäre ziehen, weniger kontrovers? Nein, denn auch sie bergen ein Paradox: Zwar versprechen sie Klarheit und Messbarkeit, dafür sind sie aber extrem teuer – und bringen den Gemeinschaften vor Ort keinen Zusatznutzen.

Mir wurde klar: Die Kontroverse um CO_2-Zertifikate steht nicht isoliert da. Sie ist ein besonders gut sichtbares Beispiel für die breiteren Spannungen rund um Klimafinanzierung, Impact Investment, Philanthropie oder die Entwicklungszusammenarbeit im Allgemeinen.

Doch die Paradoxe machen nicht bei der Klimafinanzierung halt. Weshalb konnte die Menschheit globale Krisen wie das Ozonloch oder COVID-19 relativ schnell in den Griff bekommen, während sich beim Klimaschutz seit Jahrzehnten kaum etwas bewegt? Dies liegt unter anderem daran, dass paradoxerweise die Menschen, die den höchsten CO_2-Ausstoß verursachen, genau diejenigen sind, die über genügend finanzielle Mittel verfügen, um sich vor dem Klimawandel zu schützen und sich anzupassen.

Die Paradoxe begannen, mich zu faszinieren. Ich stellte eine Liste mit einigen Klima-Paradoxen zusammen und schickte sie an meine South-Pole-Mitgründer Christian, Christoph, Ingo, Marco, Patrick und Thomas – sowie an ein paar weitere Klimaschutz-Enthusiasten.

Auf Antworten musste ich nicht lange warten.

„Nette Liste, aber du hast dieses Paradox vergessen …"

„Hier ist noch eins …"

„Meiner Meinung nach ist das wichtigste Paradox folgendes …"

Und schon bald war die Liste auf über fünfzig Paradoxe angewachsen.

Die erste Idee bestand darin, eine wissenschaftliche Arbeit über die Paradoxe rund um die CO_2-Zertifikate und die Klimabewegung zu verfassen. Doch bald überkamen mich Zweifel. Zu allen erdenklichen Aspekten des Klimawandels existieren bereits Tausende wissenschaftlicher Papers. Würde irgendjemand dieses eine lesen? Und würde die Leserschaft nicht frustriert abwinken nach der Lektüre von fünf der fünfzig Paradoxe?

Ich beschloss, einen anderen Weg zu beschreiten und einen Roman zu schreiben. Ich wollte die Paradoxe anhand konkreter Beispiele, Situationen und Projekte lebendig und fassbar machen. Zu lange ist die Klimadebatte nur unter Expertinnen und Experten geführt worden; zu einfach war es für verschiedene Interessensgruppen, Journalistinnen und Journalisten für reißerische, aber völlig aus dem Kontext gerissene Geschichten zu instrumentalisieren – und damit vielversprechende Lösungsansätze in Zweifel zu ziehen. Um konstruktive und realistische Antworten auf das immer drängender werdende Klimaproblem zu erhalten, sollten viel mehr Menschen weit außerhalb der Experten-Bubble diese komplexe Thematik von Grund auf verstehen.

Mein South-Pole-Mitgründer Marco Hirsbrunner und der Journalist und Klimaexperte Steve Zwick erklärten sich sofort bereit, mitzumachen. Wir kürzten die Liste auf 25 Paradoxe. „Alles so einfach wie möglich – aber nicht einfacher." Dieses berühmte Zitat von Albert Einstein erwies sich als eine der größten Herausforderungen beim Schreiben dieses Buches. Wie komprimiert man die riesige, verstrickte Welt der globalen Klimafinanzierung – Jahrzehnte schwankender CO_2-Märkte, Tausende Projektbeispiele in Hunderten Ländern – in eine Erzählung, die sowohl intuitiv zugänglich als auch faktenbasiert ist?

Wir hoffen, dass wir mit der Abenteuergeschichte von Ella, Robin und Andy einen einigermaßen akzeptablen Weg zwischen den beiden Polen des Perfektions-Paradoxes gefunden haben.

Doch die schwierigste Frage betraf das Ende des Buches. War es genug, die Leserinnen und Leser durch all diese Kontroversen zu führen, ihr Verständnis zu schärfen und eine Debatte zu eröffnen? Wir beschlossen, die Freiheit der Fiktion zu nutzen und am Ende auch eine Vision zu entwerfen, wie die Klimaparadoxe tatsächlich überwunden werden könnten.

Was wäre, wenn die Menschen aufhörten, Fortschritt durch endlose Debatten, Schuldzuweisungen und Fingerzeigen auszubremsen – und stattdessen wieder ein „Can-do"-Spirit aufkäme? Wenn Risikofreude gefeiert würde, Fehler als Chancen gälten, unterschiedliche Ansichten Inspiration böten? Wenn man einander herausforderte, besser zu werden, anstatt seine Energie darauf zu verwenden, Schwächen öffentlich bloßzustellen?

Und was wäre, wenn Regierungen zusätzliche Paradoxe durch klare Regeln entschärften und Orientierung böten – selbst im Umgang mit den unlösbaren?

Der fünfte Teil unseres Buches wurde zur „Wiedergeburt des Traums".

Anderthalb Jahre nach jenem Morgen auf Bali steht der Klimaschutz am Scheideweg. Der Klimapolitik weht weltweit ein eisiger Wind entgegen, der Klimaforschung, Subventionen und Förderprogramme überall infrage stellt. Jetzt zeigt sich: Unsere Klimabewegung hat wertvolle Jahre mit unproduktiven Debatten vergeudet, statt einander zu unterstützen und Klimaschutz im großen Maßstab voranzubringen.

Können wir die Wende noch schaffen? Wollen wir sie schaffen? Noch ist es nicht zu spät – doch jetzt braucht es Mut, Unternehmertum und den Fokus auf die Fünf Elemente, allen voran auf die gemeinsame Vision.

Mögen Himmel, Tiere, Berge, Wald und der endlose Ozean mit uns sein.

Renat Heuberger

Danksagung

Dieses Buch ist all den echten Robins, Ellas, Andys und Wangas gewidmet – den Hunderten leidenschaftlichen Unternehmerinnen und Unternehmern sowie Umweltschützerinnen und Umweltschützern, die diesen Paradoxen getrotzt haben, oft gegen überwältigende Widerstände. Eure Leidenschaft, euer Mut und euer unbeirrbarer Optimismus werden heute mehr denn je gebraucht.

Unser Dank gilt all unseren Freundinnen und Freunden sowie Unterstützerinnen und Unterstützern, die uns auf diesem Weg mit wertvollen Rückmeldungen und stetiger Ermutigung begleitet haben – insbesondere den folgenden Mitwirkenden:

Adam Rogers, Agus Sari, Dr. Alexandra Soezer, Almir Narayamoga Suruí, Andrea Gori, Dr. Anna Broughel, Antoine Geerinckx, Dr. Axel Michaelowa, Barbara Franzen, Barbara Ryter, Brigitta Heuberger, Carl Thong, Carolin Güthenke, Prof. Charles Bedford, Chiyedza Heri, Chris Leeds, Christian Dannecker, Dr. Christoph Grobbel, Dang Hanh, David Antonioli, David Greely, Prof. Dr. Estelle Herlyin, Eva Tamme, Prof. Dr. Fabrizio Ferraro, Florian Reber, Francisco Renteria, Dr. François Bonnici, Prof. Dr. Dr. Dr. h.c. Franz Josef Rademacher, Giulia Gervasoni, Prof. Gregor Dorfleitner, Ingo Puhl, Jen Stebbing, Jeremy Freund, Jim Pittman, Jonah Busch, Josep Oriol, Joshua Bishop, Jost Hamschmidt, Juan Carlos Gonzalez, Dr. Kruthika Eswaran, Lisa Neuberger Fernandez, Mahua Acharya, Prof. Martin Stuchtey, Max Zeckau, Michael Jenkins, Dr. Mike Poltorak, Nathan Truitt, Nick Aster, Patrick Bürgi, Peter Kilesi, René Velasquez, Reto Gerber, Ricardo Bayon, Rich Gilmore, Sebastian Manhart, Stephanie Larkin, Tanjung Sentosa,

Thibault Sorret, Thomas Camerata, Tilmann Lang, Tim Reutemann, Vasco van Roosmalen, Vilhelmiina Vulli und Wil Burns.

In dankbarer Erinnerung gedenken wir Mikkel Larsen, dessen Vision und Unterstützung uns bis heute inspirieren.

Unser tiefster Dank gilt vor allem unseren Familien und Freunden – für eure unerschütterliche Unterstützung und für all das, was ihr getan habt, um uns bis hierhin zu tragen.

Über die Autoren

RENAT HEUBERGER

Renat Heuberger ist Schweizer Klimaaktivist, Serienunternehmer und Impact-Investor. Er hat mehrere international tätige Organisationen im Bereich Nachhaltigkeit gegründet und geleitet, darunter *myclimate, South Pole, Terra Impact Ventures* und die Plattform *Terra Dialogue.*

Im Laufe seiner Karriere hat Heuberger geholfen, Milliarden von Dollar für über tausend Klimaprojekte in mehr als fünfzig Ländern zu mobilisieren und damit die Reduktion von über einer Milliarde Tonnen CO_2 zu ermöglichen. Für seine Verdienste wurde er von der Schwab-Stiftung des Weltwirtschaftsforums als *Social Entrepreneur* ausgezeichnet.

Heuberger ist Mitglied zahlreicher Verwaltungsräte und gewähltes Mitglied des Innovationsrats von InnoSuisse. 2024 gründete er die Initiative *Carbon Paradox*, um einen offenen und konstruktiven Dialog über die Herausforderungen und Komplexitäten der Klimafinanzierung zu fördern.

Aufgewachsen in der Nähe der Schweizer Alpen und geprägt von fünf Jahren Berufserfahrung in Asien, entwickelte Heuberger früh eine Leidenschaft für soziale Gerechtigkeit, Unternehmertum und Natur. In seiner Freizeit liebt er Wandern, Mountainbiken, Skifahren, Snowboarden, Tauchen und Kitesurfen. Er lebt in Zürich mit seiner Frau und den vier Töchtern.

STEVE ZWICK

Steve Zwick ist Umweltberater, Analyst und Journalist. Sein Erwach-
senenleben widmete er dem Versuch, zwischen den widerstreitenden
Kräften von Wirtschaft und Umweltschutz zu vermitteln – und
diese Arbeit in einer Sprache zu dokumentieren, die auch Laien
verstehen.

Er ist Senior Advisor bei der ESG-Beratung *Responsible Alpha*,
betreibt die Boutique-Beratung *Bionic Planet* und produziert den
gleichnamigen Podcast. Zuvor war er Chefredakteur von *Ecosystem
Marketplace*, das er zu einer weltweit anerkannten Plattform für
Klimapolitik und Umweltmärkte formte, und später Senior Manager
für Spezialprojekte bei Verra, dem führenden Standard für Klima-
schutzprojekte-Zertifizierung.

Zwicks Weg begann als Börsenhändler in Chicago, wo er erkannte,
wie Informationsasymmetrien die Karten zugunsten einiger weniger
Privilegierter mischen. Diese Einsicht führte ihn von den Termin-
märkten zur Basis der Umweltbewegung und schließlich nach
Deutschland, wo er daran arbeitete, wirtschaftliche Systeme für alle
verständlich zu machen, unter anderem als Korrespondent für euro-
päische Wirtschaft bei *TIME* und *Fortune*, wofür er zweimal auf der
Shortlist für den Wirtschaftsjournalisten des Jahres stand. Zudem
produzierte und moderierte er die Sendung *Money Talks* der Deut-
schen Welle.

Er wuchs an der South Side von Chicago auf und ist mit einer kenia-
nischen Juristin verheiratet, die Menschenrechte lehrt. Gemeinsam
besitzen sie zwei Fahrräder, kein Auto und einen Stapel ÖV-Abos.

MARCO HIRSBRUNNER

Marco Hirsbrunner ist ein Schweizer Serienunternehmer und Impact-Investor. Er ist Mitgründer von *Terra Impact Ventures*, wo er die operativen Geschäfte leitet und das Wachstum nachhaltigkeitsorientierter Start-ups vorantreibt. Insbesondere engagiert er sich als Co-CEO von *Svarmi*, einem isländischen Unternehmen, das auf Geo- und Biodiversitätsdaten spezialisiert ist.

Ebenfalls ist er Mitgründer von *South Pole*, wo er maßgeblich am Aufbau des Unternehmens zu einem globalen Marktführer in der Klimafinanzierung beteiligt war, indem er Niederlassungen in Ost- und Südostasien gründete und leitete. Parallel dazu trugen sein Fokus auf betriebliche Exzellenz und digitale Lösungen dazu bei, dass die Firma ihre Arbeit enorm skalieren und eines der größten und komplexesten Portfolios von Klimaschutzprojekten aufbauen konnte.

Er spricht mehrere Sprachen fließend und hat einen M.A. in Publizistik- und Kommunikationswissenschaft und Sinologie der Universität Zürich, wo er ein vertieftes Interesse an alten chinesischen philosophischen Konzepten entwickelte.

Als lebenslanger Liebhaber logischer Rätsel und wissenschaftlicher Paradoxe ist er besonders fasziniert von ungelösten Fragen wie dem *Fermi-Paradox* – jenem zentralen Rätsel der Astrobiologie, das fragt, warum wir in einem so unermesslich großen Universum noch keiner anderen Zivilisation begegnet sind. Eine ernüchternde Möglichkeit, später der „Große Filter" genannt, lautet, dass dieselben Technologien, die eine Zivilisation zu den Sternen tragen, auch ihren Untergang beschleunigen könnten. Eine andere, nicht weniger erschreckende Vorstellung ist, dass wir tatsächlich allein sein könnten. In beiden Fällen sind wir gefordert, unserer Verantwortung gegenüber allem Leben auf unserem Heimatplaneten wirklich gerecht zu werden.